［美］简·T.梅里特
（Jane T. Merritt）
/著

李小霞
/译

茶叶
里的 全球
The 贸易史
Trouble
with

Tea

十八世纪
全球经济中的消费政治

The Politics of Consumption in the
18th-Century Global Economy

中国科学技术出版社
·北 京·

北京市版权局著作权合同登记　图字：01-2021-4179

图书在版编目（CIP）数据

茶叶里的全球贸易史 /（美）简·T. 梅里特
（Jane T. Merritt）著；李小霞译 . —北京：中国科
学技术出版社，2022.6
书名原文：The Trouble with Tea：The Politics
of Consumption in the 18th-century Global Economy

ISBN 978-7-5046-9188-0

Ⅰ . ①茶… Ⅱ . ①简… ②李… Ⅲ . ①茶叶—贸易史
—世界 Ⅳ . ① F749

中国版本图书馆 CIP 数据核字（2022）第 064193 号

策划编辑	申永刚	刘　畅
责任编辑	申永刚	
版式设计	蚂蚁文化	
封面设计	马筱琨	
责任校对	张晓莉	
责任印制	李晓霖	

出　　版	中国科学技术出版社
发　　行	中国科学技术出版社有限公司发行部
地　　址	北京市海淀区中关村南大街 16 号
邮　　编	100081
发行电话	010-62173865
传　　真	010-62173081
网　　址	http://www.cspbooks.com.cn

开　　本	880mm×1230mm　1/32
字　　数	212 千字
印　　张	10.75
版　　次	2022 年 6 月第 1 版
印　　次	2022 年 6 月第 1 次印刷
印　　刷	北京盛通印刷股份有限公司
书　　号	ISBN 978-7-5046-9188-0/F·1000
定　　价	79.00 元

（凡购买本社图书，如有缺页、倒页、脱页者，本社发行部负责调换）

序

　　本书是"美国早期经济与社会研究"丛书中的又一杰作。这套丛书是约翰斯·霍普金斯大学出版社和费城图书馆（Library Company of Philadelphia，LCP）合作进行的"美国早期经济与社会研究项目（Early American Economy and Society，PEAES）"的研究成果。本书将带领读者踏上一段全新的发现之旅，探索世界上使用最广泛的一种商品——茶叶——所阐释的政治经济学。简·T. 梅里特开展了令人信服的研究，她不仅把茶叶看作是无数北美家庭的消费品，同时也跟踪了它在全球事件中所扮演的角色，比如在18世纪的美国独立战争以及帝国竞赛中的作用。随着文本的展开，读者透过茶叶这种商品的种植、加工、贸易和消费，可以看到在早期现代（early modern）①各大洲是如何通过这种需求量极大的商品联系在一起的。

　　毫无疑问，许多读者已经习惯于把茶叶放在美国独立战争的大叙事中去理解，把它和北美殖民地脱离英国税收和政治强权及

---

①　关于"the early modern period"的译法有很多，如"近代""近代早期""早期现代"等。此处采用首都师范大学《全球史》研究中的说法，译为"早期现代"，指的是15—18世纪这段时间。https://ghc.cnu.edu.cn/zxcg/111006.htm。——译者注

宣布独立的努力联系起来。除了1773年波澜壮阔的茶党运动外，北美殖民地人民抵制茶叶以及其他"生活必需品"进口[①]的浪潮，进一步挑战了英国的底线，挑战了它控制北美殖民地经济的权力。"无代表，不纳税（no taxation without representation）"的呼声看上去是坚定的、明确的脱离关系的宣言，是对英国破坏来之不易的经济机会和政治权力的反抗。和许多研究"反进口运动"的学者一样，梅里特也承认，在北美殖民地的最后岁月里，无论是在象征意义上，还是在政治经济角度的抗议行为上，茶叶都是最有力的工具之一。但同时，她并不局限于对英国这场迫在眉睫的危机进行解释，而是将我们的视野带到更久远的年代，更深入地探讨了全球商业关系。她坚持在更广阔的范围内叙事，其研究对象不仅包括印度和亚洲其他国家这些同等重要的英国的贸易中心，同时也包括跨越国界的经济帝国主义以及当地人民的反抗。她认为，18世纪上半叶，在英国贸易网络的扩张以及引入新商品和新理念的过程中，茶叶是关键。而在当时，鲜有殖民者或者英国的政策制定者意识到这一点。

---

① 本书中"nonimportation"一词原意为"不进口/禁止进口"。北美殖民地提出这个词的时候，本意是"抵制进口"。但当时"抵制（boycotts）"这个词还没有造出来，所以使用了"nonimportation"（参考解释出处：https://www.etymonline.com/）。为了体现这个词在本书中想要表达的意思，在后文根据行文情况主要翻译成"反进口"（个别地方为上下文方便也是用"不进口""抵制进口"）。——译者注

经过漫长而艰难的发展，到了18世纪60年代，茶叶消费已经普及。起初，对掏钱购买茶叶以及各个阶层都消费这种商品，人们普遍心存疑虑。这种疑虑慢慢转变为接受，然后是渴望。茶叶就是众多新商品中的一种，它让商人们赚得盆满钵满，似乎也培养了消费者的高雅品位，并且催生了使用新型簿记方法、信贷工具、导航设备和运输策略的需要。茶叶贸易的扩张是英国东印度公司（English East India Company）①成长为一个巨型机构的主要原因。而且，正如梅里特所说的那样，茶叶是"激发英国人商业想象力"的重要舶来品。

然而，尽管茶叶在世界上一些相对闭塞的地方促进了更广泛的商品贸易，深化了英国（包括其殖民地）对遥远土地的非分之想，但茶叶也加剧了不同文化的贸易商、中间商和政策制定者之间的紧张关系。在充满暗礁的全球市场中航行不是一件轻松的事，文化和语言的差异持久地阻碍着开放贸易。梅里特带领我们超越以大西洋世界为中心的学术范式，证明了在英国殖民地（包括它在西半球的殖民地）上的那些城市和边疆地带，在政治经济上其实非常依赖来自亚洲范围内的联系、信贷以及白银经济。然而，在中国主要的茶叶商人那里，西半球和欧洲对茶叶的需求并没有受到同等热烈地欢迎。他们制定了很多政策规定谁能进入

---

① "British East India Company" 即 "英国东印度公司"。——译者注

中国做生意以及怎么做生意。那些在广州的欧洲商人总是惴惴不安，只有在他们用船运来中国人需要的外国商品以及必要的白银后，他们的焦虑才能得到间歇的缓解。

除此之外，梅里特的研究为读者纠正了一个常见的误解。在这个误解中，欧洲和北美的消费者似乎天生喜欢喝茶。在对茶叶不可阻挡的渴望产生之前，它的市场不知怎么一下子就启动了。梅里特表明，就像英国商品市场中的其他商品一样，茶叶的成功从来都不是必然的。它在商业风险、技术变化、劳动制度的变迁和奴隶贸易还有商人网络的建立以及其他各个环节上，都有着复杂的历史。从茶叶种植到品茗消费之间的联系可能在任何一个环节中断，而且数百年来，这种中断发生过很多次。在18世纪中期，茶叶和其他新商品一起进入了人们的日常生活，推动了消费革命，增加了商品流通，给无数人带来了新的生活选择，并在美国独立战争前为所有人所接受，但这些从来都不是必然发生的结局。

凯茜·马特森

美国特拉华大学历史学教授

费城图书馆 "美国早期经济与社会研究" 项目总监

缩略语

AAS   美国古文物学会（American Antiquarian Society），马萨诸塞州伍斯特市

APS   美国哲学学会图书馆（American Philosophical Society Library），宾夕法尼亚州费城

Customs 3   3号海关，英国海关和消费税委员会，1696—1780年进出口账簿，伦敦公共记录办公室，第3—49卷

EAIE   美国早期图书系列1：埃文斯（Early American Imprints, Series I: Evans），1639—1800年

EAS   《早期美国研究：跨学科期刊》（*Early American Studies: An Interdisciplinary Journal*）

EIC Factory Records   《英国东印度公司档案集，大英图书馆资料，伦敦，第一部分：中国和日本》（*East India Company Factory Records, Sources from the British Library, London, Part 1: China and Japan*），亚当·马修出版（Adam Matthew Publications），2005年

HSP	宾夕法尼亚州历史学会（Historical Society of Pennsylvania），宾夕法尼亚州费城
JCC	《大陆会议期刊，1774—1789年》（*Journals of the Continental Congress, 1774—1789*），编者：华盛顿·C. 福特（Worthington C. Ford）等，华盛顿特区，政府印刷局（Government Printing Office），1904—1937年
JKL	约翰·基德书信集（John Kidd Letterbook），1749—1763年，HSP
LCP	费城图书馆（The Library Company of Philadelphia），宾夕法尼亚州费城
MHS	马萨诸塞州历史学会（Massachusetts Historical Society），马萨诸塞州波士顿
PMHB	《宾夕法尼亚州历史与传记杂志》（*Pennsylvania Magazine of History and Biography*）
PTPC	费城茶党运动书信集（Philadelphia Tea Party Correspondence），1773—1778年，詹姆斯和茶客书信集译者：弗朗索瓦·R.泰勒（Francis R. Talor），1910年，HSP
WMQ	《威廉与玛丽季刊》（*William and Mary Quarterly*），第三版

目录

绪论　消费革命

　　第一眼看去，1778年由纽伦堡的卡尔·古滕贝格（Carl Guttenberg）①创作的这幅名为《是茶叶税的风暴，还是英裔美国人的革命》的版画似乎直接点明了美国独立战争的起源（见图1）。在画面中心，茶壶的水已经烧到了沸点，形象地比喻出北美殖民地人民对毫无必要的茶叶税反感程度强烈。在热腾腾翻滚的蒸汽中，英国军队在左边，一部分士兵被套上了牛轭，在一群有组织、团结在一起的殖民地人民的驱赶下，仓皇逃离。而殖民地人民则高举着印有蛇形图案的旗帜，坚决要求他们在政治和经济上的自由。时光老人将这一场景投射在墙上，在他身边是4个代表美洲、非洲、欧洲和亚洲的女性。她们惊愕地（也许带着赞许，也许带着责难）注视着这场名副其实由"茶壶里的风暴"②掀起的革命。

---

① 卡尔·戈特利布·古滕贝格（1743—1790），德国制图员兼雕刻师。——译者注

② "茶壶里的风暴（tempest in a teapot）"是美国谚语，指的是被人夸大其词的小事件。——译者注

图1 《是茶叶税的风暴，还是英裔美国人的革命》，卡尔·古滕贝格

来源：美国国会图书馆，1778年

　　然而，如果进一步研究，这幅画揭示的远不止是北美人民抵制英国税收这么简单。相反，画面把茶叶放在了18世纪晚期影响全球的革命和帝国故事的核心。它描绘了世界各大洲通过贸易联结在一起。代表美洲的是一位头上插着羽毛的原住民。她手里拿着一张弓，坐在画面左侧的一捆货物上。这些货物也许是本地出产的烟草，要拿来交换外国商品。而时光老人则随意倚在一个地球仪上。这幅画同时强调了北美殖民地人民对英国的经济日益增长的重要性。尽管在画面右边，正在领导殖民地人民反抗英国的是一位美洲原住民妇女，但戴着包头巾的印度兵就像在南亚受雇并忠于英国东印度公司的那些士兵一样也加入了北美人民反抗殖民地统治者的斗争当中。18世纪中叶，亚洲多个国家已经成为欧洲国家重要的贸易中心，但这些地区同时也是帝国主义经济扩张以及反抗帝国主义列强的地方。这幅画预示着"旧欧洲（Old Europe）"的衰落，预示着北美地区以外那些新的、向往自由的革命以及殖民地独立运动的兴起。在蒸腾的蒸汽左边，有3只动物（一头公狮、一头母狮和一只熊崽，分别代表西班牙、葡萄牙和荷兰）打作一团；而代表英国的那头狮子还在火边睡觉，甚至在那位美洲原住民妇女伸手去拿从茶壶里喷出的一根杆子顶端的自由之帽时，它也无动于衷。在这幅画的另一个版本中，一只高卢雄鸡在茶壶底下踩着鼓风机煽风点火，暗示法国人也可能卷入甚至煽动了"英裔美国人（Anglo-American）"的叛乱[1]。

　　和古滕贝格一样，在美国人①的思想中，茶叶也是他们革命的核心所在。从1767年到1773年，茶叶在北美殖民地引起了广泛的抵制。当那些自由之子②们在波士顿港倾倒茶叶的时候，它终

①　本书中牵涉到美国独立以后的描述（一般指1776年以后），译作"美国人"，在美国独立战争期间，个别"自称"情况下也译作"美国人"。涉及美国独立之前的描述，译作"北美人民""北美殖民地居民"，后同。——译者注
②　自由之子（Son of Liberty）指的是在北美13个英属殖民地反对殖民主义的战争中，最普遍的一个组织即激进民主主义的"自由之子"协会。——译者注

于点燃了独立之火。拒绝茶叶消费就是拒绝英国成为北美殖民地经济和政府的主人。如果我们只从美国独立战争前反对茶叶进口的抗议活动和"无代表，不纳税"这一华丽辞藻的局限角度看待茶叶，那么经常出现的对茶叶的谴责似乎代表了北美人民在经济和政治上的一种意义深远的表达——近年来，一些历史学家的确是这样认为的[2]。当然，在18世纪六七十年代，减少进口和限制消费是一种有力的抵制手段，北美人民经常以此来向英国商人和议会施压，要求他们改变殖民地的商业政策。尽管如此，正如古滕贝格的版画同样暗示的那样，茶叶在美国经济史上的作用比波士顿倾茶事件揭示出的问题更长久，也更复杂。事实上，英国贸易网络的扩张以及新商品和新理念的引入，开启了一个消费世界，带来了英国或其殖民地没有预料到的政治可能性。本书把茶叶作为18世纪全球贸易中的一个组成部分加以讨论，并且研究了它与消费政治的联系。在整个18世纪，茶叶在几个方面引起了麻烦。作为一种用来交换的商品，它刺激了商业扩张，促使英国对本国之外的土地提出了长期、广泛的帝国主义主张。然而，对于从事茶叶贸易的公司和商人来说，茶叶也带来了很多问题。作为一种越来越常见的奢侈品，喝茶既让人感到心满意足又让人心怀芥蒂。喝茶最终成为一种广为流传、令人愉悦的习惯，但也引发了关于商品消费对社会道德影响的争论。作为北美殖民地的一种消费品，茶叶是要缴税的，因此，它和负面的政治象征意义挂上了钩。然而，它同时也帮助刚刚独立的美国将它的商业力量扩展到亚洲，并且建立了一个切实可行的国内政治经济体系。

在北美殖民地人民被英国的商业政策激怒，将茶叶倾倒进波士顿港之前的几十年时间里，这种无辜的叶子就已经使全球的贸易公司、中间商和消费者之间的关系变得复杂起来。18世纪初，英国的政治经济学家齐声盛赞对外贸易，赞扬用本国产品换来令人向往的舶来品好处众多。这一系列的新商品改变了欧洲和美洲殖民地消费者的口味，改变了商人的习惯和国家的商业政策。在这些新商品中，就有茶叶。船舶制造和航海技术的发展，以及簿记方法、信用工具、贸易特许状和标准日历的出现，使远程贸易和消费外国商品成为可能[3]。但个人对奢侈品的欲望和需求进一步刺激了贸易，为许多国家的商业投资者带来了充足的机会，积累起巨额财富，形成了一个新崛起的消费阶层。他们反过来投资欧洲的大型商业公司，比如英国东印度公司，将商业网络进一步推广到南亚、印度尼西亚和中国。茶叶和其他奢侈品因此成为欧洲帝国扩张的组成部分，同时也是一扇窗口，通过它可以了解18世纪英国商业版图以及北美在日益全球化的消费经济中的地位[4]。

进入18世纪，英国把注意力集中在大西洋两岸的贸易上，并不断开发它在北美大陆和加勒比地区殖民地上的产品。然而，在培育英国的经济帝国主义方面，大西洋贸易的参与者之间跨越国界的联系以及和亚洲的贸易也发挥了重要作用[5]。美洲大陆提供了关键的资源和殖民地，而东印度群岛用新奇的异国商品激发了英国人的商业想象力，比如：胡椒、肉桂、肉豆蔻、豆蔻等，这些香料为肉类和其他易腐烂的食物提供了气味芬芳的保存方法；印度的糖；阿拉伯和印度尼西亚的咖啡、中国的茶叶最终也从其庞大疆域的边缘渗透进来。要想在不断扩张、纷繁复杂的全球市场中追踪商品的流向，我们需要有更广阔的视角，不能只关注英国在殖民地的活动。研究大西洋贸易的学者注意到了跨越国界的经济联系。参与大西洋两岸经济活动的欧洲、非洲以及美洲殖民地的居民，用工业制成品换取殖民地"资源"，比如毛皮、木材、糖、大米、靛蓝染料和奴隶。在大西洋贸易网络内，英国很少能阻止西班牙人、法国人、荷兰人、葡萄牙人和英国殖民地进行私下贸易以及殖民地之间的贸易。例如，走私行为就是殖民地内部以及殖民地之间茶叶流通的重要机制。然而，以大西洋世界为中心的学术范式同样有局限性。18世纪，大西洋贸易网络越来越依赖来自亚洲和太平洋以外地区的信贷、服务以及商品。比如来自美洲西班牙殖民地的白银，使茶叶贸易成为可能，它把需要硬通货才能在东印度群岛购买商品的欧洲商人和美洲联系在了一起。白银在印度和中国的购买力远高于欧洲。当然是北美消费者的需求使这些亚洲商品完成了整个循环。到18世纪中期，茶叶成为北美殖民地增长最快的消费品之一[6]。

尽管本书是从英裔美国人的视角出发的，但和最近很多对早期现代经济的研究一样，本书也认为，单是欧洲人的需求和消费并不能驱动全球市场。在17世纪和18世纪，欧洲商人不仅没有在经济上主宰世界上的其他地区，他们还不得不通过谈判才能进入中亚、南亚和东亚充满活力的商业生活[7]。事实上，这些地区的国际停靠港提供了大量的商品。而且，根据美国历史学家彭慕兰（Kenneth Pomeranz）[①]的说法，这些地区"比西欧更接近新古典主义的市场经济理想"[8]。即便是18世纪的政治经济学家也承认，亚洲非常富裕。亚当·斯密（Adam Smith）[②]就注意到，亚洲的生活成本和劳动力成本较低。他承认，中国比欧洲任何国家都要富裕，而食物的价格在中国和欧洲差异很大。[9][③]亚洲的统治者们谨慎地限制商品和市场准入，保持对自己有利的贸易平衡，控制文化接触造成的影响。反过来，欧洲国家有时会依靠武力，强行进入这些市场。他们希望在商业上的"咄咄逼人"能够在此获取更多霸权。

---

① 彭慕兰（1958—　），美国人，著名历史学家，汉学家，"加州学派"代表人物。——译者注

② 亚当·斯密（1723—1790），英国经济学家、哲学家、作家，经济学的主要创立者。亚当·斯密强调自由市场、自由贸易以及劳动分工，被誉为"古典经济学之父"。——译者注

③ 摘自《国富论》。《国富论》的译本很多，最早有严复的文言文版，后来又出了很多个精练本、图文本等。此处采用的译本是中央编译出版社的全译本（2010），谢宗林、李华夏译。——译者注

尽管如此，亚洲商人还是接受了对外贸易。这样一来，欧洲的经济扩张不仅成为可能，而且在竞争的刺激下，商品供应有时会领先于欧洲消费者的需求。例如，在17世纪，为了挑战葡萄牙和荷兰在经济和政治上的优势地位，英国向英国东印度公司颁发特许状，赋予它在亚洲建立基地、垄断贸易的极大权力。相反，中国只允许在其港口城市进行商业往来，而全球性的茶叶贸易正是从这些城市开始的。广州是茶叶加工、交易和分销的中心。在18世纪20年代和30年代，欧洲商人尤其是英国东印度公司，试图把垄断茶叶市场作为一种政治手段来阻止商业竞争，并影响中国的贸易政策。因此，英国东印度公司在它的仓库里囤积了大量茶叶，并且绞尽脑汁刺激消费者对这种相对新奇商品的需求。直到18世纪40年代，北美殖民地的消费者才欣然接受了这些多余的茶叶，引发了一场所谓的消费革命，为漫长的18世纪打上了鲜明的标签[10]。

和许多商品一样，茶叶一旦进入全球市场，就很容易跨越英国的边界，从生产者手中转移到商人手中，再转移到消费者手中。无论中国还是英国都无法预测或控制转移的方式。事实上，通过对商品的研究表明，从鳕鱼到盐、糖、红木和咖啡，一切商品都有复杂的生命周期。例如，人类学家西敏司（Sidney Mintz）在他的经典著作《甜与权力》（*Sweet and Power*）一书中，就在全世界范围内，跨越多个世纪探索了欧洲人是如何在糖的驱使下，剥削奴隶并且主导了新大陆（New World）经济的。

热切的消费者很快就在他们的饮食清单中加上了糖，以此助长了奴役的循环。在对茶叶和其他含咖啡因饮料的消费增长中，当然少不了糖，它帮助建立起连接美洲、欧洲和东印度群岛的相关商业网络[11]。虽然茶叶从来都不是由失去自由的劳工生产的，但在17世纪和18世纪，作为一种消费组合，糖以及加了糖以后变甜的茶无疑推动了大西洋奴隶贸易的发展。即使在美洲殖民地之间做生意的商人，如果不是刚好要用茶叶交换奴隶的话，也可能会把茶叶和奴隶放在一起运输[12]。然而，我在这里更感兴趣的是茶叶从生产者到消费者的茶几上这一不可预测的路径，以及在美国独立战争的前、中、后期，茶叶的政治意义是如何影响了英裔美国人的文化和经济的。在这个大背景下，当美国人描述他们与英国东印度公司的关系以及英国强加给他们茶叶税的时候，他们唤起人们注意的"奴役"只是一种比喻，因为茶叶贸易其实与人口贩运关系不大。

商业贸易扩展到大西洋之外，这为人们带来了新的奢侈品，改变了人们的饮食和生活方式，为所谓的消费革命奠定了基础。18世纪初的消费改变并非新生事物。历史学家把欧洲出现"财物（Worldly Goods）"一词的时间追溯到了15世纪，当时航海技术和商业手段的发展，使得海外探险和对外贸易不仅成为可能，而且越来越普遍。富裕家庭（不仅仅限于那些拥有贵族头衔或者政治权力的人）赞助商业公司，收集珍稀物品以及用来消费的奢侈品，以此提高自己的威望和地位[13]。然而，直到17世纪末和18世纪早期，欧洲和英国的北美殖民地才经历了荷兰历史学家扬·德·弗里斯（Jan de Vries）所谓的"勤劳革命（industrious revolution）[①]"，它帮助更多的家庭"既更多地参与了以市场为导向、以赚钱为目的的活动，又增加了对市场上提供的商品的需求"[14]。换句话说，很多家庭都有意识地重新分配他们的时间和工资，最大限度地购买现成的商品。生产力的提高增强了消费能力，随之而来的需求增加了商品的流通，为正在崛起的中产阶级和新贵阶层提供了更多的选择。受益于欧洲商人间的竞争，全球贸易变得越来越普遍，奢侈品（尤其是生活用品）越来越容易买到，也越来越便宜了[15]。

通过这种方式，在说英语的世界中，茶叶变得无处不在，而且促使消费者对他们购买的东西产生了不同的想法。事实上，正如我在本书中论述的那样，并不是商品的简单扩散就能在消费活动中引起"革命"，而是这些商品的意义必须发生改变，才能引起"革命"。从18世纪20年代开始，茶叶开始装点北美殖民

---

① "勤劳革命"通常指发生在1600—1800年，最终导致工业革命的一段时间。在这段时间里，家庭消费发生变化，对于市场提供的商品，需求量加大。扬·德·弗里斯指出，"勤劳革命"有两个部分：一是闲暇时间减少，因为挣得的工资作用越来越大；二是人们的关注焦点从物品和服务转向了市场提供的商品。——译者注

地家庭的餐桌。虽然是一种外国商品（让人联想到它的原产地中国），但它在各个阶层和等级的家庭中越来越普遍。然而，学者们却争论不休：到底是消费需求先于供给，还是供给先于消费需求？卡里·卡森①在他对英属美洲殖民地的消费研究中提出了一个著名问题："为什么会有消费需求？"他认为，是消费者的欲望促使商人增加了他们运来的商品数量和品种[16]。然而，在18世纪40年代前，英国东印度公司提供的茶叶供过于求，迫使贸易商和零售商们去寻找新的途径，去发现顾客。他们打广告、做营销，并且改进了分销方法，帮助茶叶这样的奢侈品跨阶层流动。商人和消费者共同分享商业利益，扩大了商品的选择和渗透范围[17]。到处都能买到新商品，培养了消费者使用它们的习惯，而且，禁止奢侈品的法令不再生效，没有了购买某些商品的人为限制，劳工阶层可以模仿比他们社会地位更高的人身上的那种优雅气质。换句话说，人们追求的是一种能抬高身价的消费，或者是一种受人尊敬的行为，为他们的购买行为增添社会、道德和政治意义[18]。尽管如此，向往上流社会的生活并不一定导致人们绝对效仿精英阶层。茶叶和糖的消费者并不是被动或简单地模仿，相反，他们是大西洋贸易和市场的热心参与者。更多的选择为更多

---

① 第二章的尾注51里面讲到了卡里·卡森的理念：需求增加、供给才会增加。但作者认为，是供给增加，所以需求增加，而不是需求增加，造成供给增加。——译者注

的家庭带来了新商品和更加便捷舒适的生活。这些非精英阶层的人们，重新定义了奢侈品的含义。到了18世纪50年代，英国国内以及北美殖民地的英国臣民们，越来越多地把茶叶作为日常用品购买和消费。一度被看成是奢侈品的茶叶，变成了生活必需品[19]。

由于资源重新分配或生活水平提高成为可能，在英国及其殖民地中，消费新商品的情况越来越多。这就强化了一系列与此矛盾的道德问题：人们应该消费什么样的奢侈品？该消费多少？为什么要消费？经济学和伦理学是社会领域的两股对立力量，经常展开激烈的斗争。18世纪初，一些社会评论家抱怨说奢侈品的传播败坏了个人美德和社会福祉，他们批评贫困的劳工阶层，尤其是妇女们的消费习惯。在他们眼中，女性意志薄弱，喜欢过铺张奢侈的生活，因此，女性总是和茶几边的流言蜚语联系在一起[20]。然而，到18世纪中叶，经济理论家（无疑是在商人和他们顾客的帮助下）忙着重新定义经济行为，将道德和商品销售分开，将市场活动世俗化，甚至将囤积商品的意义上升到对国家有利的高度。他们特别希望区分从东印度群岛舶来的或是在新大陆殖民地上生长的新奢侈品，说这些是国家繁荣的动力，而不是罪恶和失去救赎的前奏。例如，对于大卫·休谟[①]而言，奢侈品代表了一种对

———————

① 大卫·休谟（1711—1776），苏格兰不可知论哲学家、经济学家、历史学家，被视为苏格兰启蒙运动以及西方哲学历史中最重要的人物之一。——译者注

社会有益的善，追求个体富足兴旺的自私可以使所有人受益。18世纪晚期，亚当·斯密则更进了一步。他在《道德情操论》一书中认为，追求奢侈生活非但不是自私，反而促使一个人去关心别人的命运，视他人的幸福如同自己的幸福一样必不可少，虽然他除了看到别人幸福自己觉得愉悦之外，从中一无所获[21]。换句话说，一个以消费为基础的社会不一定道德沦丧，而且，消费需求以及伴随而来的工业和繁荣，会让社会中的所有人通过慈善事业获得更大的利益。那些被贴上奢侈品标签的物品，不再是堕落的标志，而变得无可非议甚至不可或缺了[22]。

然而，消费者心理的转变，并没有解决消费以及由此产生的社会行为之间持久的矛盾心理。即使"奢侈的恶习"这个概念逐渐消失，但在北美人民的世界中，对于消费的焦虑仍然不易消除。18世纪中期，当美国人开始质疑英国的经济主权、贸易垄断以及政治经济学是否符合立宪原则时，这些在18世纪20年代和30年代关于奢侈品的争论为美国人提供了现成的道德词汇。特别是在争论反进口和茶叶问题时，无论是商人还是他们的顾客都在消费品的政治和道德含义中苦苦挣扎。不管富人还是穷人，他们都喝茶。茶代表了一个有自我意识的消费阶层正在变化的时尚，但它也以各种方式被政治化，成为理解美国独立战争的晴雨表。18世纪60年代，反进口运动的支持者们呼吁消费者克制，并指责奢侈品消费威胁到了北美人民的自由。反进口协议就体现了这些道德争论。然而，在商人和消费者眼中，经济上的利己主义决定了消费的政治含义。共和主义理想追求道德高尚，要求人们对奢侈品保持克制，这经常和消费者的欲望以及殖民地经济中固有的问题发生冲突。而当商人们遵守反进口协议时，他们其实并不像一些学者认为的那样，是为了共和主义的道德理想而拒绝奢侈品消费[23]。相反，他们利用抵制这一手段，重新平衡因英国产品过剩而不堪重负的殖民地经济。商人既要应付激进爱国者的政治要求，又要应付信贷和货币短缺。他们在处理库存的同时，也能坚持反进口政策。这些库存就包括大量的过剩茶叶[24]。

在经济利己主义的驱动下，北美商人支持反进口运动，这也和自由贸易的理想产生了共鸣。尽管殖民地商人维护了一条熟悉的、合法的贸易渠道，但当他们受到英国经济政策的限制时，他们也经常建立和利用跨殖民地以及跨国家的大西洋贸易网络，进行非法贸易[25]。拥有共同宗教信仰或者社会关系的家庭和朋友在费城、波士顿和纽约的商人们中间建立起贸易网络，这也是这项研究中的地理联系。资料显示，美国中大西洋地区（mid-Atlantic）①的商人彼此既有合作也有竞争，这也突出了茶叶在贸易网络中的普及程度以及重要性。这些贸易网络也扩展到伦敦、

---

① 中大西洋地区通常是指美国境内的在新英格兰和美国南大西洋地区之间的地区。它一般包括纽约州、新泽西州、宾夕法尼亚州、特拉华州、马里兰州、华盛顿特区以及西弗吉尼亚州。——译者注

里斯本、阿姆斯特丹和非英属的西印度群岛。北美商人希望拿到的商品尽可能便宜，以赚取更多的利润。例如，在18世纪40年代和50年代，英国处于战争期间①，和英国的贸易经常又昂贵又不确定，甚至会遭遇禁运。因此，北美商人转向了荷属加勒比地区。他们走私重量轻、易于销售的茶叶，把这种受人欢迎的商品带到以前几乎无法接触到商品的地方，但这也引起了英国海关部门的愤怒。出于方便或者实用的目的，当走私商人的利益与北美激进分子的利益一致时，要求政治自由的呼声就会和要求自由贸易的呼声一同响起[26]。

消费者们同样尝到了新型商业市场的滋味。在18世纪60年代和70年代，当社会要求消费者改变购买习惯时，他们有时也会出于自身的利益行事。在美国独立战争前的早期小册子和印刷品中，充斥着要求殖民地居民限制消费，保持他们的美德和政治自由的言论。单看这些言论，人们可能会认为，美国人以他们作为消费者的共同经历为基础，达成了更广泛的政治共识或一致行动[27]。然而，这些材料中也贯穿着另一种言论。早期北美商人的账本和海关记录标记出流向殖民地的商品，从中可以看到，消费者的克制以及对抵制诸如茶叶之类商品的共识，很不明确，而且远未达成

---

① 后文里提到了乔治王之战（King George's War）。不过在18世纪40年代到50年代，英国还有平定詹姆斯党人的各种战役。——译者注

一致。凯特·豪尔曼（Kate Haulman）在《18世纪美国的时尚政治》一书中追溯了消费欲望与革命要求之间的紧张关系。激进分子们要求人们艰苦朴素，穿着共和主义风格的服装。豪尔曼说："尤其在妇女和其他女性化的形象中间，时尚领域的个人政治表达依然存在，这成为辉格党的一个政治麻烦。[28]"在茶叶消费中，妇女同样扮演着重要角色，也同样经历了利益冲突。由革命者组成的市镇委员会呼吁北美殖民地妇女停止购买那些列在反进口协议书清单中的商品。尽管不情愿，但她们意识到，改变她们的购物习惯在政治上是必要的。然而，无论是男人还是女人，如果有可能，都会继续在当地商店里为他们的家庭购买违禁物品[29]。推动这场革命的，是迅速扩散的经济利己主义在他们心中种下的焦虑和怀疑，而不是什么正确经济行为的清晰概念。

1773年，尽管北美人民在消费市场上充满热情地参与了半个多世纪，但在《茶税法》（Tea Act）通过后，他们还是设法团结起来，不进口英国商品。对于茶叶消费的政治后果，主导抵制英国商品的人士也很纠结。尽管茶叶给北美殖民地的居民带来了麻烦，一些人还是坚持原来的立场，对外国奢侈品表示道德上的愤慨。然而，政治活动家更多的是从全球视角看待茶叶危机，而不仅仅局限在喝茶对人的身体和精神上的伤害，以及对地方税收的负担上。对于英国东印度公司这类企业的监管政策，以及该公司在海外商业市场上的恶劣行径，英国和美国的批评者都提出了质疑。通过抵制英国东印度公司的商品——特别是茶叶，美国人对这家公司在缔造和垄断英国的经济中扮演的角色提出了批评。事实上，在18世纪70年代初，大西洋两岸对英国的批评主要集中在英国东印度公司不久前对孟加拉的征服上，它的部分经费就来自销售中国茶叶的收入。这家公司在亚洲的所作所为证明，以政府的名义行使公司的权力会造成多么可怕的后果。因此，北美的政治活动家们担心，英国东印度公司未来也会在北美行使商业主权。他们策划"茶党运动"，提出抗议，并针对北美商业市场可能被大型企业接管发出警告。对于茶叶销售和税收的监管政策，北美人民进行了一场唇枪舌剑的斗争。他们重新定位了茶叶，把它作为英国暴政的象征，并吹响了革命的号角[30]。

把波士顿倾茶事件和1773年的危机放在它们的国际背景中去理解，就可以知道为什么在这些事件之后，美国人又迅速开始消费茶叶了。美国人并不排斥奢侈品或者商品消费。尽管1774年的《大陆联盟条例》（Continental Articles of Association）对茶叶进行了限制，而且公众普遍承诺，放弃消费茶叶这一英国压迫的象征，但茶叶仍然无处不在。即使在抗议的最高潮，人们仍然有滋有味地喝着茶。在美国独立战争期间，一些美国人甚至靠它发了财。只要有机会，只要能买到，美国的商人和消费者们就从未中断寻找、交易和购买茶叶。在战争的最初几年，事实证明，不进口、不消费茶叶的要求很难通过当地的合规监督委员会强制执行。从1774年到18世纪70年代末，商人请求大陆会议允许销售和消费已经在库房中的茶叶，特别是非英国东印度公司的茶叶。此外，他们要求取消出口禁令，允许他们同荷属和法属西印度群岛进行粮食贸易，同时换回茶叶。由于茶叶稀缺，消费者还向商人和政府机构施压，要求他们管控茶叶的价格和供应。北美殖民地妇女谴责那些囤积居奇、货卖高价的商人，要求各州以及国家的立法机关通过价格管控来规范茶叶的分销和销售。1776年春，大陆会议重新开放了对外贸易。在独立战争后期，茶叶又大面积地回到了费城、纽约和波士顿的商店里。尽管经济问题从来不是发动独立战争的唯一动机，但是，方便地获得商品以及公平的市场竞争，对美国人的日常生活一直至关重要[31]。

美国独立战争之后，美国围绕着茶叶展开了有关新政治经济体系的讨论和分歧。茶叶不但没有从美国商人的货架上消失，反而让他们发了一笔横财，并且成为美国政府的重要收入来源。为了清偿战争债务，大陆会议（Continental Congress）①和潜在的盟友签订商业条约，试图重新建立国际贸易和信贷。在战争期间，商人们利用加勒比地区的贸易网络以及法国的自由港，比如南特和洛里昂，筹集资金，购买武器。英国战败后，美国商人仍然鼓

---

① 独立战争1783年结束。1781年大陆会议才改名叫邦联国会。所以此处仍翻译成"大陆会议"。——译者注

吹自由贸易的好处，开始直接派船前往中国，而不是从欧洲盟友那里购买茶叶和丝绸。另一方面，各州和联邦国会为了增加收入，互相争夺对这些外国奢侈品征税的权力。到18世纪80和90年代，看重自身利益的商人和欧洲的贸易公司争夺亚洲市场的主导权。他们带来美国的人参（西洋参）以及太平洋西北海岸的水獭皮，希望找到一种完美的商品用来交换茶叶。尽管他们中的许多人都支持自由贸易，但美国商人还是要求国家制定商业政策，使他们在海上贸易中对欧洲对手保持竞争优势。根据联邦宪法，刚得到权力的国会并没有像英国对待英国东印度公司那样，授予某个企业商业垄断权。他们的选择是向从事对外贸易的商人的个人利益让步，并且承诺保护新的"独立的商业特权"[32]。美国的外交官和政治家屈服于现实，把商业监管作为自己外交政策的一部分，制定限制措施以及关税政策。同时，那些习惯喝茶、不再担心其道德影响的消费者为活跃在充满活力的全球市场经济中的商人提供了充足的资金。

第一章　英国商业版图的扩张

单是为了扶植一群顾客而建立一个大帝国，乍看之下也许像是只有零售店主组成的国家才会去做的一桩事业。然而，这种事业其实和满脑子生意经的零售店主们完全不搭调，不过，它倒是和受到零售店主统治的国家极为搭调。

——亚当·斯密，《国富论》（*The Wealth of Nations*）①

16世纪末、17世纪初，英国人将目光转向了更广阔的世界，希望进一步扩大自己的政治权力和经济帝国。1584年，英国地理学家理查德·哈克卢特（Richard Hakluyt）②在《向西殖民论》一文中阐述了一种商业策略，"可以为我们带来欧洲、非洲和亚洲以及我们想去的至远地区的所有商品，以供应我们衰落贸易的不足"。除了获得新资源，海外探索和殖民将创造出新的市

---

① 本处引用《国富论》第一版原文，最后一句为"but extremely fit for a nation that is governed by shopkeepers"，目前出版的《国富论》这一句话均为"but extremely fit for a nation whose government is influenced by shopkeepers"；两句话的意思并不一样。根据后一句英文翻译的，译成"……不过，它倒是和政府受到零售店主影响的国家极为搭调。"但在本书尾注【2】中已经解释过，亚当·斯密在《国富论》第二版时修改成了如今的版本。本书使用的是第一版。——译者注

② 理查德·哈克卢特（1552—1616），英国地理学家。——译者注

场，"消化"英国的产品，并为"大量游手好闲的人提供工作机会"[1]。无疑，哈克卢特准确预见了重商主义者的思维模式，而这种思维模式催生出"受到零售店主统治的国家"及其消费主体，这也是后来被亚当·斯密嗤之以鼻的东西[2]。

重商主义者通常认为，如果一个国家鼓励对外贸易，并且在与竞争国家的贸易中总能设法保持平衡或者领先优势，它就可以完成积累，并在全球财富中控制更大的份额。国家依靠它的法律和银行体系，扶持、保护和管理商业贸易，通过对进出口商品征收关税来增加收入。同时，通过关税和贸易壁垒，国家也能够保护本土制造业免受外国或殖民地的竞争。一些商人，至少是那些在垄断特许状的保护下兴旺发达的商人当然拥护这些政策，而其他商人则因这些监管的干预妨碍其涉足有利可图的市场而义愤填膺[3]。在这个意义上讲，重商主义本身从来就不是一种一视同仁、前后一致的意识形态。尽管如此，英国商人往往选择与政策制定者合作，在专横的监管和不受限制的贸易之间找一处中间地带，希望在同时满足自身利益和国家需要的前提下获利。17世纪中叶，英国东印度公司刚刚崭露头角，但影响力越来越大。它的董事托马斯·孟（Thomas Mun）①简要描述了这一商业理论："对

---

① 托马斯·孟（1571—1641），英国晚期重商主义的代表人物，英国贸易差额说的主要倡导者。1615年担任英国东印度公司的董事，后又任政府贸易委员会的常务委员。——译者注

外贸易是增加我们财富和珍宝的通常手段。我们必须时时谨守这一原则：在价值上，每年卖给外国人的货物，必须比我们消费他们的多。[4]"从本质上讲，一个国家在经济上的成功，是建立在既能获得外国商品又能保持贸易顺差的基础上的。此外，对外贸易还会刺激本国产业为商船、造船商、水手和零售店主提供工作机会，这将带来新的繁荣。正如哈克卢特所希望的那样，消费社会和商业帝国会让"游手好闲的人"找到工作[5]。

　　到了18世纪，重商主义模式为英国带来了显赫成就，这些商业机构成为英国在海外的政治臂膀。事实上，政治经济学家认为，依靠积极的商业扩张而不是仅凭战争，就可以保证英国在全球市场上的主导地位，并进一步增强它的政治实力。亚当·安德森（Adam Anderson）[①]坚持认为："征服之于古代的罗马，等同贸易之于如今的各国。"这一观点可以追溯至文艺复兴时期[6]。英国经济学家詹姆士·斯图亚特（James Steuart）[②]在《政治经济学原理探究》（*An Inquiry into the Principles of Political Oeconomy*[③]）一书中指出："贸易上消极被动的国家，会受制于

———————

① 亚当·安德森（1692—1765），苏格兰经济学家。——译者注
② 詹姆士·斯图亚特（1712—1780），英国经济学家，重商主义后期代表人物，他是英国第一个使用"政治经济学"这个名词作为书名的人。——译者注
③ 古近代英语的用法，现为economy。

贸易上积极主动的国家。[7]"英国不仅受到零售店主的影响，而且越来越多地依靠商人和贸易公司，在帝国新的"海洋和领土边界上"进行谈判、负担经费，并且维护永久的帝国基础设施。这些地区与成熟的北美殖民地截然不同[8]。早期现代英国的商业飞地包括西非海岸[由皇家非洲公司（Royal African Company）控制]，也门港口穆哈（Mocha）和土耳其港口士麦那（Smyrna）[由莫斯科威公司（Muscovy Company）和勒旺公司（Levant Company）经营]，以及在南亚地区英国人刚刚涉足的孟买、马德拉斯和加尔各答[9]。这些新的商业市场为欧洲国家之间的竞争提供了场所，与此同时，英国商人慢慢渗透进了已经存在的跨国贸易网络当中。例如，17世纪，荷兰人控制了印度尼西亚和日本的胡椒和香料贸易，但在英国人的商业压力下，他们慢慢丧失了主导权。虽然商人在做生意的方式上有很大的周旋余地，但大的商业公司同样需要英国海军的武力来保护他们，并扩张他们在海外的贸易活动[10]。尽管如此，人们仍然希望在这些飞地上进行对外贸易的商人可以代表英国的政治面孔和文明力量，从根本上掩盖商业扩张中咄咄逼人、斤斤计较的本质。亚当·安德森在《商业的起源》一书中乐观地补充道，对外贸易是"为人类带来一切收益的手段"[11]。然而，随着以合同法和公平谈判为核心原则的商业文明兴起，英国的商人常常陷入道德困境。他们总以和平的国家政策为幌子，粉饰一些非常不道德的行为[12]。

尽管北美殖民地为英国提供了原材料，提供了定居点，而且也为欧洲各国的帝国主义霸权提供了演武场，但那片被称为东印度群岛的土地却激发了欧洲人的商业想象力。18世纪，法国教士雷纳尔神父（Abbé Raynal）认为，发现"从好望角通往东印度群岛的航线是人类历史上最重要的事件之一"。他这话一点也不夸张。亚当·斯密后来在《国富论》中也重申了这一点[13]。1497年，在瓦斯科·达·伽马（Vasco da Gama）①的领导下，葡萄牙人绘制了环绕非洲的海上航线，开启了欧洲与南亚部分地区以及马六甲海峡以外国家（包括印度尼西亚、日本和中国）的贸易。发达的港口城市比如印度的果阿邦、马德拉斯以及中国的广州吸引了欧洲人进入生机勃勃的全球市场。这些地方，已经有波斯人、犹太人、阿拉伯人、亚美尼亚人、印度尼西亚人、日本人和中国人进行交易了[14]。亚洲人控制着商品和服务，英国商人无法通过盘剥这些非欧洲的生产商获取奢侈品，不得不在由亚洲人主导的市场里进行贸易。尽管雷纳尔神父坚持认为，与亚洲的贸易将帮助所有国家"把自己看作一个伟大的社会，社会各成员享有平等的权利来分享其他成员的便利"，但由于确保自己利益优先的驱使，欧洲各国为了争夺对东印度群岛贸易的控制权，爆发了

---

①　瓦斯科·达·伽马（约1469—1524），葡萄牙航海家、探险家，是从欧洲绕好望角到印度航海路线的开拓者。——译者注

激烈的竞争[15]。

　　为了保持在东印度群岛的优势地位，英国鼓励商人进行投资，进行海上冒险，同时也努力驾驭和规范这种贸易产生的财富以及贸易商在海外的行为方式。至少从理论上讲，开放和自由的对外贸易会刺激国内消费，促进新的产业和市场竞争，给商人带来利润，为英国商品带来新的市场，并通过对外国商品征收关税和其他税收为国家带来收入。例如，威廉·米尔德梅（William Mildmay）①就指出，"买卖自由是以前经常推崇的首要原则。无论是在对外贸易还是在对内贸易中，我们都必须再次重申并始终坚持这一原则。[16]"然而，英国政府甚至是那些倡导自由贸易的人都承认，商业上的自由如果太多，就会引发混乱。例如，某个商人可能出于自身利益大量进口某种商品，可能会对定价和利润造成严重破坏，进而损害信贷市场和财税收入。米尔德梅在推崇"买卖自由"的同时也认识到，国家批准的特许经营权或者大企业的垄断有助于遏制过度的商业活动，而且并不一定会阻碍贸易扩张。自由贸易不应该是商人自由行动的许可证[17]。尽管在东印度群岛的涉足范围不断扩大，但英国依旧对外国进口和国内生产实施谨慎监管，并且选择性地进行国家垄断，希望以此在帝国内部建立起对英国市场的依赖，并控制周边的经济[18]。英国的

---

① 威廉·米尔德梅爵士（1705—1771）。——译者注

殖民地会提供原材料，那里也有热切的消费者，希望使用英国的产品以及从英国再出口到殖民地的商品。通过调节国内以及殖民地的消费，英国在对外贸易中可以保持对自己有利的平衡。尽管如此，它所谓的重商主义体系在本质上前后不一、不断变化，奉行商业强权却也大谈利他主义，提倡商业自由却屡屡实施商业抵制，制造了大量的紧张关系，这在18世纪常常给英国带来意想不到的后果。

在东印度群岛的商业竞争中，英国属于后来者。尽管从17世纪早期开始，零星的英国商船已经定期来往于亚洲海域，但他们干的事情仅限于冒险抢劫葡萄牙和荷兰的船只，或者购买一些货物，比如从爪哇班塔姆（Bantam）的中国商人那里，或者从印度西海岸苏拉特（Surat）的葡萄牙人那里购买二手丝绸和香料。1600年，一家叫"伦敦商人在东印度贸易的公司（Company of Merchants of London Trading to the East Indies）"得到伊丽莎白女王一世（Queen Elizabeth）①的批准，在这一商业棋局中成为关键玩家。1644年，一位叫爱德华·奈普（Edward Knipe）的商人推测，只要这个公司的船只载有葡萄牙人感兴趣的货物，并且避免荷兰人在海上的骚扰，它就可以"从中国和印度的贸易

① 伊丽莎白一世（1533—1603），她是都铎王朝的最后一位英格兰及爱尔兰女王（1558年11月17日—1603年3月24日在位），也是名义上的法国女王。——译者注

中获益"[19]。1660年，查理二世（Charles II）①重新掌握政权，为巩固其在海外的统治，授予这个公司新的皇家特许，赋予它更大的权力，可以在南亚孟买的领地上建造防御工事和组建军队[20]。然而，直到1709年，在伦敦商人在东印度贸易的公司和一家竞争公司整合商业力量后，"英国商人对东印度贸易联合公司"（United Company of Merchants of England Trading to the East Indies，很快就简称为"英国东印度公司"）才宣告成立，并开始了自己的征程，成为把亚洲的消费品运到英国及其殖民地的首席托运人。1713年，英国东印度公司从中国人那里获得了进入广州进行贸易的权利。到了1717年，它每年都会定期召集前往中国的商业航行[21]。

受益于英国特许的垄断地位，英国东印度公司成为唯一一个可以合法地在亚洲和英国之间进行贸易的英国公司。《关于一般贸易，特别是东印度群岛贸易的思考》（*Some Thoughts Relating to Trade in General, and to the East India Trade in Particular*）一书的作者特别赞扬了英国东印度公司的垄断地位，因为如果没有它，这些进口的外国商品就必须从其他欧洲国家购买，会让英国损失税收。他担心如果完全放开，这个国家就会完全丧失与东印

---

① 查理二世（1630—1685），斯图亚特王朝第三位苏格兰国王、复辟后的首位英格兰及爱尔兰国王。——译者注

度群岛的贸易[22]。还有一些人则担心，垄断经营使英国东印度公司与英国在经济上相互依赖，这可能会导致灾难性的后果[23]。在财政上，英国东印度公司通过向投资者发行股票募集资本，并发行短期债券筹集运营资金。但在实践中，它的财务健康本质上与英国政府、海关收入以及国债状况绑定在一起。由于英国东印度公司的董事和股东都来自伦敦的金融界，而且在政治上有相当大的影响力，因此有能力在亚洲维持长期的商业活动[24]。然而，在1709年对联合公司的特许状中，英国同样要求英国东印度公司在英国缺乏资金时为其提供战争资金。到18世纪40年代，这些借给英国政府的贷款累计达到420万英镑。为此，英国议会保证了英国东印度公司在亚洲的垄断地位以及内部事务的自主权。作为交换，英国东印度公司可以通过英格兰银行获得政府资助，作为短期贷款和运营资金。贸易利润通过丰厚的分红（收益率持续在7%~10%）分配给股东[25]。这时的英国东印度公司还不像它在18世纪末那样，成为英国在印度明确的政治臂膀，但在18世纪中叶，英国政府和英国东印度公司在运营上相互依赖，公司经常充当英国政府在海外的门面。

推动英国东印度公司与英国政府之间相互依赖，并形成二者之间互动机制的主要动力，正是中国的茶叶。尽管欧洲的精英阶层在16世纪中叶已经接触到了茶叶，但直到1660年斯图亚特王朝复辟后，茶叶才成为一种真正的商品。传统上认为，葡萄牙国王若昂四世（King Juan IV of Portugal）的女儿布拉干萨的凯瑟琳（Catherine of Braganza）在17世纪60年代嫁给查理二世时，将一箱茶叶作为嫁妆之一带入了英国宫廷。除了茶叶，她的嫁妆中还包括孟买群岛[26]。18世纪初，诗人埃德蒙·沃勒称凯瑟琳是"最好的王后"，她泡制的茶很受欢迎，是最上等的香茗[27]。茶叶不仅成为英国人消费的新奢侈品，也为国王提供了生计来源，后来还成为英国政府的常规收入。查理二世对从西印度群岛和东印度群岛进口的外国商品中征收"吨税和磅税"，这些商品包括咖啡、茶叶和巧克力。他的弟弟和继任者詹姆斯二世从烟草和蔗糖中征收了更多的关税[28]。18世纪初，茶叶和对华贸易每年为英国王室贡献数十万英镑的税收收入，并资助了英国向印度以及印度以外地区的扩张[29]。

由于英国东印度公司既有政治影响力，又管理着和政府相关的货币和信贷，英国制定出越来越复杂的税收制度以利于这家公司，而且不鼓励通过非特许经营的商家购买奢侈品，或者在国外购买奢侈品。例如，为了支付安妮女王战争（Queen Anne's War）①的款项，在1712年对咖啡、茶叶和药品制定的新关税中规

---

① 安妮女王战争发生在1702—1713年，交战双方是法国和英国，目的是争夺北美大陆的控制权。——译者注

定，英国东印度公司的茶叶享有优先权，每磅税金2先令①，而从其他任何地方进口的茶叶每磅的税金是5先令[30]。英国政府也试图控制英国东印度公司的商品流通和分配，以便跟踪和征税。据推测，1711—1720年，英国政府从英国东印度公司进口的2645337磅茶叶中（见表1-1），获得了264534英镑的收入。英国政府还要求公司的商人区分出哪些茶叶将在英国国内消费，哪些要再出口，英国东印度公司将获得这部分茶叶的出口退税。此外，他们要求英国东印度公司在拍卖出售茶叶之前，储存和认证所有的茶叶[31]。在整个18世纪早期，英国东印度公司和议会就茶叶和其他东印度群岛商品的进口关税进行了激烈的谈判。公司担心过高的税收会抑制消费者购买这些商品的能力，最终伤及商品的销售，减少政府的收入，即使是海关官员"就他们个人的看法来讲"，也认为降低关税最终会"为国王带来更多的收入"[32]。尽管如此，在控制税收和外贸成本方面，胜利的往往是英国政府，它充分利用茶叶进口、再出口和国内茶叶使用量的增长为自己增加财政收入。

表1-1 英国东印度公司（EIC）进口到英国的茶叶（单位：磅）

年份	英国东印度公司总账	海关总署
1700—1710	877509	842326

---

① 先令（Shilling）是英国的旧辅币单位（20世纪70年代废除），1英镑=20先令，1先令=12便士。——译者注

续表

年份	英国东印度公司总账	海关总署
1711—1720	2645337	3567836
1721—1730	8879862	9129049
1731—1740	11663998	12346005
1741—1750	20214498	21262490
1751—1760	37350002	38347381

数据来源：英国东印度公司总账数据，根据以下资料编制：K. N.Chaudhuri, *The Trading World of Asia and the English East India Company*, 1660–1760 （Cambridge: Cambridge University Press, 1978）, 388, and Earl H. Pritchard, *Anglo-Chinese Relations During the Seventeenth and Eighteenth Centuries* (New York: Octagon Books, 1970), Appendix XIX: "East India Company's Tea Trade," n.p. *海关数据根据以下资料编制*：Great Britain, Board of Customs & Excise, Ledgers of Imports and Exports,1696–1780, in the Public Records Office, London, reels 3–37.

　　18世纪上半叶，中国茶叶的进口量和销售量急剧增加，成为一种可靠的应税商品。到了18世纪40年代，从英国东印度公司进口到英国的茶叶增长了20多倍，促使英国政府在茶叶进口上增加了销售税和消费税（见表1-1）。18世纪20年代，英国的财政大臣也是实际上的首相罗伯特·沃波尔（Robert Walpole）[1]改革了

———————————

[1]　罗伯特·沃波尔（1676—1745），英国辉格党政治家。后人普遍认为他是英国历史上第一位首相，但"首相"一衔在当时并没有得到法律的官方认可，也没有在官方场合被使用，但有鉴于他在内阁所施加的影响力，他事实上也是内阁的掌权者。——译者注

进口税结构，对（准备）在英国出售的所有茶叶每磅多征收4先令的内地税（inland duty）。1724年的沃波尔法案要求每个人，从英国东印度公司的商人到当地批发商，再到每个药剂师、食品店老板、杂货商、咖啡店老板，（以及）巧克力店老板，只要是为零售或者公众消费目的购买的茶叶，都要支付关税并提交证明[33]。在收了近十年的税之后，沃波尔称赞道，对茶叶、咖啡和巧克力征税是偿还国家债务最重要的手段，"只有在当时，对征税方法做出改变"，才有可能做到这一点。他为自己的税收法案进行了辩护，称"在过去的8年里，我们向国库中注入的资金比以前多了100万英镑"[34]。1721—1730年，英国进口了9129049磅茶叶（见表1–1），仅内地税一项，海关就可以征收高达180万英镑的税金。尽管如此，英国东印度公司和政府之间通过谈判建立的重商主义政策虽然是互利的，却给商人留下了一系列需要解决的实际问题。英国东印度公司必须在中国建立自己的商业实体机构，不可避免地要强行打开此时因封闭而闻名的中国市场。它还必须挡住其他来自英国的无照经营者和走私犯，压制欧洲的竞争对手，并且找到可进行交易的商品。事实证明，在18世纪40年代之前，这些任务远比预期的要复杂。

在国家特许垄断力量的帮助下，英国东印度公司以位于马德拉斯的圣乔治堡（Fort St. George）为运营基地，成功扩展了自己的商业帝国。但是，受到清朝贸易政策和规程的限制，英国东印度公司难以在亚洲市场上找到立足点，它的战略受到妨碍，并且影响到了新兴的茶叶贸易。清朝统治者通过地方官吏控制中国的所有商业。在17世纪之前，清政府通过禁止中国人出国旅行、减少对沿海地区的物资供应以及焚烧船只来阻止海上贸易。但是中国商人，甚至是普通人，都会设法避开政府的法令，在南亚和印度尼西亚的港口进行各种消费品贸易，逼迫政府对外开放中国的市场[35]。17世纪中叶，在认识到商业是国家致富的一种方式，开放对外贸易是提高（税收）收入的一种特殊手段之后，1684年，清政府允许盘踞在澳门的葡萄牙人进出广州，这为欧洲的其他商人打开了通道[36]。到了18世纪初，负责管理海关征税和港口活动的朝廷和地方官吏为中国的对外贸易制定了一套复杂的规则。他们把对外贸易限制在广州地区，欧洲人只允许在贸易季临时居住在那里。到了18世纪20年代，英国人在广州没有固定的办公场所，只允许在岸边临时租用商行（Hong）场所，以方便设立仓库，在装船前存放他们的货物[37]。当欧洲人到达港口时，粤海关监督通常在澳门或者距广州市区约5公里的黄埔登船，监督交出所有武器，并确保没有任何东西被走私运上或者运下船。《中国的旅行者》（The Chinese Traveller）一书中记载道，那些海关监督们搜查每一个箱子、每一件货物，有时就连我们的口袋也不放过[38]。外国商人必须用白银支付一系列的佣金和费用，包括出售以及购买货物的进出口关税。除了根据每艘船的长度和吨位收取的通行费以外，还要向不同的官员，比如翻译、称重员、粤海关监督、安保官员以及朝廷官员赠送礼物以润滑贸易的车轮[39]。

在中国做生意的成本很高，但英国人最反感的是限制他们和本地商人接触，无法直接购买他们的商品和服务。这限制了英国东印度公司直接竞争谈判、签订合同的能力。英国东印度公司在广州没有固定的办公地点，所以它在每艘进入港口的船上都安排了货监（supercargo，即公司的商业代理人，他们也有权进行有限的私人贸易）。每笔订单、每艘船、每位船长以及代理人都要把自己的经验写进《中国日记和磋商记录》，汇总到马德拉斯圣乔治堡的公司董事那里，指导后面要去中国探险的人能更有效地应对中国的贸易政策、商人和商品定价[40]。在18世纪早期，英国东印度公司的代理人一直要求不受广州官员的节制，要求不受限制地与所有人自由贸易[41]。例如，1704年，粤海关监督不许英国商人亚历山大·汉密尔顿雇佣河道领航员或翻译，不许他直接把自己的货物拿到市场上去卖。汉密尔顿发现没有商人接近自己。这让他怀疑，当地官员与商人合谋，说服或者威胁每一个能做翻译的人，迫使他以及其他欧洲商人只能和一些获得批准的经销商签订合同，以比市场公开价格高出40%到50%的价格购买商品[42]。到了18世纪中期，粤海关监督要求英国商人只能与特定商行的商人谈判合同。这些商行向地方政府支付了费用，获得与欧洲人做生意的特权。商行可以制定价格，安排货物的销售，向外国商人出租设施、设备，在排他性合同中收取更高的费用。不过，他们也必须采取安全防范措施，应付欧洲商人或水手在广州可能引发的任何乱子[43]。由于所有欧洲人都只能和这几家特许经营的商行做生意，随着竞争的加剧，英国东印度公司的商人觉得他们在中国处境不利。1719年，"卡那封号"商船上的货监威廉·法扎克利、罗伯特·加斯库因和威特科特·特纳抱怨道："由于需求太大，而且中国人早就知道我们来干什么，结果茶叶价格涨上了天。[44]"

尽管进入中国市场受到种种限制，但英国的商人还是在茶叶生产、包装和运输等各个环节迅速积累起了专业知识，每年购买的茶叶品种和数量也越来越多。在广州出售的茶叶通常是茶农在与广东相邻的福建省山丘地的小农场种植和收获的。尽管生长的土壤略有不同，在生长季采摘的时间也不同，但所有的茶叶品种都来自同一种植物。晾晒和烘焙茶叶是劳动密集型工作，很辛苦。大多数茶叶都会放在扁平的篮子里干燥，然后放在大锅中，在火上用手翻炒，然后包装[45]。一开始，根据以往的磋商经验，在广州的英国东印度公司代理人主要购买松萝茶（Singlo）。这是一种精致的绿茶。据一位观察者表示，"这是在中国最受重视、喝的人最多的茶"[46]。商人认为，绿茶的利润最高，而且很容易出售。因为凭借嗅觉和味觉就可以判断绿茶的品质，所以只要人们识货，就可以把它卖到世界各地去[47]。1719年，在伦敦英国东印度公司举办的拍卖会上，售出的茶叶中75%是绿茶。而在

18世纪20年代，在英国从中国进口的茶叶中，超过50%是松萝茶（见表1-2）[48]。然而，在几十年内，英国东印度公司代理人的兴趣转向了一种更便宜的红茶——武夷茶（Bohea）。事实证明，在长途的海上运输中，这种茶更容易保存。到了18世纪40年代，英国东印度公司进口的茶叶中只有30%是绿茶。英国东印度公司甚至改变了储存和运输规程，以适应越来越多的茶叶采购。在当地的中国劳工把茶叶装进内衬考究的货箱里以后，英国商人会在所有绿茶中每5箱抽查一箱，以检查商品是否损坏[49]。通过规范茶叶箱子的尺寸和皮重，英国东印度公司可以最大限度地提高出港船只的储存能力。1724年夏末到达广州的"麦克莱斯菲尔德号"商船（Macclesfield）接到指示，只能用"新风干的木箱……小心别用樟木箱装茶叶，以免它的气味把茶叶毁了"[50]。货监发现，垫着稻草的瓷器是船上最好的压舱物，不会发出任何气味污染茶叶[51]。英国东印度公司在船上的每一个角落和缝隙里都塞满了茶叶，包括后舱和面包房，他们甚至还把茶叶藏在甲板之间和船尾用来装舵杆的井里[52]。

表1-2 英国东印度公司进口到英国的茶叶种类（单位：磅、%）

年份	武夷茶（红茶）	所占百分比	松萝茶（绿茶）	所占百分比
1721—1730	3360497	37.8	4577279	52.0
1731—1740	5337807	45.4	3642271	30.9

续表

年份	武夷茶 （红茶）	所占百分比	松萝茶 （绿茶）	所占百分比
1741—1750	10130247	49.6	8029616	29.4
1751—1760	23634760	63.3	11259684	30.0

数据来源：*Compiled from K. N. Chaudhuri, The Trading World of Asia and the English East India Company*, 1660–1760 （Cambridge: Cambridge University Press, 1978）, 397–398. 在18世纪头40年，白毫茶和小种红茶这类高质量的红茶在英国东印度公司的进口总量中所占比例不到2%；而普通的工夫茶和武夷茶分别占到了7%和38%。武夷红茶来自福建省，在18世纪成为欧洲和美洲地区最受欢迎的茶叶。

尽管英国东印度公司在18世纪20年代就进入了广州的茶叶市场，但来自英国的无照经营者和来自众多国家的走私犯越来越多，削弱了它的特许垄断经营权，令它左支右绌。更荒唐的是，货监可以合法地将茶叶带回家，作为个人酬劳的一部分。其中一些茶叶从未到达伦敦港，更不用说进入公司的仓库和上拍卖会了。公司的代理人受到潜在利润的诱惑，有时会把自己"私人贸易"的茶叶和正常货物混在一起，也算在"再出口"的茶叶中，获得内地税退税，然后再沿着威尔士或者英格兰海岸线在其他地方非法出售[53]。尽管如此，这种"虚构的出口贸易"也要比茶叶从英吉利海峡直接走私到英国对英国东印度公司的茶叶销售造成的损害小。瑞典和丹麦商人渗透到苏格兰和英格兰北部，而荷兰和法国商人则从南部进入沿海地区。1721年之后，在英国走私变得司空见惯，特别是通过马恩岛和海峡群岛的走私。英国执法部门因此有了额外的工作，而媒体也有了令人兴奋的追捕故事。1734年12月，大西洋彼岸的报纸报道了温切尔西和佩特的当地官员带着"3名龙骑兵"缴获了2599磅茶叶，并"送还给国王陛下的仓库"[54]。1745年，英国议会的一个走私调查委员会估计，1721年以后英国在每年约300万磅家庭消费的茶叶中，有200万磅是在公然无视法律和政府的情况下走私偷运进来的[55]。

面对中国的贸易限制和欧洲走私犯在商业上的威胁，英国东印度公司制定了一项战略，试图垄断茶叶市场。1720年到1740年，公司董事会指示货监系统性地"囤积"或者尽可能大量购买茶叶，防止这些商品落入经常光顾广州市场的法国、荷兰、丹麦或者瑞典的竞争对手手中。最让公司警觉的是奥地利皇帝特许成立的以佛莱芒港口城市奥斯坦德命名的奥斯坦德公司。这个公司是个幌子，背后是那些被英国东印度公司的垄断权阻挡，不能合法进入亚洲市场的英国、苏格兰和荷兰商人。1720年，英国东印度公司的代理人不计成本，试图购买所有能买到的茶叶，不管是质量上乘的，还是质量一般的，只要是能喝的茶叶就行。他们希望让这些无照经营的闯入者再也不想走这趟航线，除非阻止他们获得茶叶，否则永远不可能做到这一点[56]。英国东印度公司垄断茶叶特别是需求量高的绿茶市场的企图，后来愈演愈烈。1729年，公司指示其代理人迅速买断中国商人能供应的所有绿茶，"让跟在我们后面的船什么都得不到"。作为进一步的预防措施,这些代理人同意购买武夷茶的期货合约,以防还有欧洲贸易商意外抵达[57]。英国东印度公司并不关心茶叶的质量,这一策略和消费者的需求增加也没有明确的联系,他们只是想从竞争者手中夺走尽可能多的茶叶,以保护公司在国内茶叶市场和欧洲的再出口市场上的地位[58]。

1727年,奥斯坦德公司失去了特许经营权,并在荷兰人的压力下退出了商业市场,荷兰人很快成为英国东印度公司在中国茶叶方面的主要竞争对手。虽然英荷战争(Anglo-Dutch wars)①早已结束,但英国商人和荷兰商人在经济舞台上又展开了残酷的厮杀。17世纪,荷兰人积极介入爪哇岛的政治和商业生活,在巴达维亚(Batavia)②建立基地,控制香料贸易[59]。在18世纪的头20年里,荷兰人只能通过巴达维亚的市场,或者通过其他欧洲商人间接购买中国的商品。而且讽刺的是,荷兰成为英国东印度公司最重要的茶叶再出口市场。1700年到1710年,荷兰人从英国商人那里购买了269010磅中国茶叶,占英国东印度公司总销售额的三分之一。在之后的10年里,他们总计进口了649462磅茶叶,占英国东印度公司总销售额的四分之一。1820—1822年,荷兰人从英国购买的茶叶居然高达1196984磅[60]。然而,在18世纪20年代后

---

① 英荷战争是发生于17世纪至18世纪英国与荷兰之间的4次战争,战争的目的是争夺海上贸易主导权。——译者注

② 现在印度尼西亚的雅加达。——译者注

期，荷兰东印度公司（Dutch East India Company）在也门的穆哈击溃了一群英国商人之后，他们的购买习惯发生了巨大变化。荷兰东印度公司在咖啡的竞标中哄抬价格，最终却没有买入，这一做法有效阻止了英国人获得这种商品。为了避免在广州的业务上发生类似的灾难，英国东印度公司加大了对中国茶叶市场的垄断力度，削减了对荷兰的茶叶再出口，并成功阻止了荷兰人涉足中国贸易[61]。在1729—1730年的贸易季中，英国东印度公司的代理人威廉·法扎克利甚至试图和英国的宿敌法国人合作，以实现他们"阻止荷兰人和中国人做生意的共同利益"[62]。但英国商人发现，法国人也试图垄断茶叶贸易。1730年12月，公司的代理人向董事们发誓说他们未能垄断绿茶一事无可指摘，因为法国的"火星号"商船（Mars）比他们来得早。尽管如此，公司的代理人还是阻止了"法国绅士"的购买计划，对方买到的数量只比计划的一半略多一点，并确保用船把大量茶叶运回了家[63]。

然而，英国东印度公司的谋划并未能阻止荷兰人或者法国人获得茶叶。相反，它掀起了一场商业狂潮，越来越多的欧洲贸易商来到亚洲，相互竞争的公司将廉价茶叶走私到英国，导致英国国内的茶叶供过于求。尽管英国东印度公司的总销售额超过荷兰，但到了18世纪40年代，荷兰商人已经设法从广州直接购买了相当数量的茶叶（见表1–3），与此同时，英国东印度公司还失去了对荷兰的茶叶再出口生意。丹麦东印度公司和瑞典东印度公司也增加了与中国的直接贸易，这一点可能造成了欧洲其他国家，比如德国和佛兰德斯（Flanders）①在18世纪中叶停止从英国东印度公司购买茶叶。相反，荷兰、法国、丹麦和瑞典的商人可以把茶叶走私进英国，并且仍然以低于英国东印度公司的拍卖价格出售，因此进一步削弱了它对贸易的垄断[64]。

表1-3　英国和其他国家进口茶叶数量的比较（单位：磅）

年份	英国	法国	荷兰	丹麦	瑞典
1719—1725	918777	178662	—	—	—
1726—1733	1098506	523187	397900	78265	70798
1734—1740	1386499	947576	863178	705316	626651
1741—1748	1981684	1067440	2017683	1766356	1394232
1749—1755	3064323	1928752	2809796	1706624	1787289

注释：德米尼的数字最初用的单位是"担"，它和"磅"的换算公式是1担＝133.33磅。表格中的横线表示该数据缺失。

数据来源：*Louis Dermigny, La Chine et l'Occident: Le commerce a Canton au XVIIIe siecle*, 1719–1833（Paris: école pratique des hautes études, 1964），2:539. *Although some dispute the accuracy of his numbers, Dermigny is one of the few sources that provide comparative figures for several nations.* 尽管有人质疑上述数字的准确性，但德米尼（Dermigny）的表格是为数不多能提供多个国家比较的数据来源之一。

———————————

① 佛兰德斯又译法兰德斯，是西欧的一个历史地名，泛指位于西欧低地西南部、北海沿岸的古代尼德兰南部地区，包括今比利时的东弗兰德省和西弗兰德省、法国的加来海峡省和诺尔省、荷兰的泽兰省。

18世纪初，英国东印度公司购买的中国茶叶越来越多，他们的这一决定不仅引发了欧洲商业公司之间的竞争，也给中国的茶叶生产和分销网络带来了压力。中国的官员试图控制对外贸易和海上交通，但他们进入新的全球经济以后，对外国商人的依赖越来越多。到18世纪20年代末，欧洲贸易商对茶叶的需求急剧上升，广州的生产商无法满足市场的需要。1728年，"奥古斯都王子号"商船上的英国东印度公司代理人向公司董事报告说，两三年来，由于中国官员课以重税，特别是利润下降造成绿茶产量减少，只有一个行商陈寿官（Suqua）①可以弄到大量的茶叶[65]。英国东印度公司和其他欧洲贸易商订购的茶叶越多，中国商人为了尽力维持高价，对这种商品就控制得越严格[66]。1729年，英国东印度公司的代理人试图与合作的商人洽谈排他性合同。例如，在18世纪20年代和30年代，陈寿官就帮助英国东印度公司垄断了绿茶市场。然而，包括陈寿官在内的更多广州商人，通过把茶叶卖给其他欧洲商人，并且与其他中国商人合谋，制定价格并控制分销渠道，来压缩和英国东印度公司的合同[67]。很快，广州所有希望和欧洲人做生意的小商贩都加入了从乡下茶农那里投机性购买茶叶的狂潮

---

① qua是"官"的意思。广州十三行不止13家，每家都有一个行号和一个官名，比如伍秉鉴的怡和行，商名浩官。这个"陈寿官"和下文的"陈篓官"都是某个行商的名字。https://www.jstor.org/stable/j.cttlxwc3n。——译者注

当中[68]。正所谓"萝卜快了不洗泥"，需求旺盛导致下单仓促，品质控制松懈，有时中国的茶农和商人会将陈年茶或便宜茶与新茶混合，以便更快在市场上卖出去。1730年，英国东印度公司的代理人抱怨说前一年对茶叶不同寻常的需求刺激广州商人为履行新签的合同，供应了数量惊人的茶叶，更确切地说，是类似茶叶的东西[69]。

18世纪30年代中期，出现了一个由中国商业精英组成的财团，叫"公行（Co-Hong）"①。他们利用自己的财富获得清朝官员的青睐，享有与所有外国人交易的排他性特权。"公行"出现后，进一步限制了英国东印度公司直接雇佣或者解雇当地工人、为船上卸载的货物支付关税以及控制商业合同的能力。1736年，货监安德鲁·里德警告公司董事们要注意"公行"这个同业联盟在控制茶叶销售方面的潜在能力。安德鲁·里德和他的同事把"公行"称为"秘密联盟"，并考虑如何在可能的情况下，防止茶叶落到他们手中以及如何避免必须仰人鼻息才能生存下来的状态[70]。"公行"毫不让步，在广州的英国东印度公司代理人频频施压，这导致双方在合同条款、税收、信贷、付款和茶叶质量方

---

① 也写作"Cohong"。公行最早成立于1720年，当时的许多行商为了加强自身地位，并与皇商竞争，因此成立组织，最初的成员包括十六名行商，他们订了一套含十三条的条款来规范价格和交易程序，并规定后来加入的成员必须交一千两银的会资才能加入，此外，所有公行成员的交易中的百分之三要充作"公所费"。——译者注

面的分歧越来越大。例如，1736年，乾隆皇帝放宽了朝廷的税收政策，取消了对用于贸易的外国白银征收的10%的附加税后，英国东印度公司的代理人和广州商人就谁应该从这次改革中获利最大而争论不休。货监安德鲁·里德、查尔斯·里格比和弗雷德里克·庞古推迟接收他们已购买的茶叶，要求已经和他们签订合同的商人全额退还附加税。然而，中国商人拒绝对已购买的任何货物退还税款，"借口是我们在合同中没有规定这件事"[71]。对英国东印度公司的代理人来说，更让他们感到侮辱的是，宣布这项税收法令的粤海关监督宗堂（Tsong-ton，音）坚持要求所有欧洲人参加圣旨宣读仪式，"双膝跪下，匍匐在地"，感激皇恩浩荡。海关监督还威胁他们，如若不从，可能会被完全排除在与中国的贸易之外[72]。英国商人认为，在监管严苛的中国市场做生意付出的代价实在太高了。

然而，和中国做生意的真正代价是对华贸易日益失衡。尽管英国东印度公司在广州通商体系中设法建立了自己的地位，并在购买茶叶方面超过了其他欧洲公司，但在中国的市场上，从英国出口的商品很少畅销。1734年，当被问及欧洲或者英国的哪种商品在中国最畅销的时候，英国东印度公司的代理人发现，只有常见的铅才能在中国找到市场，尽管英国的羊毛制品在大西洋贸易中是主要产品，但在一个盛产优质棉花和丝绸的国家里并不受欢迎[73]。钟表和古玩作为礼物，送给中国官员和海关监督很不错，但英国东印度公司的代理人仍然要运送大量的银锭和银币来中国购买商品。

虽然在17世纪受到限制，但重新掌权后的查理二世放松了英国的货币政策，允许英国东印度公司和其他贸易商将银锭带出国门[74]。在18世纪头10年里，为了购买货物，英国总共向印度、中国、日本和巴达维亚运出了8973875英镑银币[75]。在18世纪上半叶，从英国东印度公司运往广州的出口货物中，80%~90%是银锭[76]。这引起了英国人深深的忧虑，担心国家的财富会因为对外贸易而枯竭。17世纪晚期，一位辉格党经济学作家卡鲁·雷勒尔（Carew Reynell）担心"去东印度群岛的时候，我们除了现钱，什么都带不走；等到回来的时候，我们除了香料，什么值钱的东西也带不回来。[77]"

然而，白银的流出并没有像一些政治经济学家担心的那样耗尽英国的财富，反而赋予了英国一种商业手段，调节和中国的贸易。首先，英国东印度公司必须从伦敦的银行家那里（尤其是英格兰银行）购买银锭用于贸易，要么就从欧洲的贸易伙伴那里购买。例如，它在阿姆斯特丹购买西班牙银币，用来与里斯本和西班牙南部海港加的斯（Cádiz）的商人结算。白银也可以从墨西哥经马尼拉直接运到印度，或者由英国东印度公司在孟买和马德拉斯铸造自己的银币，然后在中国交换成茶叶和丝绸[78]。事实上，从16世纪中叶起，西班牙的白银就通过马尼拉流入到澳门的葡萄牙人手中，然后又流入到印度的英国东印度公司。这些白银推动了中国贸易市场的扩张。到了18世纪，白银已经成为中国市场上最重要的商品，它的价格比欧洲市场高出50%，这补偿了商人将货物运往亚洲的成本[79]。这样，白银成为茶叶生产和分销网络中必不可少的驱动力。当中国商人为下一个贸易季订购茶叶的时候，他们必须向乡下的茶农预先支付定金（有时高达总价的70%或80%）。在与英国东印度公司的代理人签订合同时，他们要求对方提前付款或者借钱给他们来打点政府官员，并且购买在广州销售的产品。为了垄断茶叶市场，英国东印度公司不敢得罪公行的那些商人，有时预付款会达到合同金额的50%[80]。例如，1734年，英国东印度公司的代理人同意付给陈篑官①两箱财宝。因为他说，这对他买断全国的熙春茶很有帮助。预付合同款对茶叶生产商提供了保证，并在一定程度上稳定了茶叶价格，同时，英国东印度公司也利用贷款和预付款作为条件，要求中国商人在合同上让步。1734年预支给陈篑官的现银是为了"帮助他履行合同"[81]。在整个18世纪30年代，英国东印度公司为了垄断茶叶市场，对"公行"的策略是双管齐下，软硬兼施。

进入18世纪40年代，英国东印度公司远远没能实现自己的重商主义抱负，不仅没能主导对外贸易，反而在物流和财务上陷入了困境。政府授予公司的特许垄断经营权可能减少了竞争，使用现银购买商品可能也会让公司在和广州商人谈判时更有底气，

---

① 陈篑官为前文陈寿官次子。参见 *Asia Research Institute Working Paper Series No 50: Tan Suqua and Family, Merchants of Canton, 1716 – 1778*。https://ari.nus.edu.sg/wp-content/uploads/2018/10/wps05_050.pdf。——译者注

但在目的国开展商业的复杂性，尤其是想长期垄断茶叶市场的企图被证明是一把双刃剑。事实上，茶叶迅速成为英国东印度公司赖以生存的商品，并为它在南亚和中国的扩张提供了资金。茶叶运输方便，相对来讲品质持久，是东印度群岛最赚钱的商品之一。到18世纪中期，英国东印度公司在亚洲的总贸易额中，茶叶所占比例已经上升到20%~40%，公司每年要进口数百万磅茶叶[82]。然而，18世纪早期茶叶消费的激增带来了代价。由于英国东印度公司与欧洲的竞争对手渐行渐远，同时还面对越来越多的走私茶叶，以及失去了荷兰和德国的再出口市场，公司发现自己收购的茶叶远远超出了能在英国卖掉的数量。奇怪的是，即便仓库里堆满了茶叶，英国东印公司仍然坚定地追求对茶叶市场的垄断行为。在1732年的贸易季里，公司的董事要求在广州的代理人只能私下讨论"我们在英国的市场上绿茶存货过多"，尤其不能让中国人听到。同时，他们建议货监仍然要像英国需求量最高时那样，迅速询问绿茶的价格[83]。英国东印度公司担心茶叶供过于求会让他们的利润下降，所以试图人为抬高价格。他们把过剩的茶叶压在手里，平均要过17个月才出售，并且设定茶叶拍卖的最低价格。也许英国东印度公司的董事认为，如果他们能创造出对茶叶的需求，就可以保住自己在中国的商业利益。库房里堆满了大量囤积的茶叶，促使英国东印度公司把视线转向了大西洋彼岸成熟的英国殖民地，寻找哈克卢特承诺的新市场来"消化"它的商品。

第二章 "嗜茶一代"的兴起

当每蒲式耳①小麦卖6先令或7先令的时候,许多人就会大吵大闹,极力反对。但同样是这些人,宁肯少吃一磅面包,也不肯少喝四分之一盎司②的茶,或者放弃下午茶时分享用这种令人如痴如醉的饮品的乐趣……然而,令人不解的是人们如何上了茶的当,像疯狗一样执着地畅饮这种饮料——而疯狗可什么都不喝。

——乔纳斯·汉韦《通信集:关于我们同胞臣民中新一代劳工阶层的重要性》

18世纪20年代到30年代,当茶叶充斥着伦敦市场的时候,英国的商人们向他们北美③的商业伙伴施加压力,要求他们购买数千磅茶叶,并在北美市场上出售。但是,北美人民愿意喝这种新的饮料吗?他们买得起吗?事实证明,18世纪上半叶是茶叶贸易

---

① 容积单位,1蒲式耳相当于36.3688升。——译者注

② 此处"盎司(ounce)"为质量单位,1盎司=28.350克。——译者注

③ 美洲其他地方的英国殖民地几乎没有这类贸易,即便提到,在本书中往往强调成"北美大陆和加勒比地区殖民地"。由于本书关于茶叶在美洲引起的争端都集中在美国独立这件事上。所以在这里翻译成"北美"。——译者注

的关键，因为商人和他们的顾客在这时一起加入了一场新兴的消费革命。在伦敦同行的鼓励下，北美商人喜欢上了茶叶，有时他们自己就是消费者，但他们也看到了茶叶销售的巨大商机和潜在利润。然而，北美的消费者对茶的态度更为谨慎，他们必须习惯它，必须学会如何沏茶和喝茶。直到18世纪30年代末40年代初，茶叶因为供应过剩，迫使商人降价以后，北美人民才不情不愿地开始喜欢上它。18世纪早期，伴随着对茶叶从被动接受到主动需求的转变，一场关于茶的争论也逐渐展开：公众开始争论喝茶对人们的身体以及文化的影响。当时的批评者比如乔纳斯·汉韦注意到消费这种商品的人越来越多，于是从道德的角度质疑人们应该喝多少茶，或者该不该喝茶。这场"奢侈品辩论"越来越激烈，其中关于喝茶及其功效的批判往往针对劳工阶层、穷人和妇女——对这些人而言，在那些能买得到的廉价商品当中，茶叶是他们第一次能买得起的小小奢侈品。尽管精英们把这些批评矫饰为对他人身体和精神健康的人文关怀，但更有可能的是，他们蔑视这种消费，因为这种消费让那些不那么幸运的邻居们在市场上和他们平起平坐，抬高了身价。讽刺的是，北美的消费者一方面是英国商业发展的驱动力，另一方面成了茶叶批评者的替罪羊。这些批评者诉诸道德，试图控制所谓的个人过度消费。在这个意义上，消费增长与其说是一场"革命"，不如说是一场演变。和其他消费支出一样，只有在适当的市场条件下，通过逐渐培养，喝茶的习惯才会普及。

在18世纪早期，来自欧洲的北美殖民地的居民和英国人一起，开始在新的商品世界中消费。尽管有自给自足的神话，但北美居民实际上无法生产大部分非消耗的耐用消费品，这些东西都依赖进口[1]。经济历史学家卡罗尔·沙玛斯估计，在18世纪上半叶，殖民地居民30%的收入都花在了进口商品上，其中大部分是消费品。因此，他们经常把目光投向海外，关注国外市场的变化[2]。很多新的便利设施，比如厨房用品、餐具、陶瓷器皿以及银器让烹调和餐饮变得更容易，羊毛、亚麻和棉纺织品改善了个人形象，红木家具、钟表和书籍不断填满越来越大的家庭空间。而且，毋庸置疑，在18世纪上半叶，商业扩张和日益繁荣的殖民地为来自世界各地的消费品开辟了一片生长的沃土。

消费品在北美的普及开始于城市内部，尤其是在商人以及那些有机会进入商业市场的人群中间开始的。费城是一个重要的殖民地转运港，接收并且分销来自英国的商品。得益于商业贸易，越来越多的成功商人和店铺老板在此安家落户。这些人不仅向北美人民介绍各种消费品，而且经常带头使用它们，并向公众展示自己的新财富。例如，从事木材、面粉、焦油和沥青等主要原材料沿海运输的商人兼船长彼得·贝恩顿在1724年5月为自己订购了6个银茶匙和一对茶钳[3]。18世纪20年代，新的纺织品、来自中国的丝绸、"印度的小商品"、"日本货"、银器、鼻烟盒、巧克力、藏红花，当然还有茶叶以及泡茶、饮茶的器具也开始出现在费城的商店和家庭当中[4]。18世纪中叶，费城的人口接近1.4万人。它的经济充满活力，商贸繁荣，拥有一个忙忙碌碌并且兴旺发达的商人阶层。他们用毛皮、木材以及农产品交换英国的商品。有时是直接贸易，有时是通过南欧或者西印度群岛的物资采购商进行信用贸易[5]。即使是不太富裕的殖民地居民，也乐于进入消费品市场。城市工匠和小商小贩，也许是出于模仿精英阶层的愿望，开始购买小件奢侈品。这些商品越来越容易买到，价格也越来越亲民[6]。

在城市范围之外，农民和乡村社区也加入到全球的市场经济当中[7]。从新英格兰南部农村家庭的物品清单中我们可以看到，在18世纪上半叶，无论这个家庭是富裕，处于中等收入水平还是贫穷，家里都出现了各种便利设施。到18世纪中叶，在最富有的家庭中，有近40%的家庭拥有银器；即使在最贫穷的家庭中，也有10.3%的家庭拥有银器。在最富有的家庭中，有72.8%的家庭消费进口食品，比如胡椒、香料、茶叶或者巧克力；即使在最贫穷的家庭中，也有44.4%的家庭消费进口食品[8]。到乡下做买卖的贸易商、小贩以及小店主把货物运至北美腹地。在18世纪20年代，整个新英格兰地区的小镇居民都可以买到丝带、丝线、花边、精致的纽扣、手帕、来自印度的棉布和印花布以及一些其他"小玩意",这些东西让一度严肃阴沉的清教徒在外表上增色不少[9]。事实上,在费城郊外,那些种植小麦、黑麦、印第安玉米和烟草,圈养马、牛、猪的普通农民,也越来越经常购买消费品。住在离费城150英里之外的威廉·贝克特认为,尽管卖到这里的商品贵了很多,但他的左邻右舍还是卖掉自己的农产品来购买家庭所需的欧洲或者西印度群岛的商品[10]。

18世纪初,新的消费品也开始渗透进了南方殖民地。弗吉尼亚①的上流社会努力模仿他们的英国同行,茶和茶具逐渐出现在他们的财物清单中。这种风尚从1710年之后不断加剧,一开始是在最富裕的家庭中,几十年内就迅速普及到并不富裕的家庭中[11]。到了18世纪30年代,无论是在城市还是农村,无论是中等家庭还是贫困家庭,居住在弗吉尼亚东南部城市切萨皮克(Chesapeake)以及南方其他地区的殖民地居民都成了这些非生活必需品的拥有者和消费者[12]。1738年,南卡罗来纳殖民地查尔斯顿的一位苏格兰商人罗伯特·普林格尔(Robert Pringle)向伦敦商行订购了一大批"单次精制糖塔"、几罐武夷茶、胡椒、香料、瓷器和一只潘趣酒碗。他经常买卖的东西里包括纺织品、火药、纸张和帽子。普林格尔还会在提取5%~10%的佣金后,把

---

① 因为是美国独立战争前,还不能称为"州"。所以译文中或者用"殖民地"或者不加后缀。——译者注

商品转售给费城和伦敦的朋友，从而推动新的消费品流通以及再流通[13]。

毫无疑问，对于不断增长的消费品贸易和政治经济来讲，茶叶都是重要的商品，它把英国和亚洲联系在一起，并成为大西洋两岸的贸易媒介。然而，在18世纪的前30年里，茶叶供应远远超出消费者的需求，这迫使英国东印度公司和它在伦敦的代理人必须在英国的北美殖民地和爱尔兰创造出新的市场。在试图垄断广州市场的过程中，英国东印度公司在仓库里囤积了越来越多的茶叶。它首先转向爱尔兰，把那里作为消化过剩库存的出口，尤其是在欧洲的再出口市场萎缩的时候更甚（见表2-1）。1721年至1725年，英国商人向爱尔兰再出口了213353磅英国东印度公司的茶叶，是前5年出口量的4倍多。在接下来的5年里，爱尔兰市场又接收了218243磅茶叶。到18世纪30年代末，再出口到爱尔兰的茶叶超过了原来的3倍。相比之下，对北美大陆和加勒比地区殖民地的再出口增长缓慢，在18世纪40年代中期趋于平稳之前，每5年翻一番。有趣的是而且这个问题与消费需求有关，到18世纪中期，尽管北美殖民地的人口仍然只有爱尔兰的三分之一，但对北美殖民地的再出口额和对爱尔兰的再出口额却达到了相同的水平[14]。

表2-1 1700—1750年英国东印度公司再出口到
北美殖民地和爱尔兰的茶叶数量（单位：磅）

年份	北美殖民地 （北美大陆和加勒比地区）	爱尔兰
1700—1705	1983	1783
1706—1710	2236	7714
1711—1715	9601	26772
1716—1720	18165	51515
1721—1725	43301	213353
1726—1730	106815	218243
1731—1735	204354	383643
1736—1740	459779	708613
1741—1745	763527	1103692
1746—1750	653163	636775

资料来源：Great Britain, Board of Customs & Excise, Ledgers of Imports and Exports, 1696–1780, in the Public Records Office (PRO), London ,reels 3–31. 1705年、1712年、1727年的数据遗失。G. N. Clark, *Guide to English Commercial Statistics*, 1696–1782 (London: Offices of the Royal Historical Society, 1938), 33–34, 书中对伦敦公共记录办公室的数据进行了很好的概述，同时指出，关于货物的数量和重量的记录比货物的价值记录更准确。亦见：John J. McCusker and Russell R. Menard, *The Economy of British America*, 1607–1789 (1985; rev. ed., Chapel Hill: University of North Carolina Press, 1991), 73–75.

18世纪20年代和30年代，由于经济和地缘政治的原因，英国东印度公司关注的重点都是将过剩的茶叶转移走，而不是满足现有的需求。他们考虑的是公司商业活动的连续性和购买茶叶的公司代理人的意图。首先，英国东印度公司不做零售，它没有理由去理解消费者，也没有机制响应消费者的需求。公司把这些事留给个体商人、店铺老板以及那些在拍卖会上买它商品的人去做[15]。公司在马德拉斯的理事会控制着和中国的茶叶贸易，但他们往往缺乏来自伦敦董事会的明确指示，不得不在远离英国的地方做出判断，为英国市场购买茶叶。只有在茶叶运抵伦敦后，公司才能评估和管理茶叶供应。在18世纪上半叶，公司的董事一方面反复表达对不断增长的过多的茶叶库存的担心，另一方面坚持要求公司代理人购买所有能买到的茶叶。早在1715—1716年的贸易季，英国东印度公司在伦敦的董事会就指示马德拉斯的代理人"不要派船直接往返中国，因为我们的市场和仓库里的茶叶太多了"[16]。公司随后对船长和货监的私人交易加以限制，威胁要没收公司代理人试图带回国的多余茶叶并予以处罚[17]。在18世纪20年代，相比于消费者的需求或愿望，英国东印度公司更担心来自欧洲贸易公司的竞争，以及法国和荷兰供应商越发猖獗的跨越英吉利海峡走私活动。进入18世纪30年代，荷兰与中国重新建立了直接贸易，削弱了英国对荷兰的再出口市场，并为非法贸易提供了更便宜的茶叶。作为回应，英国东印度公司将武夷茶的拍卖价格下调至每磅5先令，但过多的茶叶再次充塞伦敦市场，迫使公司的董事警告在中国的公司代理人，公司仓库中的茶叶至少够卖两到三年的[18]。讽刺的是，荷兰也进口了过多的茶叶，淹没了他们在欧洲大陆上的市场。1731年，鹿特丹的荷兰商人雅各布·森瑟夫父子向他们在英国的合伙人托马斯·霍尔哀叹说，"茶叶生意几乎不值得做，就目前的欧洲而言，到处都是这种商品"[19]。

18世纪20年代到30年代，英国东印度公司"大量囤积"中国茶叶的决定对英国国内的茶叶供应和价格都产生了持久的影响。公司希望英国的殖民地可以为茶叶提供新的市场，并为大西洋两岸的商人提供赚钱的机会。然而，看到了茶叶销售机会的商人却不得不引导公众，培养他们喜欢上这种最初并不熟悉的商品。例如，北美的商人会与他们的伦敦同行合作，寻找市场营销的方法，让茶叶更吸引潜在的客户，让他们觉得茶叶更实用。18世纪20年代，报纸上首次为东印度群岛的商品打广告，其中就包括茶叶。一开始，费城的《美利坚信使周刊》（*American Weekly Mercury*）将茶叶和很多商品列在一起，放在"当前特价"中，但很快就开始对它进行更多的特别宣传了。1720年，安德鲁·布拉德福德在他位于费城的商店里促销每磅22先令的顶级武夷茶[20]。1727年，彼得·贝恩顿打出"精选武夷茶、刚进口的鲭鱼、糖塔以及精制糖塔"的广告来吸引顾客[21]。1738年，罗伯特·斯特雷特尔出售"一磅重罐装武夷茶"，方便散客购买[22]。和费城商人一样，波士顿的商人也涉足茶叶生意。18世纪30年代，他们开始在当地的报纸上宣传自己的商品。1730年，《波士顿新闻通讯》（Boston News-Letter）上会发布简短声明，或是告诉消费者塞缪尔·斯莱可以提供"最近从伦敦进口的顶级武夷茶"；或是告诉他们，汉娜·威拉德夫人出售"上等的绿茶和武夷茶、瓷器以及精制糖塔"[23]。虽然普通的武夷茶和绿茶最为常见，但顾客偶尔也能买到"上等御用绿茶"[24]。直到18世纪30年代末，北美的零售商和贸易商才开始区分更多的茶叶品种，标明绿茶的等级。比如上等的熙春茶和松萝茶，或者武夷茶以外的红茶，比如工夫茶、白毫茶[25]。到了18世纪中叶，广告内容变得更长，还配有各种不同的字体和木版插图；广告形式除报纸之外，还有传单、海报或日历广告等。在出售茶叶或者其他进口商品的时候，商人不能坐等生意上门，他们必须吸引潜在的客户购买他们的而不是竞争对手的商品[26]。

事实上，在18世纪20年代到30年代，北美商人对茶叶的热情比他们的顾客要高。在18世纪早期，北美殖民地的商人开始寻找像茶叶这样便于携带、运输和销售的商品。尽管对茶叶征收的税目非常复杂、让人迷惑，但通常来讲，茶叶生意是现金交易，或依靠短期信贷完成（1个月到3个月）[27]。如果缺乏现金或者信贷方面出现变化，原本有偿付能力的生意也可能做不成。一手交钱、一手交货则可以确保商家的业务良性发展。1721年10月，托马斯·劳伦斯向伦敦的代理商塞缪尔·斯托克抱怨道，"费城既没有钱，也没有信贷和汇票，这个地方的现金太少了，很多人买点日用品都很难"，他担心他的顾客会转向邻近的纽约购买更便宜的商品[28]。18世纪30年代，现金和信贷市场的紧张状况并没有得到缓解。北美的商人和店铺老板往往不得不接受当地人用本地产品，比如猪肉、牛肉、鳕鱼干、鹿皮、面包或者面粉来交换英国商品。但另一方面，这些商人很难向英国的供应商付款，因为伦敦的商人经常拒绝接受北美殖民地的农产品，拒绝用它们抵偿商业债务[29]。

然而，茶叶为商人提供了一些流动性和资产的灵活性，这些资产如果压在汇票、信用证或者其他金融产品中，可能会被冻结较长的时间。1737年11月，费城商人约翰·雷勒尔帮助同为贵格会教徒的简·芬恩从伦敦订购了一捆茶叶。简·芬恩拿出了一连串的信用票据，包括一张35英镑的汇票，这是卖出前一捆茶叶所得的收入，还有一张她开给英国商人约翰·海沃德超过18英镑的汇票，请对方买进合适的上等武夷茶，并在第一时间连同武夷茶以及那捆绿茶一起寄出。芬恩承诺在抽提成的情况下，帮助他卖出那捆茶叶[30]。芬恩当时还是单身，她雇佣雷勒尔的搭档（也是其内弟）塞缪尔·科茨帮助她销售茶叶[31]。通过这种方式，她成功地将自己在伦敦账面上的钱——一张由第三方作为付款人的汇票，以及一张她自己开出的汇票转换成了她可以在北美殖民地出售并为她带来现金收入的商品。事实证明，对一些北美商人来说，即使在18世纪早期经济波动的时候，茶叶即使不能让他们赚钱，也是一份有销路的生意。1727年，塞缪尔·鲍威尔①第一次来到费城。直到1747年，他一直专注在茶叶销售上。他是伦敦三家公司即大卫·巴克利父子公司，托马斯·海姆公司（Thomas Hyam）以及本杰明·贝尔-威廉·贝尔公司的代理人。他通常收取5%~10%的佣金，差不多加价100%出售茶叶，并且是现金交易[32]。在波士顿商人的账本上也能看出活跃的茶叶订单，以及销售和利润情况。从1735年夏末到1751年，波士顿商人托马斯·博伊尔斯顿和他儿子在他们繁忙的干货和杂货商店中售出了超过1500磅茶叶。在他们4558英镑的总收入中，仅茶叶一项他们就赚了近800英镑[33]。

然而，在18世纪上半叶，随着英国东印度公司的茶叶进口量增加，北美殖民地的商人也同样像英国东印度公司那样——无法摆脱从过剩到稀缺循环的商业周期。供过于求加剧了现金流和信贷中的问题，又进一步引发了消费需求的时机和性质问题。早

① 这位塞缪尔·鲍威尔（Samuel Powel）应该是另一位小塞缪尔·鲍威尔的父亲，后者后来是费城的市长（被誉为"爱国市长"）。下文中费城的商人之间有明显的姻亲关系。譬如，这位塞缪尔·鲍威尔娶了玛丽·莫里斯，他的儿子小塞缪尔·鲍威尔在1769年娶了伊丽莎白·威林，后者是当时费城市长查尔斯·威林的女儿，伊丽莎白·威林的哥哥托马斯·威林也是费城的商人，和罗伯特·莫里斯一直合作。托马斯·威林在1763—1764年任费城市长。——译者注

在1728年，塞缪尔·鲍威尔就感受到了商业波动造成的影响。他向伦敦的一个供应商抱怨说："我们这里的英国商品太多了，利润越来越差，没有人利用信贷做任何生意。[34]"在整个18世纪30年代，鲍威尔向很多商人抱怨说，茶叶有时候堪称市场上的"猛药"，他们不应该再送更多的茶叶来了。1731年11月，他警告托马斯·海姆公司："我们城市中的茶叶足够这两年销售的了。他们说去年进口了差不多2000磅茶叶。[35]"两年后，他对大卫·巴克利抱怨说："我们城市中的茶叶太多了，无论如何都卖不出去。[36]"1735年3月，鲍威尔还向本杰明·贝尔抗议道："我已经卖出了你的几磅茶叶，但几乎所有人都没有付款。因为目前来讲，这是一种非常令人乏味的商品。[37]"一个月后，鲍威尔又指出："现在这里卖茶叶的人太多了，价格几乎跌到了零。[38]"简·芬恩也受到茶叶过剩的影响，生意不景气。1737年，她订购的茶叶抵达费城时遭遇"非常冷清的市场"，在接下来的6个月里，她几乎没有卖出任何茶叶。她向伦敦商人约翰·海沃德保证，她会尽快处理掉这笔货物。然而，直到1738年7月，她仍然无法付给海沃德初始订单中她应付的那一半货款[39]。

除了过剩的库存，飞涨的价格和不稳定的茶叶品质也削弱了北美商人销售茶叶的能力，并且让英国供应商和北美消费者之间的关系变得更加复杂。许多殖民地商人抱怨说，那些伦敦同行收的预付款太高了，迫使他们抬高零售价格。简·芬恩在收到货物后才意识到这一点。由于茶叶市场竞争激烈，她指责海沃德收费太高了，因为其他收费低的商人只要把船装满也一样能挣到钱[40]。商品的成本和定价尤其是定价加剧了北美商人和伦敦商人之间的分歧。1735年9月，塞缪尔·鲍威尔抱怨说在本杰明·贝尔最近运来的武夷茶里，他只卖出了大约240磅[41]。4年后，鲍威尔又抱怨道："我以每磅7先令的价格卖掉了你的几磅茶叶，我给你6先令，但从你的来信中看来，你还想要更多[42]"。当然，伦敦的供应商对茶叶质量的起伏几乎毫无控制力。18世纪20年代到30年代，当英国东印度公司试图"垄断"市场的时候，中国商人倾销给它的茶叶，以及荷兰走私犯青睐的那种价格相对便宜的武夷茶已经开始流入北美市场。1735年，纽约商人雅各布·弗兰克斯的妻子阿比盖尔·弗兰克斯向她在伦敦的儿子拿弗他利抱怨说，他们从商人辛普森和列维那里收到的绿茶根本没法喝[43]。毫无疑问，尽管在1740年之前，再出口到北美的茶叶增加了（见表2-1和表2-2），而且北美人民也开始消费大西洋贸易带来的奢侈品，但他们对茶叶的需求仍然落后于供给。1733年，鲍威尔同意本杰明·贝尔的观察，认为北美人民对茶叶的消费越来越多。但他警告说，"在过去一段时间里，消费数量远远低于进口数量。现在城市中有价值数千英镑的茶叶。我认为足够卖两三年的了。[44]"对利润的渴望和对现金交易的追求促使商人从伦敦订购越来越多的茶叶。然而，人们也在不停地抱怨供过于求、成本太高以及消费者不愿支付过高的定价。这些抱怨表明，对茶叶的需求尚未赶上库存的增加。

表2-2 英国东印度公司再出口到北美各殖民地的茶叶数量（单位：磅）

年份	新英格兰	纽约	宾夕法尼亚	马里兰、弗吉尼亚、南北卡罗来纳、佐治亚	西印度群岛
1700—1705	40	35	6	56	1847
1706—1710	186	82	8	104	1947
1711—1715	530	649	106	1681	6637
1716—1720	1117	2213	216	4135	10529
1721—1725	3927	8620	236	10194	20175
1726—1730	15686	25156	2349	21802	41872
1731—1735	26028	44809	6857	63536	63124
1736—1740	53404	145281	23227	90074	147793
1741—1745	99123	264661	49670	137924	212149
1746—1750	93102	176478	104786	108418	170379

资料来源：Great Britain, Board of Customs & Excise, Ledgers of Imports and Exports, 1696–1780, in the Public Records Office, London, reels 3–31.

随着茶叶在北美的普及，越来越多的商人被潜在的利润吸引，进入到这个行业。北美殖民地内部的商业竞争日趋激烈，走私贸易也开始露头，这些都压低了茶叶的价格。例如在1734年春，塞缪尔·鲍威尔注意到，"各式各样的茶叶从各个群岛、新英格兰和纽约涌入费城，数量巨大"[45]。来自英国的再出口数据证实了鲍威尔对于茶叶来源和流通方向的观察，表明纽约是费城在茶叶生意上最强劲的竞争对手。根据英国海关的记录，直到18世纪30年代末，比起其他殖民地，宾夕法尼亚[①]的商人直接从英国订购的茶叶数量要少得多（见表2-2）。因此，他们的茶叶差不多都是从纽约或者新英格兰地区运来的，有些渠道是合法的，有些是非法的。作为贵格会教徒，鲍威尔只是指责"外人"损害了他的生意。1737年，他注意到武夷茶的平均售价急剧下滑。18世纪20年代初，每磅茶叶的价格高达50先令，到了18世纪30年代中期，费城的零售茶叶每磅通常只有大约10先令。但鲍威尔抱怨说："有个犹太人只卖7先令6便士。这个人从伦敦一个犹太人那里大量进货，他们的规矩就是卖得价格比所有人都低。[46]"他抱怨的对象最有可能是费城的商人大卫·弗兰克斯和他的舅舅内森·利维。他们从纽约和伦敦的家人那里进货。几年后，鲍威尔再次抗议说："纽约的犹太人把茶叶运到这儿来，数量之多前所未见，而且他们几乎愿意以任何价格卖掉茶叶。[47]"

到了18世纪30年代中期，纽约的商人从英国进口的茶叶数量与加勒比地区英国殖民地的进口数量相当，超过了北美南部殖民

---

① 费城属于宾夕法尼亚。——译者注

地的进口数量。此外，还有一些茶叶直接从阿姆斯特丹或者荷属西印度群岛进入纽约。纽约的商人很容易就能弄到足够的茶叶，并把所有多余的茶叶转运到费城。这时常会造成费城茶叶供给过剩。1737年，塞缪尔·鲍威尔无法卖掉他最后一批从伦敦运来的茶叶，因为"有很多纽约运来的茶叶，而且做这个生意的人太多了，大家都在互相拆台，争相降价"[48]。到了1738年，纽约商人以5先令一磅的价格出售武夷茶，8先令一磅的价格出售绿茶，这让鲍威尔的努力付诸东流，他无法以超过7先令一磅的价格出售自己的武夷茶。他试图将现金交易的短期信贷延长到6个月或者12个月（而不是3个月），以此来吸引更多的客户。而且有的时候，他会有意不让自己的茶叶上市，希望创造出需求，以便卖出更高的价格[49]。然而，商业竞争以及这种竞争对茶叶库存和价格的负面影响，并没有阻止鲍威尔从伦敦供应商那里多订购"一些便宜的优质绿茶或者一小捆上好的御用绿茶"[50]。茶叶相对来讲容易出手，为北美的商人提供了一些流动性资产。尽管如此，他们仍然在不断寻找成本和价格之间的微妙平衡，以此来培养消费者那变化无常或挑剔的口味。

尽管伦敦茶叶的大量涌入并不必然导致需求增加，但事实证明，北美的消费者受益于充足的供应，逐渐熟悉了茶叶的口味。18世纪30年代，随着茶叶供应的增加和商业竞争的加剧，茶叶的价格下降了。不可否认，到18世纪40年代，茶叶消费增加了。但事实证明，在消费数据不稳定的情况下，要衡量茶叶的使用量增加了多少非常困难。和一些学者假设的相反[①]，对茶叶的需求和消费并不一定等于我们已知的茶叶供应或装运数量[51]。事实上，研究茶叶是如何普及、如何被消费以及由谁来消费，可以更好地揭示出供需之间的关系。无论在新英格兰、纽约、费城、弗吉尼亚还是南卡罗来纳，北美殖民地的商人不仅要向顾客提供茶叶，同时也必须提供沏茶、喝茶的设备。在18世纪上半叶，茶叶还很昂贵，只有精英阶层才买得起，更不用说配备特制的茶壶（通常是银器或者瓷器）、茶叶罐以及用来泡茶的过滤装置了。正如一位历史学家说的，这些富裕的消费者逐渐把喝茶视为"尊贵上流社会的礼仪"。要喝的茶端上来时需要特制的茶碗和茶托、银匙和匙盘，更不用说还有夹起糖块的银钳子以及盛放糖块的陶瓷碗了。温热的茶汤还要用牛奶或者奶油在特制的容器中稀释。所有的器皿都要整齐地摆放在一张茶几上[52]（见图2-1）。

对于英国人以及北美殖民地的精英来说，喝茶慢慢成为一种日常仪式，打破了以往以休闲娱乐、访亲拜友以及公共庆祝活动为标志的新兴闲暇生活。到了18世纪中叶，喝茶也成为数量惊人的劳工阶层的日常活动。但是，"下层人民"会从当地的商

---

① 这句话是说，并不像一些学者假设的那样。在文章后面尾注里写得很清楚，有些学者认为需求和供给相关。作者反对这一看法。——译者注

图2-1　《喝茶时光》，理查德·柯林斯，约1727年

这幅画描绘了一个时尚的年轻家庭在喝茶。茶具中包括没有手柄的瓷杯，以及大量的银质茶具，有茶叶罐、放茶匙的盘子，放糖的碗、钳子以及加热茶壶的台子。对于这种新的消费活动，这家人显露出轻松自在的表情。这幅画的另一个版本收藏在伦敦的维多利亚和阿尔伯特博物馆（Victoria and Albert Museum），它以一种更正式的姿势展示了这个家庭，但画面的前景中没有那个年轻女孩。

图片来源：（The Goldsmiths' Company）。

店里购买茶叶，以此模仿富裕邻居的生活方式吗？随着茶叶越来越便宜，它当然可以成为某些人追求更高档次消费的小额奢侈品。然而，更有可能的是，较贫穷的消费者是通过一种交换经济（exchange economy）逐渐接触到茶叶的。这种交换经济将顾客账面上的信用与商店里的商品匹配在一起。因为缺少硬通货，所以商人通常为工匠和劳工记账，而这些人经常靠工作换取商品。

商人使用手中的商品，比如糖、茶叶或者朗姆酒来支付他们的工作报酬。例如，在18世纪30年代的波士顿，对于泥瓦匠塞缪尔·布鲁克斯和理发师菲利普·奥德伯特这样的工匠来说，茶叶很重要。他们会定期提供劳务来换取茶叶，比如奥德伯特，他会提供理发和刮脸服务[53]。1738年初，托马斯·博伊尔斯顿用茶叶和本杰明·克拉夫交换了一支船锚。第二年，博伊尔斯顿给帽子商约瑟夫·杰克逊一些茶叶和其他杂货，换了一顶海狸帽[54]。波士顿商人本杰明·格林在工匠用工作换取茶叶后，会在他的账本上记上一笔。珠宝商詹姆斯·博伊尔修好了一对耳环并用2枚缅怀逝者的哀悼戒指换取了一些物品，他在1736年10月换了一对茶钳，1738年秋天又换了几磅茶叶[55]。劳工砍伐树木、修补衣服、打造家具、铸造铜器，通过这些劳动换取茶叶[56]。即使是最穷的人也喝茶。1738年，纽约的济贫院在购买糖和含咖啡因的饮料上，花了预算的13.8%。这个比例比英国圣安德鲁·霍尔本济贫院（St. Andrew Holborn Workhouse）的高很多。1732年，圣安德鲁·霍尔本济贫院在购买类似的消费品上，只花了预算的4.5%[57]。

事实上，在18世纪中叶，糖和含咖啡因的饮料已经成了公共机构和家庭预算中的重要部分。由于走私，市面上能买到廉价的糖和茶叶。放些糖以后，原本有些苦涩的茶汤会更符合欧洲和北美人的口味。事实上，因为糖和茶叶都变得更便宜，也更容易买到，所以很有可能的是，对这两种商品的消费都同步增加了。糖的价格在17世纪急剧下降。到1700年，欧洲人均糖的消费量从40年前的每人每年2磅上升到每人每年4磅。到1720年，欧洲人每人每年大约消耗8磅糖[58]。对于北美的消费者来说，从1700年到18世纪30年代早期，英国糖的批发价从每英担①50多先令下降到10先令左右。1733年英国的《糖蜜法》（Molasses Act）对北美的糖供应和价格产生了较大影响，它引发的走私活动急剧增加。人们从法国以及荷属加勒比殖民地走私便宜的糖、糖蜜和朗姆酒[59]。同样，随着成本的下降，茶叶的消费也增加了。由于进口数据中不包括非法出售的茶叶，所以几乎不可能估算出英国人到底买了或者喝了多少茶。但是一些资料显示，在18世纪30年代，英格兰人和威尔士人每年人均消费大约半磅茶叶，在接下来的10年里，这个数字上升到了每年人均至少1磅茶叶[60]。与此同时，尽管18世纪的观察者估计，到18世纪中叶北美消费者每年人均消费茶叶超过2磅，每天至少喝一杯茶，但历史学家估计，英国殖民地的居民每年人均消费茶叶不到半磅[61]。到18世纪30年代末，在茶叶走私犯和周围商人的竞争压力下，在中大西洋地区，武夷茶的零售价约为每磅7先令。

逐渐形成的习惯以及加糖的含咖啡因饮料让人上瘾的特性，

---

① 英担（Hundredweight）是英制质量单位，现仍用于美国。传统1英担等于112磅，即50.80千克。——译者注

为茶叶创造出日益增长的需求。然而，消费性支出的增加对18世纪的社会提出了一个道德难题。奢侈品消费虽然刺激了商业帝国的发展，但也引发了人们的质疑，不知道人类的欲望会造成怎样的恶果。怀疑论者质疑奢侈品以及新的消费活动会降低个人的道德品质。英国人开始相信，商业上的成功要在道德上付出代价。即使劳工阶层并不指望通过喝茶来模仿地位更高的人，但北美殖民地的精英还是不放心，担心那些凸显他们与众不同的奢侈品，会在底层消费者的手中对社会造成伤害。因此，比起规范商业市场本身，约束和规范由奢侈品的普及而引发的自私、非理性和各种欲望变得更加重要。英国及其殖民地的精英们担心，这些新的生活便利设施会让人们变得懒惰，和16世纪80年代理查德·哈克卢特承诺的让游手好闲的人出去工作不同，消费舶来品会有让劳工阶层变得无所事事的危险[62]。

在17世纪的道德家看来，经济活动是上帝更宏大计划中的一部分。然而，他们担心过多的商业活动可能会导致无节制的索取和不正当的手段，比如放高利贷，这会对整个社会造成伤害。信贷是商业的重要部分，但商人可能会滥用它，损害个体的心灵健康[63]。就连英国东印度公司的董事，支持对外贸易激进扩张的托马斯·孟也担心奢侈品消费会产生有害的影响。他说："我们沉湎在声色犬马之中，觥筹交错、纸醉金迷，在游手好闲和寻欢作乐中虚度光阴。这让我们的身体虚弱、知识贫乏、财富耗尽、灰心丧气、事业失败，还受到敌人的谴责。⁶⁴"18世纪的社会评论家更是担心商业市场的发展会诱使人们陷入罪恶，尤其是新英格兰地区的殖民者更甚，他们作为清教徒的后裔，一直和人类的行为及其道德后果作坚定的斗争。18世纪早期一些令人悲伤的事件让人们意识到，意外事故或者自然灾害可能是一个信号，是对经济上的行为不端和懒惰现象的警告。1711年，在一场"可怕的大火"之后，科顿·马瑟警告波士顿人，仅仅为了买东西而劳动是一种虚荣："哦，虚无缥缈的金钱！哦，引人上钩的财富！哪个傻瓜会相信你？⁶⁵"1727年，新英格兰地区的大地震为神职人员提供了一个机会，提醒信徒注意"在奢侈品消费和无所事事中表现出的骄傲"是一种罪恶⁶⁶。18世纪20年代和30年代，随着消费品数量的激增，波士顿的报纸上经常谴责"奢侈的生活""美味的乐趣""多余的东西"以及"穿得太华丽和吃得太奢靡"，认为它们是亵渎的行为⁶⁷。尽管报纸上每天都密切关注着商业新闻——股票的价格、航运的新闻、商品的销售，但报上也充斥着对消费这些舶来品的批评。

　　然而，总体而言，18世纪对消费行为的道德说教变少了，对经济词汇的现代化使用变多了。"利润""欲望""奢侈"以及"信贷"，这些曾经被怀疑具有负面效果的术语被重新定义，中和了它们的道德色彩，以此鼓励或者证明在市场上做生意是正当的。1714年，伯纳德·曼德维尔①在《蜜蜂的寓言》一书中对"个人恶习"带来的"公共利益"发表了最著名的评论。他警告说，出于宗教目的的自我克制可能会导致货币退出流通领域，造成生产放缓，从而损害国家的繁荣，而购买服装、手套、鞋子、马车和进口商品会为裁缝、木匠、成衣商以及小店主提供就业机会。曼德维尔坚持认为，"节俭就像诚实一样，是一种吝啬的、让人挨饿的美德，它只适用在那些由善良平和、安贫乐道的人组成的小社会里。[68]"同样，詹姆士·斯图亚特也提出了一种早期现代的涓滴理论（trickle-down theory）②。他在18世纪中期一篇《论奢侈品》的文章中指出，对奢侈品的追求以及对无害的"多余物品"的消费，不仅对个人有利，而且对整个社会都有利，因为它"为勤劳的人提供了工作和面包"[69]。他认为，"古代的奢侈品"是以牺牲他人为代价换来的，而"现代的奢侈品是系统化的产品"，在生产环节雇佣了大量人员，这些人同时也是潜在的消费者[70]。

尽管如此，这种把奢侈品消费看作美德的现代观念和消费

---

① 伯纳德·曼德维尔（1670—1733），哲学家，英国古典经济学家。——译者注
② 涓滴理论又译作涓滴效应，指在经济发展过程中并不给予贫困阶层、弱势群体或贫困地区特别的优待，而是由优先发展起来的群体或地区通过消费、就业等方面惠及贫困阶层或地区，带动其发展和富裕，或认为政府财政津贴可经过大企业再陆续流入小企业和消费者之手，从而更好地促进经济增长的理论。——译者注

增长带来的道德缺失感之间，仍然存在紧张关系，尤其在劳工阶层中更是如此。英国小说家丹尼尔·笛福虽然拥护商业和商业市场，但对于新消费支出的态度则表现得很矛盾。他指出，那些看似是商业美德的东西，实际上可能包含着道德沦丧的种子。他感叹尽管喝麦芽酒或穿着精致、昂贵的时装可以为种粮的农民、酿酒的师傅、纺纱织布的工人和裁缝提供生计来源，但同时，过度饮酒、过度消费时尚商品也会夺走成千上万家庭的食物，把他们变成乞丐[71]。18世纪早期，中国商品在英国内部的普及以及英国对中国艺术品兴趣的增加，常常和这种对奢侈品消费矛盾的焦虑心情交织在一起。英国的消费者们购买印有亚洲图案的纺织品和瓷器，根据想象的中国景色建造花园，在戏剧中加入中国人角色，他们甚至在儒家思想中发现了共和主义美德。尽管笛福认为对华贸易对英国的经济极其重要，但他也担心中国的舶来品和思想会带来有害的影响。到了18世纪20年代，他开始对亚洲在对外贸易中的角色抱有敌意，在他的作品中对中国人的描绘与之前也有出入[72]。

而茶叶，尽管是一种表面看来无伤大雅的奢侈品，但在18世纪对奢侈品的争论中经常成为首当其冲的攻击对象。事实上，作为奢侈品消费场所的"茶几"以及所谓"茶叶的负面物理特性"，让大西洋两岸的许多人都深感忧虑。在18世纪早期的北美殖民地，比起其他任何饮料，茶都更多地与奢侈的生活和个人道德的沦丧联系在一起。长期以来，中国人一直认为茶可以治疗痛风、消化不良以及"胃部反酸",但欧洲的批评者往往对它的药用价值持怀疑态度[73]。18世纪早期,法国作家皮埃尔·波梅特(Pierre Pomet)承认茶有许多功效,可以帮助人们舒缓和恢复精神,防止癔症,抵御和驱赶睡意,加强大脑和心脏功能,帮助消化,利尿,净化血液,还能预防坏血病[74]。一位评论家说茶是灵丹妙药——对缓解头疼感冒、肠胃不适和乏力嗜睡都有好处,茶常用于治疗肺结核、瘦弱的痨热病患者,或者咳嗽、严重的溃疡症患者,或者酸性体液的人"[75]。但也有人警告说,茶和鸦片一样具有麻醉作用,必须小心使用。18世纪中期,英国医生约翰·科克利·莱松(John Coakley Lettsom)对茶进行了实验,包括将蒸馏过的绿茶注射到青蛙体内。他得出结论,确认茶可以让人放松和镇静,如果过度使用可能导致极度不安、焦虑和压抑[76]。

除了对身体的影响,批评家们还担心茶作为奢侈品,会对个人的道德和工作习惯产生腐蚀作用。也许是因为自18世纪起,下层人民和劳工阶层喝茶越来越多,于是评论家坚持认为喝茶会损害贫穷工人的勤勉美德。乔纳斯·汉韦起初是一位商人,后来成为慈善家,他用了十几页的篇幅论述"给陌生人付利息以及消费茶叶,是导致一部分人贫穷和痛苦的部分原因"。他声称普遍的喝茶习惯造成了劳工阶层的贫穷,推动了走私贸易,并且最终会被证明,对这个国家极其有害[77]。苏格兰神学家邓肯·福布斯

（Duncan Forbes）认为，茶叶价格低廉，即使是最吝啬的劳工也买得起。加上糖这种和茶密不可分的伴侣，最贫穷的家庭主妇也能拥有这种饮料。而在以前，它是非常罕见的[78]。卫理公会牧师约翰·卫斯理（John Wesley）认为如果穷人"能省下喝茶的钱"，他们就不会那么穷[79]。然而，含有咖啡因的饮料可以刺激工人，让他们精力充沛。托马斯·肖特（Thomas Short）赞美茶具有非凡和无与伦比的功效，它能帮人消除睡意，驱散人大脑中的阴霾，使人变得神清气爽、思维敏捷[80]。茶和糖还能抑制食欲，掩盖下层人民没什么钱买食物的窘境[81]。到了18世纪40年代，劳工阶层已经习惯了消费茶和糖。他们通常购买少量茶叶，一般每隔3~6个月购买四分之一磅到半磅茶叶。然而从比例上说，他们为了这些小嗜好，还是花费了很多工资[82]。在早期现代，当人们手头拮据的时候，他们往往首先选择不吃东西，而不是放弃新的奢侈品，比如茶叶、糖或者巧克力[83]。尽管受到收入和资源的限制，但对糖和茶叶的购买和消费还是增加了。

虽然牧师和慈善家把喝茶和北美殖民地劳工阶层的恶习联系在一起，但在英语文学世界里，茶和喝茶特别是它的负面功能几乎完全和妇女挂上了钩（见图2-2）。大众文化和文学艺术喜欢描绘这样的场景：无所事事的上流社会妇女或者那些攀高枝的女人围坐在茶几旁，边喝茶边吃点心，张家长李家短地散布流言蜚语。丹尼尔·笛福痛斥把女人聚在一起的茶几以及把男人聚在一起的咖啡馆，他认为在这些地方，所有人的名声都"以这世上最违反基督教教义的方式"遭到了玷污[84]。18世纪早期的英国诗人利用喝茶和茶几上的礼仪为他们的诗歌增添动人的乡愁。尼古拉斯·安姆赫斯特（Nicholas Amhurst）在1723年的《闲事诗集》中，提醒他的读者"那个女人也许对着你微笑，在她边喝茶边说闲话的时候。"1727年，克里斯托弗·皮特在《诗歌与翻译》中一篇名为《青年和爱猫的寓言》的散文里，把喝茶时的八卦描述成"女性政治"的一种形式。威廉·申斯通在1737年的《趣事诗集》中描述了一位"接近正午"才起床的慵懒女人："这位林中

图2-2 《喝茶的妻子和醉酒的丈夫》的扉页Newcastle upon Tyne?, 1749

图片来源：The British Library, Eighteenth Century Collections Online。

仙女睁开蒙胧的睡眼，她满脑子想的都是流言八卦和——武夷茶。[85]" 18世纪30年代和40年代，艾伦·拉姆齐用了整整一卷散文和诗歌来记述"茶几见闻"，记录了"嗜茶一代"的兴起。他们因贪欲、奢侈和安逸而心满意足，因八卦和茶叶而精神振奋[86]。

尽管北美殖民地的居民对英国诗歌并不熟悉，但他们对茶几边的飞短流长，对流言和妇女行为之间的负面联系却了如指掌。殖民地的报纸嘲笑妇女，讽刺她们是流言蜚语的集散地。人们还认为，因为妇女在茶几边什么都不干，所以拖累了家庭经济。1725年3月，《新英格兰报》的编辑声称收到了几封男士的来信，"满腹牢骚地抱怨自己的懒婆娘。若问这种懒惰是不是因为她们越来越爱喝茶，丈夫们的钱包最清楚不过"[87]。有些报纸上的批评文章是由男人执笔的，专门模仿游手好闲的长舌妇的口吻。18世纪30年代，本杰明·富兰克林利用他的报纸《宾夕法尼亚公报》和他作为"穷理查"的公众形象，支持当时的文化批评。他化名爱丽丝·阿德顿格发表了几封信，对妇女在茶几边的行为进行道德规劝。阿德顿格的信上写道："传播八卦，就像其他美德一样，本身就是奖赏。因为它让我们感到满足，让我们看上去比别人好，或者让别人看起来不如我们好。[88]" 1738年，《穷理查年鉴》中有一份署名布里奇·桑德斯夫人的前言。她宣称，"迪克那可怜的老婆最近时不时要喝上一点茶"，暗示这饮料是一个印刷商送的，对方脑子里想的可不只是生意[89]。尽管在

18世纪30年代出现了一些反对的声音，认为喝茶对消费者的正面影响要大于其他行为——比如喝酒，但大众媒体仍然不停地谴责茶以及喝茶的妇女[90]。

北美殖民地的妇女可能因为喝茶的所谓负面影响而饱受批评，但茶叶商人可离不开女性消费者，更不用说店铺老板、客栈老板和商人了。尽管妇女的"消费天性"似乎威胁到了父权制对钱袋子的控制以及妇女的美德，但在18世纪20年代和30年代，妇女是北美殖民地商业市场发展壮大的核心力量。和诗人不同，商人的目的是卖出商品，因此，他们在选择和销售商品的时候，必须迎合女性消费者的喜好。历史学家卡尔·罗伯特·凯斯注意到，18世纪宾夕法尼亚广告上的妇女形象都是正面的[91]。例如，1733年初，费城雕刻工兼店铺老板约翰·萨切弗雷尔为他刚进口的白镴茶壶、茶匙、茶架和炖茶锅做广告，就从正面反映了喝茶的形象："供所有讲究体面、整洁和茶几礼仪的人使用。[92]"妇女凭自己的力量购买茶叶和其他商品，用于家庭消费和转手倒卖[93]。帮助简·芬恩购买茶叶的约翰·雷勒尔向许多女顾客出售商品，包括安·钱德勒、玛丽·弗劳尔、伊丽莎白·琼斯、"法瑞尔寡妇"和莎拉·詹姆斯，这些人在18世纪30年代和40年代都曾购买过少量茶叶[94]。塞缪尔·科茨也注意到，许多妇女经常光顾他的店铺，包括萨拉·休梅克、格蕾丝·劳埃德、贝拉·科茨和安·威迪菲尔德[95]。从1738年到1740年，本杰明·格林最忠实的顾客是波士顿一位名叫伊丽莎白·考威尔的女士，在他账簿上登记为"旅馆老板伊丽莎白·考威尔夫人"。1738年7月到1740年10月，她购买了44.25磅茶叶，大概是供应给她旅馆的房客使用的[96]。在18世纪的费城，有一半的零售商店是妇女经营的[97]。

这些由妇女带入北美家庭的新商品带来了新的生活习惯，激励着消费者去尝试。18世纪40年代，喝茶是一种相对便宜的奢侈品消费，所有阶层都能参与。同时，喝茶能抬高身价——模仿那些比自己社会地位更高的人，让这种奢侈品变成了必需品。18世纪的人观察到了大量的这种自抬身价的消费。塞缪尔·约翰逊[①]注意到，伦敦的贸易商和零售商希望通过收购，特别是买到新奇的物品来抬高自己的身价。他评论道："每个人在伦敦逛商店的时候，都能看到无数种仪器和便利设施。虽然他们并不知道这些东西是干什么的，但总觉得它们没用。然而，一旦熟悉了这些设施设备，他们就会纳闷，没有它们可怎么生活。[98]"亚当·斯密在《道德情操论》的结尾处断言，人类行动的驱动力是虚荣："人们渴望的不是财富，而是财富带来的关心和善意。[99]"即使在殖民地，这种消费也起到了抬高身价的作用。美国第一任财政

---

① 塞缪尔·约翰逊（1709—1784），经常被称为约翰逊博士（Dr. Johnson），英国历史上最有名的文人之一，集文评家、诗人、散文家、传记家于一身。——译者注

部部长亚历山大·汉密尔顿对消费者的行为做过敏锐的观察。他在1744年游历特拉华和宾夕法尼亚的乡村时，注意到一个叫威廉·莫里森的土地投机商，虽然衣着破旧，但希望别人把他当绅士看待。他认为自己比酒馆老板地位高，因为他拥有"很好的亚麻衬衫……一对银鞋扣、银纽扣和金袖扣，有两件荷兰进口的衬衫和几顶整洁的睡帽，而且他家里的小妇人每天喝两次茶"[100]。换句话说，茶叶的供过于求以及人类的虚荣心促成了习惯的形成，并且导致需求增加。

进入18世纪40年代，对外贸易不断扩张。在它的推动下，所谓的消费革命如火如荼地展开，为英国和它在大西洋的殖民地带来了新的商品和需求。18世纪20年代和30年代对奢侈品的争论，使人们越来越怀疑消费品对个人健康和道德品质的影响。尽管如此，最初被谴责为无关紧要甚至在道德上危险的商品，最终成为无所不在的必需品。男人和女人、富人和穷人都在消费和使用它们。然而，对奢侈品消费的批判并没有消失。对茶叶的批判尤其持久，但批评的重点发生了转移，从喝茶对个人道德的伤害转移到了消费行为对政治和经济更广泛的影响上去了。1734年，一位署名为"忠实的约翰"的作者在给《纽约周刊》的信中，指出对外贸易在家庭经济中对个人的影响：那些最无力负担这些消费的人，倾尽那一点家产，典当戒指和盘子来购买茶叶和瓷器，自得其乐地享受这份奢侈[101]。然而，到了18世纪40年代，批评家更多的是针对奢侈品消费和政治体的经济健康之间的关系。1744年，苏格兰神学家邓肯·福布斯谴责购买茶叶和外国烈酒的行为，因为它腐化了劳工阶层的灵魂，而且"不但浪费了金钱……我们的贸易和信贷也随之消失"，最后导致国家破产[102]。北美人民也担心居民消费以及它对本地和其地方经济的影响。一篇题为《奢侈品的流行以及市长对它的精彩抨击》的文章在殖民地各地的报纸上广为流传。它警告纽约人、马里兰人和波士顿人，消费支出会掏空英国，并且增加公共债务："奢侈品之于财产，犹如瘟疫之于健康，它同样具有传染性，同样具有破坏力。[103]"一些殖民地居民甚至提议抵制喝茶，以减轻购买茶叶带来的个人债务。1746年8月，《波士顿晚报》发表了一封来信，警告说，"目前过高的茶叶价格应该让人们冷静下来，思考一下喝茶这种荒谬和破坏性的行为。"作者提议，波士顿人"应该像去年在苏格兰南部大部分城镇和自治市中做的那样，形成并鼓励一个反对喝茶以及使用一切外国奢侈品的组织或者协会"[104]。但是直到18世纪60年代，北美殖民地的居民才用真正的政治术语说明了消费带来的代价。事实将证明，茶叶这种处于欲望与克制交界处的商品，是一个关键因素。

第三章　北美消费的政治化^①

商业！我们为你祝福，

你带回异域的物产：

让我们品尝到香料

却不用忍受它生长时那灼人的烈日；

不必养蚕，身上的绸缎照样闪闪发光；

不种葡萄，依旧畅饮到各地的琼浆玉液。

——纳撒尼尔·埃姆斯

　　纳撒尼尔·埃姆斯在《1762年天文学日历》中，写下了上面这段关于商业的诗句，赞美北美人民不需要种植、培育或者生产，就能从对外贸易中获得外国商品，满足需求。尽管这几行溢美之词

---

① 北美13个殖民地分成三大类：皇家殖民地，大部分殖民地都是皇家殖民地；业主殖民地，有两个，分别是宾夕法尼亚和特拉华；自治殖民地，分别是罗得岛和康涅狄格。各个皇家殖民地都有总督，是英王任命的。立法机构有两个，一个相当于参议院，叫"总督参事会"（council），一个相当于众议院，叫"代表大会"。能投票的人在书中翻译成"永久产权业主（简称"业主"，freeholder）"。殖民地人民认为殖民地的内部立法要听这个代表大会的（持这种观点的人就是辉格党），而英国认为要听英国议会的，于是出现纷争。——译者注

"祝福"了全球贸易以及对"异域物产"的消费，但埃姆斯也暗示了殖民地的消费者与辐射范围宽广的英国贸易体系之间相互依存的关系。正是这一贸易体系，为消费者带来了这些商品[1]。到18世纪中叶，北美殖民地的经济长足发展，已经融入了英国的全球贸易当中。例如，纳撒尼尔·埃姆斯所在的新英格兰地区就经历了一场复兴运动，一些小城镇升级为省会级的都市。比如康涅狄格的新伦敦和哈特福德，新罕布什尔的朴次茅斯，马萨诸塞的塞勒姆和马布尔黑德，以及罗得岛的普罗维登斯[2]。像波士顿这样的大型商业中心也扩展了它的商业区域和通信模式，以便外国商品更快地流入。1743年，法尼尔厅建成并在其周边形成了集贸市场，商人把咖啡馆和小酒馆都变成了做生意的地方。殖民地的报纸不但忙着向大西洋两岸的商人传递他们感兴趣的信息，而且向新一代的消费者宣传他们的商品[3]。同时，新英格兰地区的商人也改变了商业模式，跨越殖民地边界建立起覆盖范围更广的贸易网络，并将西印度群岛纳入其中。来自加勒比地区的糖为朗姆酒的蒸馏提供了原料。这一行业日益重要，反过来可以提供资金购买南卡罗来纳的大米或者来自伦敦的英国商品。纸币和其他信贷工具的出现也帮助北美商人获得了更多的贸易机会，促成各殖民地之间的物资流通，繁荣了当地的工业，并将新英格兰地区引入到跨国贸易网络当中。尽管北美殖民地居民的收入提高了，但在1745至1760年，商品的价格波动频繁，导致购买、销售和消费各种产品比如茶叶和糖的成本很难估算[4]。

同样，在18世纪40年代，费城也经历了经济起伏和七年战争①的冲击，并成为北美殖民地中最重要的港口城市。它不仅是商业中心，不久后也成了政治中心。对北美殖民地粮食作物的需求不断增长，推动了费城经济的发展。费城的商人开始将农作物直接运往西印度群岛和欧洲南部[5]。18世纪40和50年代，粮食出口贸易的成功，增加了流通中的货币，提高了劳工阶层的工资，使他们也能参与到所谓的消费革命中来。然而，商业上的成功以及消费者旺盛的购买力背后，是债务以及日益严重的贸易不平衡。据本杰明·富兰克林估计，到18世纪中叶，英国向宾夕法尼亚出口了价值近50万英镑的商品，而只进口了不到4万英镑的北美商品[6]。尽管新的信贷工具极大地方便了跨大西洋贸易，但缺乏硬通货以及限制纸币的使用增加了收债以及还债的难度，进而也增加了管理商品供应、流通和分配的困难。1749年初，伦敦商人约翰·亨特写信给小伊斯利尔·彭伯顿说，"他已得知在费城有大量的欧洲商品。我们认为，除非你的需求量非常大，否则这种情况不会改变"。他担心北美进口了如此大量的商品会影响到英国经济，因为北美商人卖不出足够的商品来偿还债务[7]。

① "七年战争"发生在1754—1763年，而其主要冲突则集中于1756—1763年。当时西方的主要强国均参与这场战争，其影响覆盖欧洲、北美、中美洲、西非海岸、印度及菲律宾。在北美地区发生的战争也叫"法国—印第安战争"或者"征服战争"。——译者注

　　18世纪中叶的经济扩张对北美殖民地而言可能是痛苦的，但茶叶能够对信贷市场起到润滑作用。对茶叶日益增长的需求和潜在的高额利润促使北美商人寻找新的机会，建立各种新的合法或非法的商业联盟。尽管英国试图控制或者根除非法贸易，但一些殖民地商人还是建立了跨殖民地的以及跨国家的大西洋贸易网络，通过走私茶叶以及糖等外国商品发家致富[8]。事实上，从18世纪40年代末到60年代，拥有共同宗教信仰或者社会关系的家庭以及朋友不仅在费城、波士顿和纽约的商人之间建立起了贸易网络，还在伦敦、里斯本、汉堡、荷属以及法属西印度群岛的商人之间建立起了贸易关系。但是外国商品尤其是茶叶，在18世纪60年代前被高度政治化，这一点在美国独立战争前的"反进口运动"中表现得很明显。北美人民对英国的税收结构以及对进口的管制提出质疑，在抗议《印花税法案》和《汤森法案》①的过程中，茶叶成了象征性的核心商品。18世纪60年代和70年代，北美人民开始争论英国经济主权的合法性、贸易垄断的可行性以及政治经济的目的，他们在18世纪20年代和30年代争论奢侈品消费时

----

① 《印花税法案》（英国1765年关税法案）是1765年英国议会通过的施加在英属北美殖民地人民的直接纳税法案。该法案要求北美殖民地的印刷品使用伦敦特制的带有浮雕印花税票的印花纸，进而上缴印花纸的税费。法案目的是战后给驻留北美的英国军队支付薪水。《汤森法案》是英国在其北美的殖民地增加税收的一系列法案，它们由财政大臣查尔斯·汤森在1767年起提出。——译者注

用的那些道德词汇正好派上用场。然而，在北美殖民地反进口运动的高峰时期，要求消费者克制的政治呼声越来越强烈，而公众却希望买到各式各样更便宜、更好用的商品，这两者之间的关系逐渐紧张[9]。北美的商人和消费者可能出于政治上的考虑，暂时同意不买或者不喝茶，但到了18世纪60年代，喝茶已经成为"嗜茶一代"的日常习惯，而且商人从茶叶销售中也赚到了钱。事实证明，北美殖民地坚持抵制进口是非常困难的。

18世纪40年代和50年代，面对不停变化的经济周期、缺乏硬通货以及拖欠的债务，北美商人为了销售自己的产品并且购买货物，开始寻找最好的商业市场。由于《航海法案》限制北美居民单独进入英国港口，而且英国的商人也并不总能以实物充当货款的形式接受殖民地的商品，所以北美商人转向荷属以及法属西印度群岛、荷兰、汉堡或里斯本等地，出售他们的商品，并换来容易运输和销售的东西，比如糖、糖蜜、朗姆酒或者茶叶。事实上，走私的冲动往往出于卖掉手中粮食、木材、毛皮或者朗姆酒的需要，而不是出于购买受到限制或者禁止的、违规的外国商品的欲望。"他们主要的购买手段就是用他们的玉米和面粉来交换……而英国人并不总能接受这种方式，"伦敦居民塞缪尔·沃顿注意到北美居民"到目前为止，要么被迫从外国人那里购买茶叶，要么被迫接受苛刻的条件，从伦敦的商人那里购买"[10]。1748年的税制改革限制了合法的茶叶买卖，从而促进了茶叶走私。尽管在1748年6月以后，英国政府对再出口到爱尔兰和北美地区的茶叶免征繁重的内地税，但在英国东印度公司拍卖会上购买的茶叶只能用原包装重新装运，而且只能大宗运输，否则购买的茶叶会被罚没[11]。据一位伦敦商人说，新规定让小型贸易公司或者个体商人很难直接从英国东印度公司购买茶叶，因为他们必须一次拍下一个拍卖单位的茶叶——300~900磅的武夷茶[12]。尽管将茶叶批发集中在几个大商户手中为伦敦商人带来了一些好处，但税制改革让北美商人负担起了确保茶叶运输符合法规的责任，并且赋予了海关官员更大的权力，可以搜查和审核船只的装舱单。

18世纪30年代，英国东印度公司和荷兰之间展开了贸易战争，北美殖民地的走私活动也随之泛滥。荷兰人最终被英国人挡在广州城门外，但他们继续主导着印度尼西亚的贸易。他们在那里从中国游商手里购买茶叶[13]。与英国对英国东印度公司的监管不同，荷兰人在亚洲的私人贸易活动几乎不受什么限制，商人间的竞争降低了商品成本。英国的税制改革在降低英国东印度公司的茶叶价格方面收效甚微，因此，北美商人绕过英国人，去寻找更便宜的商品。尽管英国东印度公司在拍卖会上以每磅3先令的价格批发茶叶，但荷兰人的价格更低。他们在公开市场上每磅茶叶只卖约1.1先令，轻易地打入了北美殖民地市场[14]。北美商人密切追踪荷兰茶叶在国外的流向。据《波士顿邮报》报道，1745年，据阿姆斯特丹的最新消息，15艘来自东印度群岛的货船已经停靠在荷兰港口，带来了荷兰东印度公司的370878磅茶叶，以及个人商户的1713080磅茶叶[15]。到了18世纪40年代，来自各个国家的商人都参与到了走私贸易中，特别是穿越西印度群岛形同虚设的国境线的那些贸易。无论有钱没钱，无论年龄大小，在牙买加和百慕大群岛的许多英国臣民（甚至是政府官员）都利用法国和荷兰的港口走私货物。来自新英格兰地区、纽约和费城的船主加入了已经很活跃的糖、糖蜜、纺织品、葡萄酒、火药、纸张和茶叶的非法贸易网络中。圣尤斯特歇斯岛（St. Eustatius）成为荷兰走私贸易的中心。英属美洲殖民地的贸易代理商来到这里以及加勒比海的其他自由港，比如西班牙的蒙特克里斯蒂岛，利用非法贸易获利[16]。

尽管荷兰人提供了廉价茶叶，但北美商人也利用地理环境和家族关系，以及英国海关松懈的执法和变幻莫测的战争走私货物。早在1737年，马萨诸塞殖民地总督乔纳森·贝尔彻就抱怨说："我们这块殖民地的海岸线太长，有太多方便进出的港口。海关官员人数太少，总是抱怨对阻止非法贸易实在无能为力。[17]"在罗得岛、康涅狄格和新泽西无人看守的海岸线上，商人接收非法的货物，然后运往波士顿、纽约甚至费城[18]。18世纪50年代末到60年代，特别是在英国议会将海关委员会设在波士顿以后，北美殖民地的走私中心就从新英格兰地区转移到了中大西洋地区。将茶叶走私进费城尤其容易。和新英格兰地区的地理环境一样，在进入港口之前，特拉华河两岸提供了许多卸货的地方。事实上，海关委员会的官员担心，"这里有这么多方便的水湾和港口走私违禁品，而附近却没有一个海关官员能够阻止他们。[19]"走私商人约翰·基德向里斯本一家商户保证说："我们这里的官员什么都不管，我可以把任何货物运到这里，惹不出任何乱子。[20]"另一位商人兴高采烈地庆祝，"我们做贸易自由自在，不受任何海关官员的干扰。"他因此得以在费城、西印度群岛以及爱尔兰之间不停来往，从事贸易活动[21]。18世纪60年代晚期，费城的奥尔-邓拉普-格伦荷姆公司证实，"因为缺少海关官员，所以从爱尔兰以及西印度群岛可以很容易地非法进口茶叶，而且到目前为止，这里还没有武装巡逻艇。[22]"

对一些北美商人来说，18世纪40年代到50年代，英国与法国的长期冲突既是挑战又是赚钱的机会。为了找到最合适的商品和价格，他们把来自伦敦供货商的合法订单和非法贸易结合起来。在乔治王之战（King George's War）①期间，波士顿商人托马斯·汉考克在路易斯堡为来自马萨诸塞的士兵提供补给。他利用自己在里斯本、西印度群岛和荷兰的关系，把茶叶走私生意做得红红火火。到1745年，他开始直接从阿姆斯特丹或者西印度群岛的荷兰人那里购买茶叶和其他"荷兰货"，并将它们运到

---

① 乔治王之战（1744—1748），奥地利王位继承战争期间英法两国在北美洲进行的印第安人战争，也是英法双方争夺北美殖民地的第三次军事对抗。——译者注

波士顿。1746年3月，汉考克指示圣尤斯特歇斯岛的马丁·杜布瓦·戈代说，在阿姆斯特丹的供货商"给我运来了一些货物，委托给你转交给我"，其中包括两箱600磅的廉价武夷茶[23]。次年8月，汉考克又从阿姆斯特丹的商人托马斯·霍普和阿德里安·霍普那里订购了10箱顶级武夷茶，11月又订购了6箱。他们把茶叶运给"斯塔蒂亚①"的戈代，然后再转运给波士顿的汉考克[24]。在接下来的20年中，托马斯·汉考克就以这种方式获得茶叶和纺织品，赚取了巨大的利润——在战争期间尤其如此。事实上，商人经常会抱怨说，一旦战争结束，生意就不好做了。1748年11月，托马斯·汉考克向伦敦的商业伙伴基尔比—伯纳德公司感叹道，"一切贸易在和平时期都停了下来。"尽管如此，他补充说"我必须满足客户的需求"，这意味着在持续需求的推动下，他需要继续找到茶叶，不管是不是通过合法的渠道搞到[25]。

随着和平时期的持续，茶叶成为晴雨表，用来观察当地经济的波动是否健康。18世纪50年代初，像费城这样的城市经历了商业萎靡和货物积压问题。费城商人约翰·基德警告他在伦敦的供货商说茶叶卖不掉，"我们最后这两艘船上的大量茶叶恐怕会积压在市场上"[26]。3年后，基德再次发现茶叶市场出现饱和[27]。就像18世纪30年代的塞缪尔·鲍威尔那样，基德将责任归咎于亲

---

① "斯塔蒂亚"就是荷属圣尤斯特歇斯岛的当地叫法。——译者注

戚众多的弗兰克斯和利维的公司，他们从纽约的家人那里运进茶叶，造成市场上充斥着走私产品。费城的其他商人也感受到了和平的影响。供应过剩导致价格压低，伤害到所有人。随着一场新的战争即将爆发，约翰·雷勒尔警告他的表兄托马斯·桑德斯说，生意已经大不如从前，"我绝不鼓励你进入这项生意中"。他注意到进口商品的数量太多了，几乎每周都有大捆的商品以低于成本的价格公开拍卖。雷勒尔得出结论，只有与法国打仗，才能让费城走出经济困境[28]。

不出所料，第二年，又一波"与法国打仗"的战事爆发了。战争造成贸易禁运和商品短缺，这正是汉考克、基德和雷勒尔这些商人盼望的大赚一笔的机会。1755年4月，约翰·基德的雇员威廉·高夫给当时在伦敦的雇主写信说，仅仅因为有传言说东印度群岛的马德拉斯①被法国人占了，与法国的战争不可避免，茶叶销售就停止了[29]。许多人希望，供应不足会拉高长期低迷的茶叶价格。赚钱的可能性甚至吸引了一些新人加入到茶叶生意中来。托马斯·威林在他父亲查尔斯1754年去世时，接管了费城的生意。他与以前的店员罗伯特·莫里斯合作，抢着囤积茶叶。威林告诉他在英国的几个合作伙伴，如果战争不可避免，请他们在价格低迷的时候为他购买武夷茶。因为一旦战争爆发，他就可以

① 马德拉斯，今印度第四大都市金奈（泰米尔语：Chennai）。——译者注

把它们高价卖出去[30]。1755年的整个上半年，威林都在期待着一场战争。这场战争有助于他的生意——无论是合法生意还是非法生意[31]。当七年战争真正爆发后，北美的商人在做生意时通常要冒一些风险，特别是从事走私活动的人，而且他们要在里斯本和加勒比地区找到现成的合作伙伴。除了来自伦敦代理商的合法订单，威林和莫里斯在整个战争期间都在购买走私茶叶。1757年上半年，所有殖民地被禁运了4个月，这次禁运让他们获利不小。1757年夏末，托马斯·威林派他的货船"南希号"前往欧洲，并告诉他的叔叔托马斯在葡萄牙购买茶叶[32]。10月，威林如释重负地向他在里斯本的商业伙伴梅恩–伯恩–梅恩公司保证，茶叶"已经安全抵港，将让我们获得丰厚的利润，而且很快就会出手"，因为价格已经回升到每磅7先令[33]。

除了在加勒比地区和欧洲找到新的合作伙伴外，中大西洋地区的商人还可以利用已经存在的跨殖民地贸易网络，方便地进行走私活动。交通的改善将费城和纽约连接起来，成为一道商业走廊，同时吸引了来自新泽西和特拉华的业务[34]。许多纽约商人在费城都有固定的合作伙伴，可以帮助协调货物运输。费城的托马斯·沃顿经常从纽约走私商人约翰·瓦德尔船长那里接受经由新泽西波登镇运来的茶叶。1756年2月，沃顿指示他的信使小约瑟夫·波登让他的船员深夜出发，到他店铺前的码头上来，在夜幕的掩护下，运送一箱箱茶叶穿过街道[35]。纽约的一些公司，比如格雷格–坎宁安公司更是转向新英格兰南部海岸，在康涅狄格的斯坦福德和新伦敦之间寻找停靠点。这些人在海关都有朋友。他们注意到，许多商人明目张胆地和荷兰人做生意，"把所有人都拉下了水，不得不为他们辩护"[36]。如果事实证明，新英格兰南部风险太大，那么走私犯可以在曼哈顿南部纽约湾入口处的桑迪岬靠岸，并用小船把货物运到纽约港[37]。从斯坦福德或者桑迪岬出发，货物会经波登镇由陆路或者水路运到费城。在1756年的一批货物被英国海关查封了一些武器和茶叶之后，格雷格–坎宁安公司指示他们在鹿特丹的供货商和船员在斯坦福德装货，并绕过长岛进入费城河，在那里，他们可以根据需要把货物方便地送往纽约或费城[38]。同年秋天，沃德尔·坎宁安指示他在贝尔法斯特的合伙人托马斯·格雷格在阿姆斯特丹、鹿特丹和汉堡提交长期有效的订单，在每艘前往罗得岛的货船上装运8箱武夷茶[39]。

随着战事愈演愈烈以及英国海军搜查违禁品，一度不愿参与走私活动的北美商人也改变了他们的商业习惯，帮助储存和分销茶叶等非法货物。18世纪50年代早期，费城商人约翰·基德经常从伦敦合法的批发商那里订购大批绿茶和武夷茶。然而，做茶叶生意赚不到钱让他越来越沮丧，因为他注意到大量茶叶经由爱尔兰过来，或是装在帕兰庭移民船①上运来，或是从纽约来的荷兰

---

① 帕兰庭（Palantine）是18—19世纪德国移民去美国乘坐的船只。https://sites.rootsweb.com/~pagermanpioneers/。——译者注

货，或是经由马恩岛运进来[40]。尽管他担心，如果不采取某种手段制止它的话，茶叶走私可能会彻底毁了这这份生意。但非法贸易带来的潜在利润也让他蠢蠢欲动[41]。在七年战争期间，基德经常与其他商人合作走私茶叶。1757年春，费城两位成功的走私商人托马斯·威林和托马斯·里奇加入了基德的"茶叶计划"。威林要求他在里斯本的供货商梅恩-伯恩-梅恩公司以每磅不超过2.2先令的价格运来价值2000英镑的茶叶。他还谨慎地补充说："因为都是走私品，所以请你把我和基德先生的货全部投保，这样在发生损失的时候，你可以最大限度地信赖保险公司的信誉。[42]"当货物到达费城时，他以每磅7先令的价格卖出了大部分茶叶，到1758年夏天，威林和基德作为合伙人净赚了超过1500英镑，托马斯·里奇和里斯本的公司也各赚了同样多的钱[43]。1759年10月，里奇和托马斯·威林、罗伯特·莫里斯二人合作，从阿姆斯特丹直接运输茶叶，双方都赚了2700多英镑。1759年12月，在里斯本的一次茶叶走私冒险中，威林和莫里斯持有一半股份，净赚了3058英镑，威林持有六分之一的股份，比他们赚得少一点[44]。

即使是谨慎的贵格会商人，比如费城的亚伯·詹姆斯和亨利·德林克，也会利用战争时期茶叶短缺的机会牟利。但他们很小心，避免走私违禁品。这两位合作伙伴在海军物资和给养上投入了大量资金，并在18世纪50年代把这些货物运往西印度群岛。

与法国正式开战以后，他们发现自己的生意仍然很成功，在1756年只损失了一艘船[45]。在战争期间，他们争论是否允许他们的船长俘获敌方船只。因为贵格会公开谴责，认为在公海上抢劫敌方船只是不道德的，并且抱怨说，这些抢来的货物和走私品只能为当地的拍卖市场提供廉价的竞争商品[46]。尽管他们偶尔也会俘获敌方船只，但詹姆斯和德林克认为，通过已知的合法渠道买卖茶叶、香料和干货，仍然可以赚钱，而且能够减轻他们良心上的不安。1757年末，他们注意到茶叶短缺，在接下来的3年里，他们从内特–尼夫公司以及它的继任公司内特–庞古公司或者大卫·巴克利父子公司那里订购了武夷茶、熙春茶和工夫茶，以及各种各样的茶杯、茶托、茶壶、奶壶和其他茶具，那两家伦敦公司一直向费城、纽约和波士顿的众多客户提供茶叶[47]。然而，到了1760年，这两位合作伙伴仍然在努力地为他们的茶叶寻找市场。随着七年战争结束，他们向供货商抱怨说茶叶生意让他们很沮丧，因为从伦敦运来的货进入了他们所知的最饱和的市场[48]。

接着，北美殖民地的商业活动又一次在和平的传言下趋于瓦解。部分原因是解除禁运后，大量新商品会涌入市场。然而，事实证明，更令人不安的是英国海军和英国海关最新获得的控制北美贸易的权力。在与法国冲突期间，这些部署已经开始着手进行了一部分。1755年，新上任的纽约殖民地总督查尔斯·哈迪呼吁驻扎在纽约市的英国海军帮助查找并没收非法物品。格雷格–

坎宁安公司在纽约从事原木和干货的走私生意。他们在1756年5月抱怨说海军军官终于下定决心没收所有碍他们事的东西了。沃德尔·坎宁安指示威尔士雪王子号的船主约翰·尼尔森船长，在他们从鹿特丹回来时给他捎个信，他将取回货物，包括3箱武器和4箱茶叶，在费城找个安全的地方存放[49]。然而，在宾夕法尼亚地区，总督罗伯特·亨特·莫里斯在贸易委员会的敦促下，同样在打击非法贸易。据说他在1756年夏天，沿着特拉华河的各个码头亲自暗访，搜查藏起来的违禁品[50]。托马斯·里奇警告他在纽约的供货商雅各布·范赞德说最近向费城走私货物有风险，因为总督已经下达搜查令，要求治安官以及税务官员惩处一切走私活动，特别是茶叶。他们一看到茶叶就会拦下来，要求你证明它是合法进口的[51]。据费城商人丹尼尔·克拉克说，七年战争结束时，纽约和费城之间的非法贸易已经很普遍，但海关官员反而变得比以前更严厉，这让走私成了一件危险的事情[52]。事实上，1748年的税制改革要求北美的海关官员搜查船上的货物，并审查在伦敦的茶叶销售授权书。尽管如此，整个海关系统资金不足，效率低下，而且即使在战后，许多海关官员也经常对非法贸易睁一只眼闭一只眼[53]。对北美的商人来说，走私成为一种应急手段，尤其是在战争期间，合法的贸易路线受到禁运阻碍时更是如此。而且事实证明，茶叶是一种容易购买、运输和销售的走私品，能够让他们获得利润。

1763年以后，一个新敌人出现了，这就是英国的税收政策，它将茶叶和其他消费品一起变得高度政治化。当英国和法国谈判和平条款时，英国财政大臣建议国王改革税收政策，以收回北美战争的费用，同时为英国扩展到北美的官僚机构支付工资。这场战争从英国东印度公司在南亚新近占领的殖民地一直打到资源丰富的北美大陆，花费不菲，耗资大约1.6亿英镑[54]。为了偿还战争债务，英国议会在势力强大的商人和制造业游说团的支持下，希望利用殖民地人民的消费需求征更多的税。18世纪中叶，殖民地的消费需求至少占英国对外贸易的三分之一[55]。然而，制定新的税收政策必须十分小心。英国议会必须在增加收入获得的好处与提高物价后对消费者购买能力的打压之间做出平衡。更重要的是，伦敦的海关委员会希望规范并加强北美海关官员的权力，防止私下进口外国商品[56]。两项主要的改革措施引起了北美人民的注意。《食糖法案》（也称为"1764年北美税收法"）扩大了海事法庭在英国海军的帮助下惩罚走私犯的能力，有利于海关更好地征收关税[57]。波士顿人尤其担心，限制外国糖蜜和食糖进口会摧毁他们与西印度群岛之间的贸易往来，更不用说在新英格兰地区，这种朗姆酒蒸馏业的主要原料价格提高后，会削弱他们购买英国商品的能力[58]。1765年的《印花税法案》对纸制品（报纸、小册子或者扑克牌）征税，并要求任何合法交易的合同、许可证、契约或者法令，都必须印在盖有印花税章的纸上。这笔税收将用于支付上一次战争的费用，以及对北美殖民地开展持久军事防御的费用。

对英国的议员来说，事情明摆着：作为英国臣民，必须缴税。新税制的制定者，英国首相乔治·格伦维尔的大臣查尔斯·劳埃德在为《印花税法案》辩护时指出，"在英国的庇护下，北美人民在人口数量、商业和财富方面都取得了迅速发展"；反之，他们亏欠英国很多[59]。事实上，格伦维尔也是这样看待北美殖民地的。他曾经支持由罗伯特·克莱武①领导的军事化英国东印度公司。该公司在上一场战争中，夺取了印度的部分地区，使其免受法国控制。所以，根据定义，凡是英国占有的地方，又是在英国武装力量的加持和管理下获得的收入，当然要上缴[60]。然而，北美人民认为自己和英国的经济关系却不是这样的。约翰·狄金森②匿名写了一封信，名为《关于对美洲大陆英属殖民地最近政策的思考》。在信中，他认同劳埃德的看法，认为"以前在关税和运输限制上的自由，使我们为自己和我们母国

---

① 罗伯特·克莱武（1725—1774），臭名昭著的殖民者。早年参加英国东印度公司与迈索尔在印度的争霸斗争。1757年"普拉西战役"后，建立英国东印度公司对孟加拉的统治，其总督任内建立所谓"双重管理制度"。——译者注

② 约翰·狄金森（1732—1808），美国政治家、作家、军人、教育家，《邦联条例》起草和签署人之一，美国制宪会议代表，《美利坚合众国宪法》签署人之一，美国开国元勋。——译者注

的共同利益赚了不少钱"，在事实上让北美人民参与到了大西洋的商业和消费活动中来[61]。但是，狄金森强调，母国已经通过贸易从北美殖民地的繁荣中获益。增加税收负担，只会威胁到北美人民维持这种商业联系的能力，只会从消费者的钱包里拿走现金，拿走他们本来可以购买英国制造的商品的现金[62]。在新英格兰地区，格伦维尔新政策的批评者也意识到北美的税收政策在商业以及帝国关系上更广泛的影响。例如，罗得岛纽波特的以斯拉·斯泰尔斯（Ezra Stiles）就担心《印花税法案》会把北美殖民地变成另一块受人盘剥的土地，就像孟加拉一样，置于一家像英国东印度公司这种实体的主权管辖之下[63]。

因此，北美人民是在全球商业活动的大背景下，以及正在兴起的反对大型商业企业的情绪下对格伦维尔的税收政策做出回应的。他们的回应在大西洋两岸都得到了支持。1765年末，殖民地的商人普遍认为，针对不公平的税收政策，恰当的抗议就是拒绝进口英国商品。同时，他们要求在英国的商业伙伴向议会施压，废除这个法案。1765年10月下旬，在各殖民地联合召开的印花税法案大会后，200名纽约商人通过了一项决议，通知他们在英国的合作伙伴，除非废除《印花税法案》，否则不要运送任何货物过来[64]。费城的商人原则上也支持反进口运动，谴责议会侵犯了他们控制殖民地税收的权利。1765年11月7日，一些商人、工匠和商店老板签署了一项协议，承诺在法案废除之前不进口货物，或者至少在明年5月之前，取消未来的订单，并且撤销未完成的订单。到那时再考虑下一步的行动[65]。英国商人担心，以印花税的形式增加跨大西洋签署法律文件以及使用信贷工具的费用，会破坏经济稳定，中断贸易。在英国商人的支持下，北美殖民地最终取得了胜利，英国议会于1766年废除了《印花税法案》[66]。

然而，英国议会一方面行将废除《印花税法案》，同时又在考虑另一项增加收入的新计划。1766年1月，乔治·斯宾塞议员提醒议会，"在北美的英国殖民地上，没有任何东西和茶叶有任何相似之处。"10年前，他就举报过纽约的走私商人，发现在北美殖民地，所有人，从绅士到奴隶都喝茶，而且不喝茶就难受。斯宾塞提议英国政府利用对茶叶的需求，对再出口到北美的茶叶再征收每磅12便士的税。他希望从每年销往国外的4000箱茶叶中获得6万英镑的收入。而且最后算下来，至少对北美人民来说，还是比英国消费者购买这种商品要便宜得多[67]。

虽然他的建议直到1773年才全面落地，但《汤森法案》的顺利通过表明了茶叶在为英国政府增加收入方面的极端重要性。由英国财政大臣查尔斯·汤森在1767年提出的《汤森法案》对列举出来的几类商品即玻璃、铅、颜料、纸张和茶叶征收新的关税，目的是防止在殖民地和种植园中，走私这些产品[68]。这些税收将用于支付新任命的殖民地海关和司法官员，包括总部位于波士顿的北美海关委员会的工资，这个海关委员会旨在协助迅速并有效地征收进口关税[69]。司法官员和民事官员在海关委员会和它的办事机构的协助下，将摆脱对地方立法机构的依赖，在逮捕走私嫌疑人时更多地使用协助令状（Writ of Assistance）[70①]。

《汤森法案》在1767年通过后，北美殖民地的人民开始考虑如何应对。在反对《印花税法案》的行动上落后于其他殖民地的波士顿人，很快开始抵制进口商品。原则上，波士顿人并不反对交税，只要它的目的是规范贸易，只要它在英国的所有土地上都统一执行就行。但是，反进口运动的早期成员，商人托马斯·库欣在1767年5月抱怨道："当征税的目的是从殖民地获得收入，用以支付英国派遣官员的固定工资时，这看上去就是违宪的；而且，除非撤销我们的特许状②，否则就甭想做到这一点[71]。"约翰·狄金森在那封"一个宾夕法尼亚农民的来信③"中提出的道德呼吁，激励了很多新英格兰地区的人民。在信中，他呼吁人们下定决心，穿家纺粗布衣服以纪念我们的祖先。他们

---

① "协助令状"是一种开放式的搜索许可证，允许海关官员在没有搜查令的情况下进入房屋搜查。这引起了北美殖民地人民的极大不满。——译者注

② 这里的"特许状（Charter）"是指英国国王授予北美各殖民地允许其合法生存权利的文件。——译者注

③ 就是指《关于对美洲大陆英属殖民地最近政策的思考》一文。这封信的副标题是"一个宾夕法尼亚农民的来信"。——译者注

受到祝福，享有自由，并将自由传给了我们[72]。然而，比起思想或者宪法上的理由，狄金森在经济上的分析在波士顿的商人中间引起了更大的共鸣。他们最终在1768年3月初集会，投票决定反进口[73]。几年前，狄金森曾经列举过贸易面临的严峻形势。因为资金会变得极度匮乏，而且信贷紧缩，个人债务问题会造成北美商人破产。接着，债权人起诉债务人，要求获得他们的土地和个人财产，但什么也得不到，这反过来又会毁了他们的生意，就算远在伦敦，也能感受到这种冲击[74]。当时，新英格兰地区的人民仍在遭受战后经济停滞和跨大西洋信贷危机的影响，他们担心《汤森法案》会在更大范围内进一步损害经济。1767年末，一位署名"S.X."的人写道，"我们当中明智的人都在担心对茶叶、纸张、玻璃和颜料征收的新关税会很快耗尽我们的财富，会很快从利率升高、房地产衰退、破产、监禁以及整个贸易的崩溃中反映出来"[75]。1767年10月28日，数百名市民来到法尼尔厅参加永久产权业主（freeholder）集会。他们签署决议，鼓励使用和消费一切英属美洲殖民地的产品，特别是本殖民地的产品，同时承诺不购买某些进口商品。他们对现金短缺、波士顿的贸易下滑以及战争后期产生的高额债务表示痛心[76]。

1768年上半年，他们完成并批准了一份他们都认可的反进口协议。许多波士顿商人（不管是走私商人还是合法商人）都认为，他们的抵制行为不仅能发出一条政治信息，还能减轻他们的个人债务。而且，不再订购新的英国商品并且卖掉手头积压的外国商品，还有利于殖民地经济[77]。伦敦和布里斯托尔（Bristol）的商人一直渴望向大西洋贸易的外围参与者比如零售店主、拍卖商等提供新的信贷额度。但他们提高殖民地和母国之间商业联系的努力也增加了这些人对英国债权人的个人债务。这些债务在1766年达到了约290万英镑[78]。3月份，支持反进口运动的波士顿商人说，"我们面对着巨大的债务，如果我们继续以我们熟悉的方式过度进口的话，这些债务还会增长。而且随着我们的进项一天天枯竭，它不仅会毁掉自己的生意，而且会毁掉大西洋彼岸我们那些债主的生意[79]"。1768年8月，在随后签署的一份协议中，波士顿人认为，为偿还战争借款而征收的重税和那一年捕捞鳕鱼的收成远不如往年是他们难以支付拖欠英国商人债务的原因。他们同意在一年内（1769年1月至1770年1月）停止直接或者以委托代销的方式进口货物，特别是茶叶、玻璃、纸张或者其他通常从英国进口的货物……直到对这些货物征收关税的法案被废除为止[80]。

　　和波士顿的商人一样，费城的商人希望反进口运动有助于稳定殖民地经济，帮助他们卖出存货，回收货款，并偿还拖欠的债务。反进口运动的拥护者求助于约翰·狄金森，从他那里获得鼓舞，因为他指出"抵制一部分英国货物将让所有人受益。它让我们更加节俭，帮助我们的商人有更多的时间回收货款，并且偿还母国的债务"[81]。事实上，1768年，宾夕法尼亚商人的贸易赤字更大了。他们从英国进口了价值432108英镑的商品，而出口商品的价值只有59406英镑[82]。然而，宾夕法尼亚代表大会无视马萨诸塞、纽约和弗吉尼亚的要求，不支持反进口运动（见图3–1）；相反，他们在1768年9月毕恭毕敬地上书请愿，请求英国议会重新考虑《汤森法案》[83]。直到1769年初，费城人才最终加入

图3–1 《尼古拉斯·博伊尔斯顿》，约翰·辛格尔顿·科普利，1769年

画面表现的是年轻一代的商人迷恋东印度群岛的生活，并在茶叶和纺织品贸易中发家致富。画中的尼古拉斯·博伊尔斯顿（1716—1771）将自己打扮成一个在全球市场中占有重要地位的富裕商人形象。他穿着丝绸缎的印度长袍，没有假发的头上戴着红色天鹅绒无檐帽，酷似东印度公司的富豪。他拒绝支持波士顿的反进口协议。

资料来源：波士顿美术馆（Museum of Fine Arts, Boston）。

殖民地的抵制运动。宾夕法尼亚人开始提倡本土生产；有些业主同意不吃羊肉，希望这样有助于北美的毛纺织业；还有一些人选择穿皮夹克，而不穿英国制造的布料[84]。也许是受到民众的暴力威胁，也许是自己的店铺遭到抵制，也许还有同时出现的大量威胁性的匿名信和小册子，费城商业协会在1769年3月10日同意停止进口外国商品[85]。托马斯·克利福德向一位朋友保证说"大家都平静地一致同意这个协议"[86]。事实上，在接下来的一个月里，大批商人集体写信给他们在伦敦的合作伙伴，警告他们《汤森法案》的长期后果。在这些人里，有约翰·雷勒尔、亚伯·詹姆斯、亨利·德林克、威廉·韦斯特、托马斯·米夫林和罗伯特·莫里斯。他们说，如果不废除这个法案，那么北美人民"不仅有决心通过不使用被征税商品从而挫败这个法案，而且会停止从英国进口（所有）的商品"[87]。不过，贵格会教徒理查德·沃恩说的话也许更真实地反映了商人的想法。在协议生效后不久，他告诉伦敦的一家公司，"商人普遍希望它至少能维持一年，以便他们处理掉手边大量的囤货，以及各种合同"[88]。

在北美商人忙着担心个人债务和清理库存时，殖民地的激进分子则希望从思想上激励消费者抵制进口。支持反进口运动的人借用了18世纪20年代和30年代争论奢侈品消费和批判茶叶时使用的道德词汇。他们呼吁消费者克制，指责奢侈品消费威胁到了北美人民的自由。在反进口协议中，这些道德观念得到了体现。例如，1769年6月，马里兰殖民地安纳波利斯市（Annapolis）反进口协议的签署者决定"不鼓励并且尽量阻止使用外国奢侈品以及不必要的商品"，这些东西"对我们个人的财富造成了极大的伤害，而且在某些情况下，导致家庭崩溃"[89]。同样，弗吉尼亚市民议会（House of Burgesses）在承认《汤森法案》对经济造成可怕影响的同时，也呼吁改变消费者的行为。1769年5月，他们要求协议的签署者起到榜样带头作用，用他们拥有的所有其他合法手段，提倡和鼓励勤俭节约的美德，不鼓励一切奢侈品消费以及铺张浪费的行为[90]。在烟草价格飙升和市场繁荣的情况下，正在崛起的弗吉尼亚上流社会不愿放弃反映自己社会地位的消费，不愿放弃先前的奢侈生活[91]。然而，对于许多殖民地居民来说，简朴的生活似乎是解决个人债务和道德滑坡的一种方法。1767年10月，波士顿的协议签署者希望"振兴我们自己的工业、经济和制造业，通过这种方法避免从欧洲进口不必要的商品。过度使用欧洲商品会威胁到我们的国家，造成贫困和毁灭"[92]。要求人们签署协议的道德规劝，团结了消费者。至少在理论上，签署者公开承认自己道德上的瑕疵，并承诺信守一个纯粹的爱国主义新纲领[93]。

激进分子向公众施压，要求他们支持反进口运动。他们找到了一个容易得手的目标——毫无疑问，它就是茶叶。上一代人把茶叶和奢侈、八卦以及道德沦丧联系在一起，而这一代人把茶叶整合到象征着英国税收政策的新角色中。对茶叶以及外国商品的批评，旨在鼓励消费者改变消费习惯，或是寻找新的消费替代品。一位"来自波士顿"的绅士呼吁北美殖民地家庭从消费茶叶转向消费当地种植的草本植物。1767年12月，他注意到，对本地出产的拉布拉多茶或者海伯利安茶的需求增加了："现在武夷茶完全被搁置一边。在这个城镇中许多最富裕的家庭里，也很少喝它了。[94]"波士顿、纽约和费城的出版商向城里的年轻女士分发朗朗上口的诗文，要求她们用自己纺织的布，穿自己缝制的衣服，抛下武夷茶，抛下熙春茶，把所有要新征关税的商品弃置一边[95]。来自罗得岛普罗维登斯的很多年轻的女士，心甘情愿勤俭节约，崇尚勤劳。她们纺了40多束细亚麻纱，表达她们的爱国之情，以此证明她们的勤劳。她们只喝拉布拉多茶和咖啡，以此证明她们的节俭[96]。1768年1月，在马萨诸塞殖民地沃特敦镇（Watertown）的会议上，居民同意不使用法案列举出来的那些商品，也不喝又贵又有害又没必要的外国茶叶，改为用更有益健康的本地草本植物[97]。

正如在18世纪上半叶，批评家在抵制进口运动中盯住妇女的消费行为不放那样，人们指责女人软弱，容易被欲望左右。有人心怀疑虑，认为妇女不可能也不愿意放弃喝茶。1770年有一本宣传小册子，名为《爱国女性1号文：致纽约喝茶的女士们》（*The Female Patriot, No. 1, Addressed to the Tea-Drinking Ladies of New-York*），上面讽刺了签署协议的女性做出的承诺，称她们并不心甘情愿。如果喝不到茶，她们就会狂怒、咆哮、胡言乱语[98]。然而，从1767年到18世纪70年代初，在那些轰轰烈烈宣称不消费的群体中，妇女一直是中坚力量。米尔卡·玛莎·摩尔（Milcah Martha Moore）将爱国散文和诗歌誊写在她的摘录簿中，并和她在费城的朋友交换。在她的诗歌《同在1768年，爱国女性致北美自由之女的信》（The Female Patriots. Address'd to the Daughters of Liberty in America. By the same 1768）"中，展现了女性消费者行动的力量。她呼吁："自由之女们，高贵地站起来吧；虽然我们说话没人听，但我们还是要喊出'不'；我们忍耐，不去用那些需要交税的商品。"摩尔劝她的朋友："坚定地站起来，让格伦维尔明白我们宁愿放弃喝茶，也不愿放弃自由。[99]"1770年2月，波士顿妇女签署了一份保证书，加入了爱国者行列，发誓"我们不喝外国茶。他们试图剥夺整个社区中一切有价值的东西，我们要挫败他们的计划"[100]。

　　北美殖民地的激进分子从意识形态角度对女性消费者谆谆告诫，让她们意识到自己的错误，顺从他们的意愿。许多女性消费者同意不再使用外国商品，比如茶叶。但是，克制和欲望之间的平衡是很容易打破的。反进口协议的成功取决于商家和客户之间的合作。尽管许多殖民地居民签署了协议，坚决要求商人不进口法案上列举的商品，并且承诺停止使用这些商品，但许多人仍然继续购买茶叶和其他应税商品，甚至在反进口协议生效期间也这样做。换句话说，北美殖民地的消费者和商人即使在原则上支持反进口运动，但在实践中有时却不这样做。例如，在《印花税法案》和《汤森法案》引发的反进口活动期间，消费者仍然可以买到大量交过税的英国东印度公司的茶叶。1767年，当《汤森法案》生效时，合法进口的茶叶从18世纪50年代的水平大幅反弹，超过了早些年的进口数量。在1751年至1760年这10年，北美大陆殖民地就进口了1492496磅茶叶，而在1767年至1768年两个贸易季中，就有140万磅茶叶抵达北美地区[101]。特别是新英格兰地区和宾夕法尼亚地区，不但没有减少茶叶进口，反而大幅增加了消费者能够头到的茶叶数量。1766年到1770年，新英格兰地区进口了735256磅茶叶，而之前的5年共进口了414758磅茶叶。在同样的5年时间里，宾夕法尼亚的茶叶进口量从122796磅升至405149磅。甚至在纽约，在1766年至1770年的政治浪潮中，也进口了超过60万磅茶叶（见表3-1）。

表3-1　1740—1770年，英国东印度公司再出口到
北美各殖民地的茶叶数量（单位：磅）

年份	新英格兰	纽约	宾夕法尼亚	马里兰、弗吉尼亚、卡罗来纳、佐治亚	西印度群岛
1741—1745	99123	264661	49670	137924	212149
1746—1750	93102	176478	104786	108418	170379
1751—1755	226104	132185	190795	153117	150256
1756—1760	136401	260342	156496	237056	131463

续表

年份	新英格兰	纽约	宾夕法尼亚	马里兰、弗吉尼亚、卡罗来纳、佐治亚	西印度群岛
1761—1765	414758	649784	122796	212965	123051
1766—1770	735256	626340	405149	277744	144028

资料来源：Compiled from Great Britain, Board of Customs & Excise, Ledgers of Imports and Exports,1696–1780, in the Public Records Office, London, reels 19–44.

在反进口协议生效期间，北美市场上的茶叶供应充足，商人可以在数年内不用购买新茶叶。因此，一些商人可以很方便地在支持反进口协议的同时，即便不进货，也可以继续销售来自英国的交过税的茶叶。尽管人们谴责新的奢侈品并且要求自我克制，但事实上，茶叶不仅填满了零售店主的货架，而且在七年战争后，又找到了心甘情愿的消费者。然而，劳工阶层直接付诸了行动。他们攻击了那些从英国进口商品的商人，抵制他们的商店，给他们涂柏油、粘羽毛，制造骚乱，还焚烧了一个"卑鄙进口商"的肖像，所有这些行为无一不在清晰表达他们对英国税收政策的政治态度[102]。尽管如此，1767—1773年（这是在美国独立战争前反进口活动的高潮时期），习惯喝茶的水手、裁缝、旅店老板、理发师、散工、船长、木匠、批发商、鞋匠、砖瓦匠、架子工和泥瓦匠，仍然继续从这些商人手中购买茶叶。从商人的账本上可以看出，在18世纪20年代到30年代，劳工阶层和中等收入水平的人家偶尔会购买一些茶叶，有时会以提供劳务的方式支付；而到了18世纪50年代到60年代，购买茶叶已经变成了一种日常行为。他们通常只买少量茶叶（一般是每隔3~6个月买半磅茶叶或者更少）和糖[103]。尽管在18世纪60年代早期，费城工人的实际工资已经下降了20%~25%，但他们仍然继续购买糖、糖蜜、烈酒和茶叶。18世纪70年代，在马萨诸塞殖民地，不那么富裕的个体人群中，有50%的人拥有沏茶和饮茶所需的茶壶和茶具[104]（见图3-2）。

图3-2　《保罗·列维尔》，约翰·辛格尔顿·科普利，1768年

和许多支持反进口运动的波士顿工人一样，银匠保罗·列维尔一身休闲打扮，周围摆放着他这一行的工具。然而，他的素色亚麻衬衫领子敞开，与他手中精心制作的银茶壶形成鲜明对比。茶壶反映了正在崛起的中产阶级的新习惯和新装备，反映了人们对茶叶的持续需求。

资料来源：波士顿美术馆博物馆（Museum of Fine Arts）。

18世纪60年代后期开始生效的反进口协议，并没能阻止北美殖民地的居民购买茶叶。北美殖民地商人仔细规划他们的库存，以便利用消费者的需求赚上一笔。例如，从1768年8月波士顿反进口协议的细节敲定之后，直到1769年底，支持抵制运动的约翰·都铎一共卖出了692.5磅武夷茶，大部分是半磅装的茶叶，并且是现金交易。1770年和1771年，当北美殖民地商人权衡抵制协议是否有效时，都铎又卖出了140.5磅茶叶，这可能是因为他的库存不足[105]。塞缪尔·索尔兹伯里和斯蒂芬·索尔兹伯里两兄弟都是商人，分别住在马萨诸塞殖民地的波士顿和伍斯特，他们也小心翼翼地游走在满足消费者的需求和遵守反进口协议的分界线上。尽管一般来讲，塞缪尔支持抵制运动，但斯蒂芬拒绝签署任何协议，并继续在他位于伍斯特的商店里出售茶叶。1768年2月，斯蒂芬请求在波士顿的塞缪尔"下周给我运些茶叶来，因为我发现，不做茶叶生意对我们是一种损失"。一个月后，他急于满足客户的订单，又潦草地给兄弟写了一张便条："我没有茶叶了，据我所知，城里哪儿都没有茶叶了。[106]"1768年8月，在波士顿的协议签署后，商人委员会就密切关注所有的进口商品，并向外围社区施压，要求他们遵守协议。塞缪尔发现，伍斯特的茶叶销售一直保持稳定。通过定期把茶叶从波士顿的商店运往伍斯特，他们可以避开波士顿商人委员会的监督，同时清光库存。事实上，在1769年6月，塞缪尔一边斥责其他商人销售法案上列举的商品，一边给他们在伍斯特的商店运去了整整一箱357磅的茶叶[107]。塞缪尔开始相信（斯蒂芬最终也相信），反进口行为是帮助他们减轻殖民地债务负担并且稳定手中库存的唯一办法。这与其说是一种道德选择，不如说是一种现实立场[108]。到1769年秋末，塞缪尔建议斯蒂芬这个阶段尽量少卖些茶叶，但并不是因为这样做违反了马萨诸塞商人的决议，而是因为他认为茶叶可能会变得非常贵，到明年春天再卖利润会更好[109]。

同样，费城的商人也试图在反进口行动和消费者对茶叶的需求之间取得平衡。但是，因为在他们1769年3月签署的协议上，并没有规定不能销售法案列出但尚有库存的商品，也没有禁止与西印度群岛贸易，所以，即使许多商人停止从英国直接进口商品，也不妨碍他们向顾客们提供货物[110]。1767年1月至1770年5月，小塞缪尔·科茨卖出了208.75磅合法购入的武夷茶，大部分是一磅装的茶叶，并且是现金交易[111]。尽管干货批发兼零售商威廉·韦斯特积极支持反进口运动，但他仍然大量出售自己库存的茶叶。1769年5月到1771年2月，顾客从他那里买走了1271.5磅的武夷茶[112]。事实上，因为有库存可以出售，所以比起波士顿商人来，费城商人更有可能严格地遵守规定，停止从英国进口新增关税的茶叶。虽然在1769年，有81729磅合法茶叶流入宾夕法尼亚，但令人惊讶的是，在1770年，这一数字竟然降到了零。新英格兰地区的茶叶进口量虽然与前几年相比大幅下降，但在这两个年份中，分别达到86004磅和85935磅（见表3-2）。费城商人与加勒比地区的商业网络联系紧密，同时又与纽约等殖民地建立了完善的贸易路线（纽约在1769年和1770年也成功削减了从英国进口茶叶的订单），因此，他们完全能做到在没有从英国进口的茶叶流入的前提下，仍能满足消费者的需求。列维·霍林斯沃思（Levi Hollingsworth）是一位贵格会教徒，其家族有政治背景，他利用住在巴尔的摩的兄弟和多年从事"轻舟生意"运输物资的经验，在费城走私和销售茶叶。1768年10月到1771年3月，他就卖出了超过3000磅的茶叶[113]。

表3-2 1768—1772年，英国东印度公司再出口
到北美各殖民地的茶叶数量（单位：磅）

年份	新英格兰		纽约		宾夕法尼亚	
	3号海关	16号海关	3号海关	16号海关	3号海关	16号海关
1767	152435	—	177111	—	87741	—
1768	291900	301697	320214	352488	174883	146763
1769	86004	110960	4282	16986	81729	112159
1770	85935	77237	269	147	0	65
1771	282857	283638	1035	344	495	0
1772	151784	118567	530	530	128	128

注释：表格中画横线的数据缺失。

资料来源：Compiled from Great Britain, Board of Customs & Excise, Ledgers of Imports and Exports, 1696–1780, in the Public Records Office, London, reels 41–45 (也称作"3号海关"); and Great Britain, Public Records

Office,Commissioners of Customs in America, Customs 16 America, 1768–1772, in the Public Records Office, London, reel 1（也称作"16号海关"）. Benjamin Woods Labaree, *The Boston Tea Party*（New York: Oxford University Press,1961），331，与上面不同的是，作者指出，基于3号海关的数据，新英格兰地区在1767年进口了252435磅茶叶。

    为了满足对茶叶的需求，同时又遵守反进口协议的规定，费城商人转而经营18世纪40年代和50年代建立起来的非法贸易网络。1757年，走私兼零售商人约翰·基德在伦敦供货商的催促下，评估了当地茶叶贸易的形势。他估计，1750年至1752年，每年至少有40箱茶叶被走私到宾夕法尼亚，总量大约36000磅。每年消费的合法和非法茶叶平均是200箱，所以基德认为，走私茶叶大概占了当时殖民地茶叶消费的20%[114]。虽然在七年战争之后，合法进口的茶叶重新回到了市场上，但在1767年，托马斯·哈钦森①坚持认为，尽管《汤森法案》赋予了海关官员很多权力，但在北美殖民地居民购买的茶叶中，有近四分之三是走私茶叶。哈钦森告诉他在伦敦的供货商在北美巨大的茶叶消费中来自英国的茶叶不到四分之一[115]。事实上，如果我们回顾一下费城走私商人查尔斯·沃顿的从商经历，看到他用各种箱子、小木

---

① 托马斯·哈钦森（1711—1780），他出生于波士顿富商家庭。1737年弃商从政，后来成为英属北美马萨诸塞殖民地总督（1771—1774）。1773年由于他处理问题不当而引起波士顿茶党案，波士顿居民将进口茶叶倒入海中。——译者注

桶、大木桶、方桶、圆桶以及所有能用的容器来装运茶叶出售的时候，像哈钦森这种不讨人喜欢的抱怨看上去就没那么夸张了。从1766年起，沃顿大量投资茶叶生意，特别是从纽约，比如从本杰明暨阿莫斯安德希尔公司或者特涅克-希曼公司那里购买茶叶。在那里能买到便宜的走私货。1768年8月至1769年12月，沃顿向他在费城的客户卖出了1155.5磅的武夷茶和熙春茶。仅1770年一年，他就卖出了5598磅的茶叶，1771年又卖出了2860.25磅茶叶[116]。沃顿仔细指示他的供货商，把茶叶装在"干净的面粉桶里，里外都塞满啤酒花"以免被发现，然后取道新泽西首府特伦顿运给考克斯-弗曼公司，由他们派船第一时间运送过来[117]。

　　不管茶叶是走私进来的还是合法进口的，它的来源和销售都在北美商人之间引发了矛盾。特别是在波士顿及其周边地区，关于茶叶在反进口协议下的政治意义，争论得尤其激烈。例如，1768年8月至1769年6月全面爆发的一场媒体战争中，托马斯·哈钦森和约翰·汉考克①就那些可能违反反进口协议的行为彼此公

---

① 约翰·汉考克（1737—1793），美国独立战争家、政治家，富商出身。是独立宣言的第一个签署人。由于他在宣言上的第一个亲笔签名，英文中"约翰·汉考克"成为亲笔签名的代名词。前文的托马斯·汉考克是约翰·汉考克的叔叔，约翰·汉考克过继给叔叔，继承了他的遗产。约翰·汉考克和托马斯·哈钦森同为富商出身，但立场不同。后者是美国独立战争前的马萨诸塞殖民地总督，而前者在美国独立后，成为马萨诸塞州长。——译者注

开表达了不满。在《波士顿纪事报》出版人约翰·梅恩（John Mein）的帮助下，托马斯·哈钦森和他的几个儿子（他们从1766年起就在合法采购茶叶方面投入了大量资金）把抨击的目标锁定在签署了波士顿反进口协议但未能遵守执行的那些商人身上。在报纸的一系列报道中，梅恩刊登了从英国抵达波士顿船只的装舱单，并注明了船上所载的法案列表中的货物。他和哈钦森特别希望揭发约翰·汉考克的行为，对方在公开场合鼓励商人下定决心反进口，私下里却进口了大量的英国茶叶[118]。伍斯特的斯蒂芬·索尔兹伯里说波士顿商人委员会的成员是"令人憎恶的地狱恶魔"，他们"扮演虚伪的角色，欺骗人民"。他称约翰·汉考克是"自由之子的地狱之子"，并指责委员会的其他成员都是以走私为生[119]。

事实上，约翰·汉考克、约翰·罗、乔纳森·阿莫里和约翰·阿莫里，这些抵制进口活动的本地支持者，都无视反进口协议的规定，1768年至1770年从英国直接进口了许多商品。根据英国海关的记录，波士顿商人仅在1769年一年，就从英国商人手中进口了大约95500磅茶叶。约翰·汉考克的"波士顿号"邮船和"约翰号"货船在1769年运送了超过18000磅茶叶，1770年又运送了17121磅茶叶，占当年波士顿合法进口茶叶总量的36%。1769年，约翰·罗与其他波士顿商人以及伦敦商人合作，也合法进口了24754磅茶叶[120]。尽管如此，哈钦森仍然严厉地指责他的竞争对手利用非法渠道（也有合法渠道）进口茶叶，压低茶叶价格，获得不公平的竞争优势。1769年初，哈钦森向托马斯·潘诺①抱怨说，《汤森法案》通过以后，完全没阻止住走私浪潮，而且丝毫没有减少荷兰茶叶的进口[121]。1771年，他调高了自己先前的估计，声称"北美的茶叶消费超过了任何英国人的想象。根据有些人的判断，在过去两年的茶叶消费中，六分之五都是非法进口的茶叶"[122]。

北美商人之间关于茶叶来源的争论以及对茶叶的持续需求，破坏了殖民地人民抵制进口运动的团结和持续。不过，1769年末，有传言称议会正在就《汤森法案》的有效性进行辩论，有可能废除这个法案，这也促使北美的商人们小心翼翼地重新与伦敦做上了生意。尽管如此，他们还是对购买商品的时间、地点和方式保持警惕，以免带来政治影响。在波士顿解除对英国商品的禁令之前，乔纳森·阿莫里和约翰·阿莫里紧急求助他们在布鲁斯、惠勒—希金森公司的联系人说："我们听说，你们公司的一个人是东印度公司的董事。"他们想"先试试"在来年春天购买50箱武夷茶，并在1770年秋天再订购50箱[123]。威廉·丹尼也希望尽快重操旧业，恢复跨大西洋的贸易。他在伦敦的供货商约翰·博伊尔斯顿在10箱武夷茶中附上了一张发货单："在税收法

---

① 托马斯·潘诺（1722—1805），1757年至1760年担任马萨诸塞殖民地总督，1767年至1780年回英国进入下议院。——译者注

案废除后，发给波士顿威廉·丹尼的货物"[124]。到1770年春，其他地方的商人对废除法案的传言反应迅速。纽约商人也因为害怕失去顾客而纷纷订购商品。他们从伦敦的供货商那里了解到大量货物每天都发往弗吉尼亚、马里兰、罗得岛、波士顿和蒙特利尔。它们无疑会在殖民地各地流通，从他们手中抢走未来的生意[125]。1770年5月，费城商人理查德·沃恩为每一种情况都做了应对准备。他指示他的船长，如果市场不错，就在船停靠的第一个港口卖出他的货物，如果他停靠到了圣尤斯特歇斯岛，而且"茶叶税没有取消，那么就把我的钱全买成茶叶，然后为这条单桅帆船申请到荷兰通行证，到大埃格港找理查德·萨默斯，他负责茶叶生意"。不过，如果茶叶税取消了，"那就带上糖蜜或者你认为最好的东西回来"[126]。换句话说，沃恩反复斟酌的是如何才能遵循法律的精神，而不是法律文字本身。他只有在英国的税收政策和北美反进口协议都没有废除的情况下，才会走私茶叶。

这些发给伦敦合作伙伴的试探性订单，虽然前提条件是废除税收法案，但也引发了一系列尖刻的指责和猜疑，撕裂了曾经支撑着跨殖民地商业合作和伙伴关系的纽带。1770年春天，支持反进口协议的纽约商人焦急地等待着英国议会废除税收法案，特别是废除茶叶税的消息。在整个危机期间，纽约商人小心翼翼地维护着他们坚决抵制进口的名声。1769年7月，他们把英国商品退回纽黑文市，并附上简短的警告："我们的许多敌人都希望看到并且乐于指责我们，说纽约殖民地已经成了共同的窝赃地，从欧洲各地运来的违禁品都集中到了这里。[127]"然而，当英国议会在1770年4月同意在保留茶叶税的情况下废除《汤森法案》后，纽约商人反进口委员会迅速行动，重新考虑抵制行动的范围。他们在6月中旬达成协议，一旦废除法案的决议在12月1日生效，他们就会重新进口英国商品，但不包括为在北美地区增加税收而征税或者以后可能要征税的商品，譬如茶叶。但同时，他们谨慎地声明，除非得到波士顿和费城的同意，否则该协议不会生效[128]。

　　一些费城商人担心纽约反进口协议的崩溃会损害自己的市场份额、信用和利润。他们质疑纽约商人，认为他们无权修改或者废除他们的协议。那些主张废除协议的人牢骚满腹，抱怨来自殖民地内部的商业竞争。有些殖民地从来没有同意过反进口，还有些商人从来都无视这些决议。1770年5月，亚伯·詹姆斯和亨利·德林克这一对合伙人抱怨说："卑鄙肮脏的罗得岛，毫无羞耻地背叛了其他殖民地，还像往常一样进口了满满一船货物。[129]"据一位"业主"说，宾夕法尼亚的近邻马里兰"自从联盟建立以来，进口的货物是他们自己消费数量的3倍，并通过这种方式，供应到了我们周围的乡村和我们这座城市"[130]。费城反进口协议的签署者也指责波士顿，说他们"大量进口，既违背了协议的精神，也违背了协议的文字"，破坏了北美殖民地的团结，也许还"妨碍了英国议会在上一次开会时废除茶叶税"[131]。

不过，费城商人主要谴责的是纽约人，说他们"卑鄙无耻地背弃了共同事业"，并威胁要"断绝与纽约的一切商业往来"[132]。1770年7月，一位宾夕法尼亚人指责说，"那帮纽约佬在眼下这个节骨眼上背弃了我们，暴露了他们的卑鄙和怯懦"[133]。许多人担心，随着纽约解除反进口协议，住在新泽西的顾客会去曼哈顿而不是费城购买商品，从而给宾夕法尼亚本已脆弱的经济进一步带来压力[134]。小塞缪尔·科茨在18世纪60年代末接手了他姑父兼监护人约翰·雷勒尔的生意。他对伦敦的一位朋友保证说，在费城商人同意变更反进口协议之前，纽约就放弃了，而且马里兰一天天地兴旺起来，都是以我们这块殖民地为代价……因为这里的马里兰人负债累累，而且宾夕法尼亚的农村地区也是如此[135]。在1770年9月的一次全体会议上，大多数费城商人同意，至少在理论上，除了茶叶和其他一些法案列举出的征税商品外，解除对英国的进口禁令[136]。

眼看其他殖民地各怀心思，波士顿商人也在争论是否要修改他们最初签署的反进口协议。1769年底，商人委员会同意继续抵制进口，直到为增加税收而强加在北美地区的关税法案完全废止为止，而且，如果有任何货物到港，他们都会把这些货物运回或者储存起来，等到《汤森法案》被废除后再出售[137]。然而，波士顿人注意到纽约和费城的商人为了应对法案的废除，已经下了进货订单，所以他们也保留了进口货物的权利[138]。波士顿商人对费城和纽约的指责最厉害，认为他们更有能力维持抵制行动。波士顿是英国驻北美海关委员会及其附属安全部队的驻扎地，所以比起波士顿，费城和纽约更容易获得荷兰商品。波士顿商人委员会试图阻止英国货物大量涌入。在1770年1月23日的一次零售商和贸易商的会议上，该委员会公开谴责了一些不服从协议的商人，称他们是"国家顽固不化的宿敌"。尽管有几个商人退出了反进口协议，委员会还是重申了反对进口茶叶的立场，并且投票同意要严格地、虔诚地要求我们各自的家庭不喝茶，不找任何借口，完全戒掉喝茶的习惯。此外，他们建议农村地区的顾客和朋友不要购买、销售或者使用茶叶，直到关税取消为止[139]。然而，不管怎么说，直到9月份，费城投票决定取消对反进口行动的支持后，波士顿的商人才纷纷效仿[140]。到1770年底，北美殖民地的商人又跃跃欲试地恢复了以往正常的商业活动。

从1769年到1772年，当北美人民争论《汤森法案》、反进口运动，讨论奢侈品消费对北美人民的道德和经济影响的时候，茶叶虽然在政治上受到抵制进口人士的谴责，但并没有从北美消费者的茶几上消失。在抵制进口特别是抵制茶叶的争论中，商人和他们的顾客都挣扎在消费造成的政治影响中。北美殖民地的商人，不管是不是走私商人，都用一套话术掩饰自己，描述和保护自己在业界的声誉。他们抱怨英国的税收政策，因此在原则上支持反进口。但他们也担心那些没那么爱惜羽毛的商人会利用这个机会抢走他们的生意。《汤森法案》和反进口运动都没有达到预期的效果，既没能阻止走私交易的泛滥，也没能提高政府的收入。1770年4月，经过激烈的争论，英国议会就全面取消还是部分取消关税达成一致。议会同意从1770年12月开始，除茶叶税外，取消法案上其他货物的关税。刚卸任马萨诸塞殖民地总督的议会议员托马斯·潘诺曾经在下议院说，英国应该考虑全面废除这些法案，这样做不是为了北美人民的利益，而是为了英国商人的利益。潘诺强调："废除这一法案的理由和论据完全基于它带来危害的事实，以及对英国商业利益的影响。"潘诺注意到，尽管降低了英国东印度公司再出口到北美地区的茶叶税，但由于新的税收，这些茶叶仍然竞争不过进口到殖民地的荷兰茶叶。他指责那些希望保留茶叶税的人玩弄政治，只是为了行使他们向北美人民征税的权力[141]。同样，即将成为马萨诸塞殖民地总督的托马斯·哈钦森也主张废除茶叶税。他很清楚《航海法案》给北美商人带来的负担，因为他自己的生意就受到了影响。1770年10月，他向同僚托马斯·惠特利诉苦说，尽管反进口的争论正在平息，他还是希望英国议会能够废除茶叶税，因为它给了北美商人一个很好的借口，从荷兰进口茶叶，而且消费者都支持他们这样做[142]。尽管潘诺和哈钦森提出了抗议，但是英国议会还是保留了茶叶税。

第四章　全球视角下的北美茶叶危机

在任何完整的商业圈中，茶叶都是必不可少的存在。因此，茶叶可能是最重要的商品。如果废除《汤森法案》的真正动力是商业原则，或者说如果商业原则真的受到了重视的话，那么茶叶本应该是最后一件我们争论要不要征税的商品。

——埃德蒙·伯克[①]，《1774年4月19日关于北美税收问题的讲话》

整个18世纪，英国东印度公司建立并主导了全球的商业市场，茶叶及其消费者为其助力英国进一步扩张的野心提供了资金。然而，毫无疑问，茶叶贸易也引起了人们的强烈不满。人们不满英国的垄断，以及英国东印度公司在英国军队的支持下，用私人武装占领南亚的行为。那些在印度发了大财的富豪影响深远，让英国的传统价值观有被"东方化"的可能，这使得居住在

---

① 埃德蒙·伯克（1729—1797），爱尔兰政治家、作家、演说家、政治理论家和哲学家，他曾在英国下议院担任数年辉格党的议员。他最为后人所知的事迹包括了他反对英王乔治三世和英国政府、支持美国殖民地以及后来的美国独立战争的立场，以及他后来对于法国大革命的批判。——译者注

英国的臣民也开始质疑在公司内部发现的腐败[1]。到18世纪70年代早期，英国东印度公司和英国的关系已经开始出现问题。英国政府坐享东印度群岛的商业利益，它支持英国东印度公司的独家贸易权，并越来越依赖茶叶和其他外国商品销售带来的税收。反之，随着其维持亚洲贸易和势力范围的费用上升，英国东印度公司开始依赖英国政府的短期贷款直接注入资金。然而，英国东印度公司在1772年糟糕的财政状况引发了人们的担忧，担心它会马上倒闭。人们抱怨说尽管英国东印度公司的代理人从富饶的印度掠夺了大量财富，但他们对资金的管理不善，造成信贷危机，导致公司濒临破产。

1772年，英国东印度公司在财政和公共关系方面内外交困。他们和英国政府谈判达成协议，确保英国政府从英国东印度公司的商品销售中获得收入；同时为了挽救英国东印度公司，政府需要解决公司面临的现金流问题，而且还要对付来自其他国家和非法贸易网络的竞争。18世纪60年代到70年代初，北美殖民地人民对茶叶的批判有了微妙的变化，他们从谴责奢侈品消费以及对人的身体和道德的影响，转向了政治上的批判；他们开始批判那些把奢侈品带到北美的人、英国东印度公司以及英国的制度。因此，当1773年《茶税法》通过时，北美人民已经对法案的目的和所谓的好处产生了怀疑。尽管抗议的核心好像是税收，但北美人民，无论是进口商、托运商、零售商还是店铺老板都担心，英国东印度公司的垄断会对他们的商业利益产生威胁。他们批评英国东印度公司的代理人享有特权，批评他们恣意践踏英国的海外领土。英国东印度公司在印度的所作所为造成了饥荒、土地兼并、徇私枉法以及比北美殖民地残酷得多的暴政。北美殖民地的批评者看到了这一点，他们担心北美也会蹈其覆辙。英国东印度公司这种直接进入北美市场的新方式很像他们当初进入印度市场的方式。他们拥有前所未有的商业权力，甚至可能对北美人民拥有主权[2]。因此，1773年的《茶税法》在北美殖民地激起了一股爱国浪潮，他们呼吁对茶叶进行新一轮的抵制。埃德蒙·伯克对保留茶叶税的政治动机进行了抨击，但为时已晚了[3]。北美殖民地的茶叶贸易以及税收是更广泛的全球贸易中的一部分，因此，北美殖民地人民对英国税收政策的反应也是对英国更广泛批判中的一部分。

到了18世纪中叶，印度东海岸已经成为英国东印度公司商业帝国的中心，也是和中国进行茶叶贸易的重要集散地。早在1636年，英国商人就在孟加拉建立了一个永久性的基地。到18世纪初，英国东印度公司在这个地区已经拥有了广泛的民事、法律和军事活动的权力。1709年，当两家竞争公司合并后，新的特许状赋予英国东印度公司出于自卫与"当地的土邦"开战的权力，铸造货币用于贸易的权力，还有在马德拉斯设立司法体系，对英国臣民行使民事管辖的权力[4]。1714年，乔治一世赋予英国东印度公司新的防御权，包括招募印度兵对抗外部侵略，保卫其在所占领土的权力。英国东印度公司需要建立永久性基地，这不仅可以维护它在印度的统治，也是为了和中国进行贸易。而印度则成了英国与法国、荷兰和西班牙角力的舞台。1717年，在德里的莫卧儿帝国皇帝授予英国东印度公司特许状，英国东印度公司每年支付3000印度卢比换取几项公开的特权，包括不缴纳本地关税以及可以铸造自己银币的权力[5]。

1736年，波斯入侵印度后，莫卧儿帝国日渐势衰。英国人加强了他们的商业行为，但也付出了代价。在孟加拉，当地头领和商人要求英国东印度公司为贸易特权支付更多的费用，这挫败了他们建立永久性工厂的努力。到18世纪中叶，法国人的威胁阻碍了英国东印度公司进入印度南部，试图控制沿科罗曼德尔海岸和德干内陆地区贸易的企图。在七年战争期间，英法两国利用当地相互对立的地方长官（也叫"纳瓦布"）大打出手。最终，英国人从本地冶里（Puducherry）、德干地区以及戈尔孔达（Golconda）也就是后来的海得拉巴（Hyderabad）赶走了法国人，让他们的欧洲对手在印度的商业地位变得微不足道[6]。另外，1757年，在罗伯特·克莱武的领导下，英国东印度公司在普拉西战役中，从最后一位独立的"纳瓦布"西拉杰·乌德·达乌拉手中夺回了加尔各答[7]。克莱武在英国东印度公司中一路往上爬，最终成为公司在印度首屈一指的军事和政治战略家。通过这次胜利，英国东印度公司获得了对孟加拉、比哈尔邦和奥里萨邦的长期统治，以及对卡纳蒂克地区统治者的影响力，并且巩固了它在印度商业帝国中的政治权力。英国东印度公司先是发动战争插手当地政治，继而直接和莫卧儿帝国皇帝进行和平谈判。1766年4月，莫卧儿帝国皇帝授予东印度公司"财税权"①。为了换取军事保护和向英国东印度公司支付的费用，莫卧儿帝国皇帝允许公司通过"纳瓦布"行使行政权，并从孟加拉众多商品中征税。为了确保自己的商业特权，英国东印度公司扶持一个听话的本地头领米尔·贾法尔（Mir Jafar）成为"纳瓦布"。最终，英国东印度公司从一个纯粹的商业公司变成了一个强大的领土国家（territorial state），并通过南亚的本地傀儡施行统治。在英国政府的同意和支持下，这个公司变成了一个具有主权权力的商业机构，对新殖民地的臣民们具有海事和军事管辖权[8]。

尽管有莫卧儿帝国皇帝赋予的在孟加拉的"财税权"以及政治权力，但在七年战争之后，英国东印度公司还是陷入了财务危机。七年战争以及征服孟加拉的行动花费巨大，达到850万英镑；而它从税收以及所谓的"保护费"中只收回了一半。虽然英国政府追加了450万英镑的贷款，但面对公司的信贷危机以及新商

---

① 普拉西战役后，英国东印度公司巩固了自身在印度的地位，迫使莫卧儿帝国皇帝沙·阿拉姆二世将在孟加拉、比哈尔和奥里萨三地征收税款的权力交出。——译者注

业帝国的管理成本，英国东印度公司不得不四处寻找现金以维持运营[9]。事实证明，在18世纪60年代到70年代，管理印度这块"不动产"耗资巨大，英国东印度公司开始依赖广州的贸易来支付它在南亚的费用。到18世纪中叶，在英国东印度公司的对外贸易中，茶叶所占的比例越来越大。它提供了必要的流动性，用来抵御日益加剧的财务危机。1731年，在伦敦的拍卖会上，茶叶只占东印度群岛货物总销售额的25%；而到了18世纪60年代中期，茶叶却占了英国东印度公司总销售额的50%[10]。然而，与此同时，英国东印度公司担心，茶叶贸易从它的金库中抽走了太多的银锭。公司的"财税权"带来的收入往往是印度的纺织品、盐或者其他实物商品[11]。尽管它努力开拓市场，但很多印度商品在英国国内禁止销售，比如棉纺织品；而其他商品又没有销路。所以，到18世纪60年代，英国商人开始用印度生产或种植的商品交换中国的茶叶、丝绸和黄金。这些商品更好出手，在英国随时可以卖掉，换成英镑。通过这种方式，英国东印度公司的代理人从印度攫取了巨额财富[12]。

事实上，推动这种内部实物贸易①的现金同样匮乏，尽管如此，英国东印度公司仍然极度依赖对华贸易为他们在印度的活动提供资金，这让他们与中国官员的关系变得岌岌可危，公司内部

---

① 这个词指在内部约定的交易方式上，比如两个酒店之间互认代币卡之类。——译者注

也剑拔弩张。到了18世纪60年代，英国东印度公司发往广州购买茶叶的船只大多直接从孟买、孟加拉或者马德拉斯的圣乔治堡出发。驶往中国的货船上装满了印度商品和白银，货值稳步增长，从1761年的455630两白银（151877英镑）增长到1767—1768年销售季的200多万两白银（770148英镑）[13]。但是，由于欧洲的需求增加以及公行商人赚钱的需要，广州茶叶的价格也在上涨。公行是一个由当地官员授权的商行联盟，而它对当地这些官员言听计从。当时的公行由"十家商行组成"，势力强大，垄断了与外国人的所有贸易[14]。英国东印度公司竭尽全力和公行商人讨价还价，并且抗议他们的商业特权。1759年，在广州为英国东印度公司服务了数十年的货监洪任辉（James Flint）①前往北京，要求乾隆皇帝开放贸易；他在宁波被扣押，受到威胁并被驱逐出境[15]。作为回应，乾隆皇帝颁布了一道手谕，更加严格规范外国人在广州的活动，并且禁止公行商人向外国人借款。它还限制了外国商人的行动和居所，并在广州郊外驻扎了一营兵丁以弹压停泊在黄埔的外国货船上肆意妄为的船员[16]。

这些苦难并没有中断贸易，也没有减少英国东印度公司的代理人与公行在财务上的相互依赖。1765年，英国东印度公司的

---

① 洪任辉（1720—？），英国商人、外交家，曾在广州学习中文，是英国第一个中文翻译。1759年的洪任辉事件，是清政府实行广州一口通商的直接原因。——译者注

代理人向公行商人施压，要求他们消减额外开支，以便偿还在与公司签订茶叶合同时所收预付款产生的未清债务。而公行的商人在新商业合同谈判时总是拖拖拉拉，总希望等到荷兰或者法国的商人前来竞争，这样就可以提高茶叶价格[17]。因为担心贸易成本上升，1767年英国东印度公司恢复了以前用现金尽量购买多余茶叶的做法[18]。然而，到了1769年初，他们的现金储备开始减少。在马德拉斯圣乔治堡的公司理事会警告在中国的业务对接人说，所有能弄到的白银都被铸成了阿尔果德卢比（Arcot Rupee），以支付军队在战场上的费用了，因此，当年派过去的货船，无法以任何方式预先支付茶叶的合同款[19]。1769年夏末，公司理事会的成员毫不客气地撒手不管，不再承担广州贸易的责任，这显示出"孟加拉的绅士"由于"最近费用高昂的战争变得多么穷困"[20]。在加尔各答的威廉堡和孟买城堡的公司理事会也向中国的代理人发出了类似的警告。由于印度农产品的销售不足以支付相关费用，所以英国东印度公司的代理人不得不开立伦敦信用证，并从当地借钱购买茶叶。那一年，从广州回到英国的贸易商带来的廉价低档茶叶比以往任何年份的比例都高[21]。

在英国国内，人们并没有忽视英国东印度公司在印度的财务困境以及它在亚洲的新政治角色。英国政府在财政上依赖英国东印度公司的业务，而且坚持认为，英国受益于英国东印度公司在海外的商业帝国。1766年和1767年，由查塔姆伯爵老威廉·皮特①领导的政府，为了稳定从东印度群岛的货物销售中获得的收入，与英国东印度公司达成了一项协议[22]。由于英国东印度公司预计，下一年发往北美殖民地的茶叶将达到150万磅（几乎相当于整个18世纪50年代再出口到北美茶叶的总和），因此公司在1767年5月游说英国议会降低内地税，并且允许对出口到爱尔兰或者任何英国殖民地的茶叶给予退税[23]。议会对此照单全收，通过了《补偿法案》，降低在英国国内销售的红茶和几种绿茶的关税，对在北美地区销售的茶叶退还25%的从价税（增值税）。作为交换，英国东印度公司同意每年向财政部门支付40万英镑（相当于英国政府年收入的4%），以弥补因退税和减税政策造成的收入损失。此外，为了减少对英国东印度公司股票的投机活动并稳定公司股价，议会在1767年6月通过了《股息法案》，将公司投资者每年的股息限制在10%或者10%以内[24]。英国议会允许英国东印度公司保留它在孟加拉的势力存在，但加强了对公司业务的管控[25]。

　　然而，即使在1767年达成了协议，英国东印度公司却没能长期远离财务危机和进一步的调查。到了1772年，公司囤积了大量的货物和商品，大部分都放在仓库里，但手上的现金却很少。

---

①　第一代查塔姆伯爵，英国辉格党政治家，首相。七年战争中英国的实际领导人。——译者注

在与中国的贸易中，它囤积了茶叶和丝绸，同时也囤积了很多孟加拉的货物——此时孟加拉被英国东印度公司统治，这些都是它收入的一部分。尽管议会限制了股息，公司手中又缺乏现金，但他们仍然坚持向股东支付12.5%的高额股息。为了维持股息以及运营所需的现金，英国东印度公司通过英格兰银行向英国政府借钱。1769年至1772年，它从英格兰银行借出了550万英镑[26]。对该公司财务状况的后续调查结果并不令人意外。到18世纪70年代初，越来越多的英国国会议员持有英国东印度公司的股票。只有保证公司的财务健康以及未来的政治前景，才能保住他们的既得利益[27]。1772年4月，下议院任命了一个特别委员会，由约翰·伯戈因将军①领导，调查对英国东印度公司的腐败指控。伯戈因对这家公司心存疑虑。他注意到英国东印度公司的混乱，"政府的每一个组成部分和原则，英国的特许状，莫卧儿帝国的特许状，征服者的权利，臣民们的权利，不同功能、不同利益的商人，还有政治家、律师、国王，都杂糅在一起，乱成了一锅粥。[28]"他要调查的是英国东印度公司在孟加拉的运营和收入管理上的问题。他们原以为"财税权"带来的年收入能达到200万~400万英镑，但很多人认为这个数字太过乐观，而且其

---

① 英国陆军上将、戏剧家，绰号"绅士约翰尼"，在美国独立战争期间，曾代表英方率军参战，在萨拉托加战役中战败。——译者注

中很少是硬通货[29]。1772年末，当下议院质询"财税权"的年收入以及这些钱的去向时，公司董事和审计人员承认，每年从印度当地收上来的上百万印度卢比中，大部分都分给了为公司工作的个人，比如孟加拉的地方官员，并没有再投资到公司的运营中，或者分配给股东[30]。许多议员公开谴责英国东印度公司在孟加拉的所作所为。人们把公司的代理人描绘为"亚洲的掠夺者"，他们穷奢极欲的生活饿死了数百万人，榨干了印度和印度人民的生活。刚退休的国会议员霍勒斯·沃波尔①在给朋友的信中隐晦地表示，英国东印度公司提高了所有东西的价格，直到穷人买不起面包。他们所到之处，尽是征服、篡夺、暴富、奢侈、饥荒[31]。

英国议会得到的线索也许来自对英国东印度公司越来越多的公开批评。政治评论家对这家公司所掌握的前所未有的商业权力和主权权力感到困惑。一个私人公司，并不在类似北美殖民地这种殖民地安置体系当中，是否能行使主权，在事实上充当英国政府的代理人？英国东印度公司能够获得土地和财产，依靠的是国家授予的贸易垄断权。因此，批评者认为，在公司收入的使用和分配上，英国也应该有发言权。例如，1768年的一本小册子的作者就断言，这个公司通过篡夺主权制造了大量的富豪或专制的独裁者，在

---

① 霍勒斯·沃波尔（1717—1797），是英国第一位首相罗伯特·沃波尔的小儿子。英国作家，1743年进入议会。——译者注

没有英国立法机构授权的情况下肆意妄为。因此，它丧失了自己的特许权，也连带丧失了它得到的土地。一言以蔽之，他们从商人变成了鼓吹战争的狂徒[32]。威廉·博尔特长期居住在加尔各答，以前是英国东印度公司的代理人。他同意小册子里的观点，并警告说英国东印度公司的私人军队经常滥用武力对付新臣服于英王陛下的人，以及定居在印度的英国移民。东印度公司利用它的垄断特权，招募了一支6万人的军队，势力范围覆盖整个南亚[33]。

英国公众尤其谴责那些利用英国东印度公司内部的腐败从贸易中获利的内鬼。英国国内的批评者鄙视公司代理人的罪行和贪腐，这些人已经从商人彻底转变为英国政府在海外的代表。"富豪（Nabob）"这个词源于"纳瓦布"，原意是拥有地方权力的莫卧儿帝国贵族，在18世纪中叶成了专有名词，特指那些为富不仁的英国东印度公司的代理人。根据当时的说法，这些人通过诡计、狡诈、残忍以及武力，夺取亚洲君主的财富，然后回到英格兰展示他们的愚蠢、虚荣和野心[34]。事实上，许多英国人担心这些富豪会在英国国内行使同样的强权统治。人们有时在文学和剧院中嘲讽他们，笑话他们是出身低微、浮夸、装腔作势的暴发户。1772年夏天，塞缪尔·富特①的喜剧《大富豪》是这类题材

---

① 塞缪尔·富特（1720—1777），18世纪英国剧作家、演员和剧院经理。——译者注

中在伦敦上演的第一部戏剧。但英国人同样担心，这些人从印度回国后，会利用他们的财富购买政治影响力[35]。尽管在18世纪60年代，英国东印度公司的前雇员中只有很少几个人当选为国会议员，但这个公司的腐败已经尽人皆知。伦敦印刷商兼国会议员威廉·斯特拉恩长年批评英国东印度公司，他在1768年推测，"为了确保在议会中的席位，（他们）每天都需要投入大量资金。据估计，在接下来的选举中，会有不少于30或40位来自英国东印度公司的富豪进入下议院"。斯特拉恩与自己的朋友北美出版商戴维·霍尔分享了这个观点，并且塑造出被殖民地居民熟悉并厌恶的英国东印度公司代理人的形象："那些人在东方巧取豪夺，通常伴随着最骇人听闻的暴行，突然间一夜暴富。你恐怕不会把这样的人看成是我们的宪法和自由最合适的守护者。"[36]

罗伯特·克莱武象征着英国东印度公司在印度取得的成功，他本人积累了巨额财富，同时也成为争议的焦点。早在1766年，英国议会就开始调查克莱武的活动。1772年，伯戈因的特别委员会进一步严格地重新审查克莱武的特权。他们首先发现，在1757年占领加尔各答后，克莱武在公司的董事或者英国政府并不完全知情的情况下，与米尔·贾法尔也就是那位"纳瓦布"签署了一项协议，把英国东印度公司绑定在一个联盟当中，并且赋予了克莱武很大的权力[37]。站在证人席上，克莱武承认，他从"纳瓦布"那里得到了金钱和土地，作为对他个人的奖励，这让"我很容易就发财了"。但他坚持说，这些个人财富只是他尽心竭力服务公司所得的回报[38]。事实上，克莱武把印度描绘成一个危机深重、需要外部干预的国家，以此为自己的行为辩护。他一口咬定，此时统治这个国家的人个个奢侈、柔弱、专制、奸诈、腐败、残忍。他声称，尽管公司的代理人得到了好处，但印度本地的统治者在英国东印度公司不知情的情况下，以公司的名义行事，虐待贫穷的劳苦大众。换句话说，年轻的英国商人是被舒适的居住环境以及声色犬马所诱惑，直到有一天，他们发现自己"拜倒在印度长袍之下无法自拔。正是这些印度人犯下了欺压人民的暴行。他们出于自己的利益，假装得到了公司员工的认可和授权"[39]。

在英国议会的调查下，英国东印度公司不透明的财务结构暴露在光天化日之下，令人震惊。财政大臣强迫英国东印度公司的董事公开账目并且进行审计。1772年，英国东印度公司的审计师胡尔先生准备了一份材料，供董事会提交给英国财政部和下议院。他列出了英国东印度公司的现金结余和未清偿的债务，以及过去10年的销售额、征收的关税和估算的库存[40]。这些账目暴露出英国东印度公司在孟加拉、马德拉斯和孟买的一系列坏账，它们都是七年战争以来累积的结果。英国东印度公司每年"核销"的债务越来越多。例如，1766年，公司就核销了用于孟加拉防御工事和建筑的33万英镑的债务。1768年，公司总共核销了1151077英镑的债务，包括在圣乔治堡和孟买没有收回的欠款，以及用于孟加拉防御工事和建筑的860065英镑的债务，其中包括达卡地区6145英镑的坏账。加上过去几年结转过来的额外支出，到1772年，公司债务（至少是他们愿意上报的数额）激增到100多万英镑，其中大部分来自征服和占领孟加拉领土时积累的费用。事实上，由英国东印度公司最高法院[①]任命的业主委员会（Committee of Proprietors）提交的报告称，他们越来越怀疑，也许永远无法知道公司到底有多少钱，别人又欠公司多少钱。报告得出结论，孟加拉的"财税权"或者土地，以及英国东印度公司在其他定居点上的海关收入没有真正的价值，因为无法确定它们的具体金额，所以无法记入公司的收入[41]。

　　尽管英国东印度公司处在财务危机和公众形象崩溃的边缘，但它的董事仍然乐观地坚持认为，投资者没什么可担心的。但是，当议会的调查显示了公司的债务规模，而且投资者注意到它为保住马德拉斯与法国人之间的持续斗争以及1769年孟加拉饥荒造成的全面影响后，它的股票暴跌[42]。尽管如此，它的董事还是向他们自己、他们的股东和英国政府保证，他们可以通过借钱来缓解目前的债务状况。他们宁肯借钱也不肯减少股息，一直维持在不可持续的12.5%上。然而，它的董事同时也承认，他们

---

① 英国东印度公司在印度像国家一样运转，设有最高法院，https://www.zhihu.com/question/315534646。——译者注

不得不借钱来履行每年向财政部缴纳40万英镑的义务[43]。到1773年初，英国东印度公司糟糕的财务状况在大西洋两岸已经尽人皆知，并成为投机炒作的题材。本杰明·富兰克林警告波士顿商人托马斯·库欣说，"英国东印度公司极度缺乏现金，根本无法支付它的汇票和其他债务；同时它的信用破产，以致（英格兰）银行不愿伸出援手。由此，他们会发现，必须降低股息。"与此同时，富兰克林注意到，英国东印度公司的仓库里有价值数百万英镑的茶叶和其他印度商品，却没有市场、没有地方可出售[44]。讽刺的是，英国东印度公司已经变得太过庞大，反而不能倒闭了。如果这家公司破产，那么一连串的附属企业也会倒闭，投资者的损失以及英国在财政上的损失将会拖垮英国经济。

公众的批评、财务危机以及英国议会调查的结果，无非是要改革和重组英国东印度公司。在1773年5月至6月，英国议会连续通过了3个法案，以应对这家公司的商业运营、财务健康和管理方面的问题。《贷款法案》和《管制法案》为英国东印度公司提供了140万英镑的即时担保贷款，并保留了它的贸易垄断权。作为交换，英国东印度公司同意降低股息，并将公司内部的投票权限制在至少持有价值1000英镑股票的股东手中。此外，《管制法案》要求它向财政部门公开账目，并且限制董事的任期。最重要的是，英国议会将孟买和马德拉斯的控制权交给了一个设在孟加拉的委员会，由英国任命的总督沃伦·黑斯廷斯①领导，监督税收并履行外交职能。换句话说，如果没有英国政府主管部门的同意，英国东印度公司既不能宣战，也不能"与任何印度土邦或者权力机构商谈任何协议，包括和平协议"⁴⁵。从此时起，英国议会开始对英国东印度公司严加管束。他们禁止它的代理人接受礼物和进行私人贸易。同时，他们还增加了法院和行政部门的职责以服务海外的英国臣民。然而，最终的结果不过是把公司的权力集中在了少数富有的股东手中而已⁴⁶。

不出所料，英国东印度公司选择茶叶作为它财务复苏的基石。在18世纪70年代早期，很明显，《汤森法案》和《补偿法案》并没有按计划发挥作用。公司的董事估计，当英国议会降低所有红茶和常见绿茶的关税后，每磅茶叶的价格就会下降，而公司的销量就会增加。但是，由于保留征收的消费税基于的是较低的价格，所以海关收入并没有因销量的增加而增加，情况与茶叶价格高而销量低的时候差不多。尽管价格低了些，但由于英国东印度公司每年要向财政部门支付40万英镑，所以它无法以更具竞争力的价格出售茶叶，因此无法阻止向英国和北美殖民地大量走私茶叶的贸易⁴⁷。在英国东印度公司的仓库里储存了1700万

---

① 沃伦·黑斯廷斯（1732—1818），英国首任驻印度孟加拉总督（1774—1785）。他最初受雇于英国东印度公司（1750），后步入政界。任职期间巩固了英国对印度的统治。——译者注

磅茶叶，而且在1773年和1774年预计还会有1400万磅茶叶从中国运来，它囤积的茶叶远远超过了一般情况下12个月的需求量[48]。它预计，在接下来的3年里只能卖出1300万磅茶叶，每年会亏损142500英镑[49]。公司董事指示在广州的理事会削减茶叶采购合同，并且得出结论说，它必须在欧洲或者北美殖民地寻找新的市场，扩大销路[50]。围绕着英国东印度公司贸易垄断权的争论仍在继续，这期间，英国议会为公司提供了一个销售过剩的茶叶机会。尽管保留了每磅3便士的北美进口关税，但1773年的《茶税法》允许英国东印度公司在5年内不用上缴其他关税，自己直接出口茶叶到北美，而不用通过英国的批发商[51]。只要它在仓库里保留1000万磅的茶叶，以免冲垮北美市场，它想出口多少茶叶都可以[52]。而且，对英国东印度公司来说更重要的是，每年能省下那40万英镑，它不用再为税收不足负责了[53]。

英国议会以及首相诺斯勋爵（Lord North）①不仅希望拯救英国东印度公司摆脱财务危机，从而最终拯救英国免于经济崩溃，而且希望在北美倾销茶叶，以此打击走私并且得到税收收入[54]。伦敦的一位茶叶商人威廉·帕尔默对北美市场非常感兴趣，他预计每年在北美能卖出300万磅茶叶。他鼓励英国东印度公司的董

---

① 腓特烈·诺斯（1732—1792），诺斯勋爵，1770—1782年出任英国首相，是美国独立战争时期的英方重要人物。——译者注

事大力倾销武夷茶，同时也希望向北美消费者介绍一些新的茶叶品种，比如工夫茶、小种茶、松萝茶以及屯溪绿茶。特别是塞满了英国东印度公司仓库的松萝茶，更有可能因长期存放而严重受损[55]。帕尔默的建议来自那些在大西洋两岸都有利益瓜葛的商人做出的观察。费城的吉尔伯特·巴克利也建议，直接向北美殖民地销售茶叶对英国东印度公司来讲是有利可图的，而且茶叶价格可以比从外国走私的茶叶更便宜[56]。他希望凭借费城茶叶分销中心的地位，以及他对英国东印度公司的支持，从中分到一杯羹。他乐观地估计，北美殖民地每年对茶叶的需求为600万磅[57]。另一位与费城有商业往来的伦敦商人塞缪尔·沃顿观察到，仅取消3便士的茶叶税并不会阻止北美消费者从荷兰或者法国购买茶叶。相反，他相信，英国只有通过运送大量的、足以满足北美消费者需求的茶叶，才能有效地控制整个北美市场的茶叶生意[58]。

那些授予英国东印度公司出口茶叶许可证的英国财政官员，允许北美一部分"英国政府的朋友"获得独家代理委任，承销《茶税法》生效后首次装运的茶叶。当本杰明·富兰克林听到这种代售方式时，他刚好在伦敦。他估计，其他被排除在这种茶叶贸易之外的商人可能会嫉妒[59]。英国东印度公司的董事希望伦敦的商人能够推荐一些北美商人做承销商，以便这些茶叶的运输和销售得到"令人满意的保障"[60]。事实上，撰写《茶税法》的墨迹还未干，争夺英国东印度公司承销代理委任状的竞争就已经开始了。1773年5月，那位建议直接向北美地区销售茶叶的费城人吉尔伯特·巴克利得到了费城4份独家承销代理委任状的第一份[61]。塞缪尔·沃顿也经常表示，支持每年直接从中国把茶叶运到北美最核心的地区，在规定的公开销售时间内出售。他还为自己的兄弟托马斯·沃顿和艾萨克·沃顿争取到了委任[62]。很奇怪的是，在1773年夏天，亚伯·詹姆斯和亨利·德林克正忙着削减他们在费城的业务。他们拒绝了威廉·亨利提出的合作建议，认为这对于年富力强的人而言值得去尝试，而不是他们[63]。然而，下一个月，他们却为得到英国东印度公司茶叶的承销代理委任而特别感谢在伦敦的弗雷德里克·庇古及其合伙人本杰明·布斯的推荐[64]。在纽约的庇古-布斯公司也得到了承销代理委任。詹姆斯和德林克推迟了退休时间，因为在当年秋季末运到费城的茶叶中，他们有20万磅以上的份额。这些茶叶的运输成本或运输风险都低于通常水平，他们有可能从代售中获得6%的提成[65]。同样，英国东印度公司在波士顿和查尔斯顿也挑选出了承销商，公司的第一批茶叶定于1773年11月底或12月初抵达北美殖民地[66]。很快，北美市场被茶叶淹没。

当《茶税法》的消息刚传到北美殖民地的时候，广大北美居民并没有把它当回事。一些人认为，没有了英国的中间商，北美商人直接和英国东印度公司做生意，将在英国的贸易网络中获得新的地位，而且消费者也有机会买到更便宜的商品。还有些人甚至对英国东印度公司表示同情和支持，因为强制监管侵犯了特许状赋予它的权力，这也是该公司和几个北美殖民地共同关心的问题。然而，大多数北美殖民地的政治激进分子担心《茶税法》让英国东印度公司在北美的商业市场上获得了不公平的竞争优势。他们担心，一旦该公司在北美建立了茶叶仓库，它就会把垄断范围扩大到其他商品或者商业活动上[67]。马萨诸塞殖民地"一位坚定的爱国者"认为，他们任命的公司代理人"可能来自英国北部"（指的是苏格兰商人以及从印度回来的富豪），这种偏好可能会让外人"利用我们自己商人如今正当得来的劳动成果发家致富"[68]。宾夕法尼亚的一本小册子警告说，如果英国东印度公司成功了，"他们就会派来自己的代理人和亲信，在我们的地方建造库房，把其他所有来自东印度群岛的货物运给我们……直到他们垄断了整个贸易。最后，我们的商人会破产，造船业也将终结"[69]。纽约的评论家也要求保护北美商人和北美市场。1773年10月，纽约发行了一套5本小册子，作者使用"汉普顿"做笔名——为纪念在17世纪40年代早期，与斯图亚特王朝斗争中牺牲的约翰·汉普顿——警告纽约人，要当心英国东印度公司"可怕的阴谋"，以及它把茶叶税强加在毫无戒心的公众头上的企图。在列出了政府保护财产权和贸易自由的必要性后，"汉普顿"担心，北美商人正处在危险境地，摇摇欲坠。他警告说，如果北美殖民地人民接受了英国东印度公司运来的茶叶，那么"你以后会在这里看到一个名为'印度仓库'的国度拔地而起，而来自那个国家的所有商品都不会通过你们的商人交易，都会由英国东印度公司掌握"，它将控制所有的商品价格和交易[70]。就连英国本土的商人也在担心，如果北美殖民地居民用他们仅有的一点硬通货直接从英国东印度公司在北美的仓库中购买茶叶，那他们就再也无法还清他们欠英国人的大量债务了[71]。

尽管如此，北美人民还是试图理解《茶税法》下新税收的意图和含义，希望搞清楚之后再做出反应。在抵制进口运动的激励下，北美殖民地人民发出声音，他们认为只要还在北美征税，而且税收用于支付英国任命的北美行政官员的工资，那么他们就不应该接受英国东印度公司的茶叶。但是，即使是英国东印度公司在北美地区的茶叶承销商似乎也对新的税收结构和征收方法感到困惑。1773年8月，英国东印度公司董事和诺斯勋爵建议由英国东印度公司在伦敦用汇票支付茶叶税，这样就会给人一种感觉，认为北美地区没有承担新的税赋[72]。直到1773年11月，纽约的承销商庇古和布斯认为，英国财政部门在解释《茶税法》时"过于宽泛"，他们不知道这个法案是不是在授权英国东印度公司在向北美出口茶叶时不用缴纳任何关税。他们向费城的詹姆斯和德林克保证"我们已经得到确切的消息，在这边不用缴纳关税"[73]。然而，北美殖民地的政治激进分子对此越发怀疑。费城的那位笔名为"机修工"的作者警告他的读者，当他们坚持"在英国而不是在北美殖民地交税"时，不要相信"我们敌人的阴谋诡计"[74]。事实上，很多北美居民认为，《茶税法》只是用另一种方式掩盖了茶叶税，它允许在英国退税，但仍然在北美保留了每磅3便士的税，不管这个税是在售前、售中还是售后征收，本质上都一样。

北美地区的茶叶承销商开始意识到，他们的任务很复杂。其一是因为税收的性质不清楚；其二是因为英国东印度公司的交易要求太严格，它严格限制了个体商人如何接收、卸货、保护以及销售他们的货物。但这些商人试图在自己对英国东印度公司的合同义务和反进口委员会的要求之间取得平衡，尽量减少冲突。随着英国东印度公司的茶叶船即将抵达的消息沿着北美殖民地东海岸传播开来，费城的激进分子首先做出了反应。其中一个自称"涂柏油、粘羽毛委员会"的团伙，威胁特拉华河上的领航员，如果任何人胆敢帮助驶往费城的茶叶船，就要"在你的脖子上套上绞索，在你的脑袋上倒上10加仑柏油，再给你铺上一打野鹅的羽毛"。但在10月中旬，北美殖民地居民呼吁召开一次全体会议，讨论一个更为慎重的应对措施。1773年10月16日，他们做出决定，表示茶叶税是对北美人民征收的关税，没有得到他们的同意。九天后，他们的代表开始向费城的茶叶承销商施压，要求他们放弃承销代理委任[75]。激进分子呼吁对英国东印度公司采取抵制行动，如果任由它将茶叶运到"这片自由的土地上"，它就会

"奴役美国的①自由人"[76]。1773年10月，当人们要求詹姆斯和德林克放弃他们的承销代理委任时，他们一开始拒绝了，理由是他们承担着法律责任。作为英国东印度公司的承销商，他们有责任保护他们承销的茶叶，就像保护他们自己的财产一样[77]。然而，当他们小心翼翼地围绕合同条文兜圈子时，他们自己的意图也变得模糊不清。10月17日和19日，费城委员会在每日前往商人的宅邸拜访之后，抱怨詹姆斯和德林克对他们拒绝辞去承销商身份的解释"既不坦率，也不明确"[78]。那个周末，这两位合伙人用同样不清不楚的话向人们保证"我们既不打算也不会故意做任何令我们的同胞感到不愉快的事情"。他们希望表现得"坦率和友好"，但仍然拒绝给委员会一个明确的答复[79]。

和费城一样，在纽约准备接收茶叶的商人也担心自己在英国东印度公司的合同中承担的责任。庞古–布斯公司发表声明，坚定地宣布："就我们自己而言，作为英国东印度公司的承销代理人，我们绝不会辜负别人的信任，我们既不会被对手的数量吓倒，也不会被他们的威胁吓住，我们完全相信他们是出于自身利益才这样做的"[80]。纽约的承销商面临的最大阻力来自走私商人和西印度群岛的供货商，1773年末，这些人都是自由之子行动的

---

① 从1773年反对茶叶税开始，北美的一些激进分子开始自称"美国人（American）"，因此此处翻译成"美国人"。——译者注

支持者[81]。特别是茶叶走私商人，他们威胁要破坏英国东印度公司的茶叶运输。他们认为，这家公司即使不是敌人，也是商业竞争对手[82]。本杰明·布斯希望获得公众的同情。他指责那些反对承销英国东印度公司茶叶的人煽动暴民，这些暴民中的海运工人从走私商人手中拿钱，船夫、沿岸工人、装卸工和搬运工，这些人都因为提供服务而获得高额报酬[83]。到了10月中旬，北美殖民地商人开始向纽约的承销商施加压力，要求他们在茶叶到来之前辞去代理委任职务。但庞古和布斯坚持说，他们要等收到英国东印度公司的指示后才能回复[84]。庞古和布斯有些担心那些反对他们的人只是想从他们手中夺走承销代理委任而已。他们同时也希望自己发出的反对之声会为他们在英国东印度公司赢得更多的好感。他们向自己的伙伴在费城的承销商坦白道，他们"假装非常害怕"，以便维持"一个反对派的形象，方便去英国东印度公司那边邀功"[85]。

1773年11月底，纽约和费城的茶叶承销商提出，茶叶到港后，他们不再销售，而是直接储存起来，直到他们收到英国东印度公司的下一步指示再说[86]。但当地的激进分子继续对他们施加压力，要求他们将货物退回伦敦。在费城，亚伯·詹姆斯和亨利·德林克发现大门上钉着"一张卡片"，告诉他们"茶叶阴谋意味着要奴役你的祖国"，这是绝不允许的，"我们期待并希望你们立即通知公众……无论你们是否愿意，都要宣布放弃一切承销茶叶的借口"[87]。当受到同样的威胁时，托马斯·沃顿和艾萨克·沃顿很快就放弃了承销代理委任，因为他们不想"因为某些不明确的行为而伤害同胞的感情"[88]。然而，他们也不想疏远雇佣他们的公司。12月，托马斯·沃顿向商业银行家托马斯·沃波尔保证，他放弃英国东印度公司的代理委任状是为了远离日益加剧的争议，以便更有效地为东印度公司服务[89]。几天后，他请求在议会通过法案废除这项关税后，未来在宾夕法尼亚再次开展茶叶代销时，能把他算在内[90]。事实上，在12月中旬，当"波利号"货船船长艾尔斯带着568大箱和130小箱茶叶抵达费城时，所有的承销人——托马斯·沃顿和艾萨克·沃顿、亚伯·詹姆斯和亨利·德林克、乔纳森·布朗以及吉尔伯特·巴克利——都经公证宣誓，拒绝接受这批茶叶，甚至不支付运费。这让船长非常懊恼[91]。尽管詹姆斯和德林克提出了一个折中方案：接收茶叶但存储起来并不出售，然而最终，艾尔斯船长还是在吉尔伯特·巴克利的陪同下，带着这批有争议的商品，平安地返回了英国[92]。

纽约的"茶党运动"要更复杂一些。1773年11月29日，当费城和波士顿都明确表示拒绝接收英国的货物时，纽约的"自由之子"委员会召开会议，为了"防止发生不幸事件"，敦促茶叶承销商辞去他们的承销代理委任职务。和费城得到的结论一样，纽约的激进分子也担心，茶叶和随之而来的税收会"侵蚀我们自由的根基，让我们被同胞奴役，成为和我们类似臣民的奴隶"。

同时，"自由之子"杀气腾腾地警告说，任何人"从任何地方把需要缴纳新关税的茶叶带到殖民地来"，都将被视为是"与美国的自由为敌"[93]。尽管已经准备好了阻止茶叶船卸货，但当委员会12月下旬听到消息，说洛克伊尔船长指挥的开往纽约的茶叶船"南希号"遭遇风暴，失去了后桅和船锚时，可能感到很失望。船停在纽约湾入口处的桑迪岬（茶叶走私犯最喜欢的卸货地点），进退两难。船长进入纽约城补充给养。庇古和布斯告诉在费城的詹姆斯和德林克："我们得到通知，茶叶船在桑迪岬补充必要的给养后，肯定会返航。"他们希望总督和总督参事会不要试图把茶叶运进来，他们担心"这会让整个纽约陷入狂怒之中"[94]。纽约的承销商在短暂地考虑是不是能将698箱茶叶秘密运往哈利法克斯后，最终还是明智地将洛克伊尔送回了英国[95]。

费城和纽约的茶叶承销商平息了委员会和群众的不满，退回了茶叶，并没有发生不同寻常的暴力事件。然而在波士顿，茶叶承销商和政治激进分子之间爆发了强烈的敌对情绪。受到费城的启发，波士顿的居民就是否允许1773年10月下旬的茶叶船靠岸卸货一事展开了辩论。10月中旬，托马斯·派克不顾越来越激烈的争论，向伦敦商人订购了几箱茶叶。不到一周的时间，他就向他的供应商承认这是个错误，因为费城商人"一致投票，认为这些茶叶不应该运进来，而且据说纽约人也做出了同样的决定"[96]。在接下来的两个星期里，波士顿的激进分子努力游说，让这些商人放弃他们的代理委任状，同意把茶叶退回去。抗议者公开抵制承销商的店铺，袭击承销商的住宅，并在城里举行了一系列集会。11月2日，一则海报邀请所有波士顿人在当地的自由之树集会。由"自由之子"主席威廉·莫利诺领衔，包括塞缪尔·亚当斯、威廉·丹尼、沃伦医生以及委员会的其他成员，对阵承销商理查德·克拉克和他的儿子乔纳森·克拉克，乔纳森的表亲约书亚·温斯洛，还有托马斯·哈钦森和以利沙·哈钦森（总督的儿子）以及本杰明·法尼尔，要求他们辞去承销代理委任。他们拒绝了[97]。在约翰·汉考克的斡旋下，委员会在11月初召开了两次会议，会议成员坚定地认为，《茶税法》是英国政府的一项政治计划，如果任由这个计划得逞，波士顿的贸易将被彻底摧毁，美国将失去自由[98]。和费城差不多，波士顿的"业主和其他居民"认为，由于茶叶税是用来支付政府官员、法官和军官工资的，所以它在本质上取代了殖民地代表大会，并且"引入了专制政府和奴役制度"[99]。他们决心阻止一切茶叶的进口或销售[100]。

和费城以及纽约的同行一样，波士顿的承销商也在努力平衡他们对英国东印度公司的责任和波士顿委员会对他们的要求。到了11月中旬，随着波士顿民众变得越来越激进，承销商也变得越来越顽固。总督托马斯·哈钦森坚持认为，他已经尽了最大的努力，维护这座城市的和平与秩序。然而，总督参事会拒绝支持哈钦森压制反对派的努力[101]。几天后，一大群人在理查德·克拉克的住宅前游行，并袭击了他的房子。一名家庭成员向人群开枪。游行者打碎了窗户，但几乎没有造成其他损失[102]。在11月18日的一次市镇会议上，承销商再次向调停人约翰·汉考克保证"他们还没有收到东印度公司关于即将运抵的茶叶的指示"，但他们提醒委员会成员，他们与伦敦的朋友签订的是一份法律契约，这份契约是商业性质的，这让他们没有办法满足这个城市的要求[103]。然而，民众压根不听他们关于合同义务在法律上的琐碎解释。

11月28日，当"达特茅斯号"货船带着茶叶抵达波士顿海关大楼时，那些自称为美国爱国者的人士急忙在第二天召开市镇会议。因为法尼尔厅太小，人们转移到了老南教堂。1000多人聚集在一起，要求船只返回伦敦[104]。因为只有21天的清关和卸货时间，茶叶承销商想出了一些妥协方案，比如让波士顿委员会的人检查和存储茶叶。但最终他们什么也没做[105]。船主弗朗西斯·罗奇不愿意返回英国，但他担心自己的安全，也不敢把茶叶卸到岸上。他认为把茶叶运回英国很不现实，因为不经过海关正式清关，船只不能合法地返回英国[106]。事实上，承销商转移到了波士顿港的一处防御"城堡"里寻求保护，同时仔细商议委员会的要求。根据哈钦森总督的说法，这些激进分子"首先坚决要求的是不能把茶叶卸货上岸，因此不必交税；而且，应该把茶叶退回英国"。而承销商提出，暂停茶叶销售，等到英国东印度公司给出解决方案再说。但委员会拒绝了这一建议，要求把全部货物退回英国。哈钦森见茶叶既不能在这里清关，也回不去英国，决定先等一等，静观其变[107]。

然而，当布鲁斯船长的"埃莉诺号"和科芬船长的"海狸号"带着一部分茶叶和天花"①抵达时，局势开始瞬息万变[108]。也许是为了挽回面子，埃莉诺号的船主约翰·罗在12月6日的市镇会议上承认，他后悔"运这种可憎的、令人讨厌的商品"到城里，而且担心"泡了一点海水会不会损害茶叶？海水泡出来的茶是不是没有淡水泡出来的茶好喝？[109]"塞缪尔·亚当斯认为情况更严重；他说，尽管有反进口协议，尽管其他殖民地已经停止了进口，但波士顿的商人仍然继续进口需要缴税的茶叶，"让我们这块殖民地蒙羞受辱"[110]。为了赎罪，他们应该阻止茶叶上岸。总督拒绝船只离开港口，而民众阻止船只卸货。当哈钦森对英国负责殖民地事务的大臣达特茅斯勋爵表述这件事的时候，他用的是轻描淡写的讥讽语气，他表示，到12月中旬，"在反对茶叶税这件事上，波士顿和周围所有城镇人的兴奋劲儿已经到了顶点"[111]。

接下来发生的事情，就众人皆知了。不过，当时目击者的描述却简单得不能再简单了。1773年12月16号晚上，约翰·罗所

---

① "海狸号"抵达时，船上发现一例天花，因此被迫停在外港隔离了两周。参考：https://www.ducksters.com/history/boston_tea_party.php。——译者注

谓的"全体会议"散会了，"一群穿着印第安服饰的人登上了霍尔、布鲁斯和科芬的船。他们打开船舱，把茶叶从里面吊出来，奋力抛出船外……现场据说有近2000人"[112]。约翰·都铎在日记中写道，整个过程"花了不到3个小时，有人说是2个小时"（哈钦森总督说的是"2个小时"）就把342箱值2.5万英镑的茶叶倒进了海港里，"船只或其他财产没受一点损失"[113]。据塞缪尔·索尔兹伯里说，事情发生在三艘船停泊的格里芬码头。晚上九点之前，"人们撬开箱子，把茶叶一铲子一铲子地倒进海里，把茶叶全毁了"[114]。大多数历史学家都觉得必须引用美国前总统约翰·亚当斯[①]的话，他说，毁掉茶叶的行为"是如此大胆，如此勇敢，如此坚决，如此无畏，如此不留后路。它必然产生重要的、持久的影响，我不得不把它看作是划时代的事件"。尽管如此，身为律师的他仍然感叹道，民众的行为"是对私有财产的攻击。像这样的民众力量再行动一次，可能就会造成生灵涂炭"[115]。

也许我们可以从另一个视角看待这件事——从全球商业竞争和消费革命政治化的角度来看待它。事实上，那些谴责1773年《茶税法》的人，他们的行为远远没有人们想象中那么狭隘。有

---

① 约翰·亚当斯（1735—1826），美国第一任副总统（1789—1797），第二任总统（1797—1801）。——译者注

意思的是，那些毁掉波士顿茶叶的人后来被称为"莫霍克人"，这种称呼是对北美印第安易洛魁（Iroquois）部落勇士的致敬；这个名字也借鉴了11月下旬在纽约出版的一本小册子上的一位作者的笔名，该作者首次以"莫霍克人"为笔名发表了对英国东印度公司茶叶的批评[116]。当时对该事件的描述明确断定，波士顿的激进分子和美洲原住民之间有紧密的联系。几家报纸刊登了"波士顿市镇会议"的记录，提到在12月16日，"一群勇敢而坚定的人，穿着印第安人的服装，走近集会大厅门口，发出战斗的呐喊，响彻了整个房间，屋子里的一些人纷纷响应"。这群"印第安人"行进到码头，"数百人紧随其后"，他们把茶叶倾倒进了海里[117]。在给《波士顿公报》和《波士顿晚报》的一封信中，"一位公正的观察者"同样描述说看到"原住民"甚至在市镇会议结束前就销毁了这些"让人讨厌的茶叶"[118]。

然而，北美白人对"莫霍克人"或者"原住民"到底长什么样子并不清楚。波士顿人在最后一刻胡乱拼凑的伪装可能是为了掩饰真实身份，逃避可能的抓捕，但他们让人联想到了另一种异国风格①。乔治·罗伯特·特维尔斯·休斯在93岁的时候，在

---

① 后文提到了印度人和亚洲水手的服饰。这里的意思是，这些人伪装成"印第安人"的样子，是受到了"东印第安人（India）"同样受压迫的启示。——译者注

他的回忆录中回忆起参加波士顿倾茶事件的经历。他回忆说有15到20个人穿着"印第安人的衣服"，他们只要用铁匠铺里的煤烟熏黑脸，然后用毯子裹住肩膀就可以了[119]。他们在邻居家里、商店里或者酒馆里迅速换好衣服，来到格里芬码头，"一群人个个奇装异服，戴着红色毛线帽，穿着长袍，以及各式各样的配饰，就是给人看的"[120]。就像费城版画家在那幅《自由的胜利，或压迫的垮台》版画中表现的那样（见图4-1），尽管人们可能已经熟悉用印第安人的形象比喻北美人民争取自然权利的斗争，但问题是，那天晚上聚在一起倾倒茶叶的人当中，很少有人真的认识或者见过印第安人。不过，这些熟练的工人、学徒、水手长或者商人总在海边工作，很多人熟悉在亚洲做生意的富豪或者公司代理人的形象，那些人经常戴着软帽，穿着丝绸长袍（印度长袍）——都是颇具东印度群岛特色的装束。事实上，这些在海边工作的人，很多都可能和欧洲商船上的印度裔水手也叫拉斯卡一起工作过，越是往返大西洋的英国商船，这些人就越多。到1730年，在英国东印度公司开往欧洲的商船上，超过25%的船员是"拉斯卡"，他们大部分来自孟加拉的加尔各答。"拉斯卡"后来都成了伦敦的水手[121]。毕竟，在卡尔·古滕贝格那幅版画《茶叶税的风暴》中，与印第安莫霍克族少女并肩行进的是"东印第安人"，而形象其实是戴着头巾、骑着马的印度士兵。他们都在质疑大型商业机构在它们的殖民地中扮演的角色。

图4-1　版画《自由的胜利，或压迫的垮台》，佚名，1774年，费城

在一个"天翻地覆的世界里"，画面右边的人（"自由之子"）用北美印第安人的形象作隐喻，向他们的美国同胞寻求协助，承诺"要么保卫你的自由，要么在战斗中死去"。然而，这位费城版画家淡化了波士顿在1773—1774年茶叶危机中的作用。画面清晰地标出"来自费城（在泰晤士河口）"以及"来自纽约"的茶叶船被退回。画面中心是不列颠东印度公司、英国政府、大众媒体和魔鬼，他们在一起策划阴谋，建立"在美国的垄断"。

如要获取关于此画面更详细的说明，参见：E. P. Richardson, "Four American Political Prints," *American Art Journal* 6, no. 2 (November 1974): 36. The Library Company of Philadelphia。

北美那些反对《茶税法》的人，对英国东印度公司此时在亚洲的问题和暴行特别留意，而且对"东印第安人"深表同情。他们不仅反对茶叶税的潜在威胁，以及英国东印度公司对北美经济的垄断，很多人还谴责这家公司在世界舞台上的帝国主义行径。尽管早期现代英裔美国人全身心地投入到疯狂的消费当中，但在他们内心深处，仍然对商业扩张带来的广泛的道德影响及其政治后果感到不安。1773年，一些小册子的作者就质疑大型商业企业在英国内部的作用，认为侵略性的商业扩张会带来意外的后果。例如，费城的那位"机修工"就警告说，一旦英国东印度公司在北美安顿下来，它就会千方百计地变成你的主人。在提到该公司在孟加拉众所周知的暴行时，那位作者认为，英国东印度公司"精通暴政、掠夺、压迫和杀戮。他们最擅长的就是把整个殖民地置于压迫、奴役、饥荒和刀剑之下。他们就是这样发财的——就是这样成为宇宙中最强大的商业公司的"[122]。在政治上有洞察力的北美居民，以及在大西洋两岸都有利益瓜葛的北美商人，很清楚英国东印度公司是如何崛起的。在17世纪晚期由于公司内部的紧张局势，出现一支由公司管理的民兵，击退来自各个国家的海盗和闯入者，最终，通过不断巩固其在印度的地位，甚至越俎代庖[123]。

在《茶税法》通过后，约翰·狄金森格外清晰地表达了对英国东印度公司违背道德行径的愤慨。虽然在早些时候，他认可英国和北美殖民地之间在商业上相互依赖的观点，但到了1773年末，他变得谨慎起来[124]。他以"乡野村民"为笔名写作，用人们耳熟能详的语言告诉大家，英国实行的经济管制等同于殖民压迫。他发出警告，开往北美的5艘英国东印度公司的茶叶船，是要"建立东印度公司的垄断。这家公司支持英国政府的计划，要通过摧毁美国的自由，挽救他们破产的命运"！耐人寻味的是，他并没有严厉批判英国的税收政策和大企业权力之间的紧密联系，而是把英国东印度公司在海外的行径看作北美人民恐惧的来源。他指责道，"在过去这些年里，他们在亚洲的所作所为"无视《万国公法》以及个人权利。狄金森认为，英国东印度公司为了赚钱，发动战争，煽动叛乱，废黜合法的王公，并且垄断了一切生活必需品，导致孟加拉在1769年严重饥荒期间，100多万居民饿死[125]。亚当·斯密同样指控该公司利用他们的霸权，从印度当地"榨取微薄而短暂的利润"[126]。然而，狄金森把这个观点用到了北美殖民地身上。他警告说，"茶叶垄断……只是他们剥夺我们财产计划中的一小部分"，那些接受了英国东印度公司茶叶的人，甚至是协助卸货或者储存茶叶的人，都是自己祖国的敌人，而且不过是东印度公司的搬运工。像不少美国人已经说过的那样，狄金森也断言，他反对的不是现在要征收的那微不足道的3个便士，而是征收这笔钱的原则；他认识到，通过一个错综复杂的全球商业网络，一个人在当地市场上的购买行为会影响到远在美国范围之外的人的生活[127]。

正像北美人民害怕和厌恶英国东印度公司可能加在他们身上的强权一样，英国官员知道英国非常依赖北美人民对进口商品的持续消费，以及贸易产生的收入。即使是支持北美殖民地，呼吁和解和放松税收政策的英国人，也认识到英国东印度公司在重整政治经济方面的重要性。例如，埃德蒙·伯克就曾经劝说英国议会"不要插手北美事务。如果它有税收问题，让它自己解决……要满足于用贸易法规约束北美殖民地"。他担心，就像被猎人驱赶的野猪一样，北美殖民地很可能转过头来，把怒火撒向英国[128]。他提醒英国人，从殖民地获得的收入主要来自出售茶叶的收入而不是税收。事实上，数百万磅茶叶"由于一项缺乏判断力的税收政策而在英国东印度公司的仓库里腐烂"或者被倾倒进波士顿的海港中。英国已经失去了在北美殖民地销售更多茶叶的最好机会。不过，他同样站在全球视角考虑问题。他最担心的是，对于刚刚征服了南亚部分地区且资金紧张的英国来说，新兴的国家会让它付出什么代价。伯克相信茶叶是减轻这些"东印度征服者沉重负担"的关键[129]。然而，他在1774年说这些话为时已晚，他没看到北美殖民地人民已经做出了决定。反对英国东印度公司垄断的美国人，在日益全球化的经济中感到自己处于劣势。他们开始像法国人和西班牙人一样，把英国人看成外国人，认为是他们限制了自己的商业权力。对自由贸易的拥护以及质疑英国税收政策违宪的抗议活动，把美国推向了战争[130]。

第五章 茶叶在美国独立战争时期重新回到美国

托马斯·麦基恩在一份报告中告诉大陆会议，在宾夕法尼亚、马里兰和新泽西，很多人还在卖茶并且喝茶。大陆会议对此不置可否。他质疑委员会①是否有权力限制这些人。

——理查德·史密斯的日记，1775年12月13日

在波士顿倾茶事件发生前的危机白热化的时候，波士顿通讯委员会②中著名的激进分子托马斯·扬医生③引用法国医生塞缪尔·奥古斯特·大卫·蒂索和英国作家托马斯·肖特的著作，谴责北美殖民地居民消费茶叶——特别是茶叶可能对身体造成伤害。尽管蒂索对茶叶的疗效不吝赞美之词，而且肖特也坚持认为，茶叶"具有非凡和无与伦比的功效，它能帮你消除睡意，驱散你大脑中的阴霾，使你变得神清气爽、思维敏捷"（见图

① 后文会提到，这里的"委员会"指的是大陆联盟（Continental Association）在各地成立的委员会。——译者注
② "波士顿惨案"发生后，殖民地人民的反抗斗争进一步高涨。1773年，"通讯委员会"成立，它在各殖民地间互通情况，协调抗英斗争，表现出了一种联合的趋势。——译者注
③ 托马斯·扬（1731—1771），波士顿通讯委员会成员，医生、哲学家。他青年时期跟随本地医生学徒，后来在1753年开设诊所。——译者注

5-1），但托马斯·扬医生对此视而不见，他只把注意力集中在这两位作者都假设过的关于喝茶的弊病上：长期饮用这种在"嗜茶一代"中最常见的饮料可能引起神经失调[1]。扬医生坚持认为，茶是"一种慢性毒药"，如果茶太浓，会导致"神经震颤"。他还说了一个警世故事："有个能干的农妇……想模仿上流社会的生活，所以她喝浓茶，而且不掺杂其他东西。三四年后，她的四肢丧失了功能，最后悲惨地死去。"尽管托马斯·扬认为喝茶会对大脑造成损伤，但他希望这不会影响爱国者的政治热情[2]。同样，费城的医生本杰明·拉什也就奢侈品消费对人体和政治的影

图5-1　图书《关于茶叶的布道》扉页，Francis Bailey, Lancaster, PA, 1774

这本小册子对茶叶这种18世纪晚期很常见的奢侈品在生理、文化和政治上的作用进行了批评。

资料来源：美国国会图书馆（The Library of Congress）。

响提出了警告。在1774年2月的一次演讲中，拉什指出喝茶"对我们国家的健康和人口数量"都产生了破坏性影响。他指责喝茶引起了许多"政治罪恶和复杂的疾病"[3]。对扬医生和拉什医生来讲，喝茶既伤害身体，又败坏政治美德；它诱使北美人民产生一种虚荣心，模仿上流社会的时尚生活，最后被茶叶完全毁掉健康。

然而，这两个人并没有表达任何新思想，他们写下的都是北美殖民地几十年前在争论奢侈品消费以及反进口运动时批评茶叶的陈词滥调而已。在新一轮要求消费者克制的浪潮中，茶叶已经占据了中心地位，成为英国东印度公司贸易垄断和英国议会权力的象征。在波士顿倾茶事件以及北美殖民地人民对英国东印度公司垄断权力的广泛抵制后，北美殖民地港口城市以及一些小城镇、地方政府，一致采取行动，谴责英国议会在1774年初强加在他们头上的《强制法案》①。这些法案规定，除非北美人民同意为销毁茶叶支付赔款，否则将关闭波士顿港，禁止贸易，并把马萨诸塞殖民地政府和法院系统的控制权交给英国任命的官员。它们在本质上是对北美人民的惩罚，被北美人民称作"不可容忍的"法案。北美大陆各殖民地的地方委员会诉诸道德抨击，谴责

---

① 后称为《不可容忍法案》，指英国议会在1774年通过的一系列与英国在北美的殖民地有关的法律。这些法案夺走了马萨诸塞州的自治权和很多北美殖民地以前一直具有的权利，这引发了北美殖民地人民的愤怒和抵抗，同时也是引发美国独立战争的重要因素。——译者注

奢侈品的腐蚀力量，呼吁人们限制消费。他们特别谴责购买和使用茶叶，希望以此迫使英国取消对波士顿的制裁。1774年秋天，委员会的决心说服了刚刚创立的大陆会议成立"大陆联盟"，监督各地在抵制进口、消费英国商品以及不出口美国商品方面是否遵守了规定。

然而，习惯性的谴责并不能压制习惯性的消费。关闭波士顿港口引起的反进口运动，受到北美人民几乎一致的支持。它中断了大西洋贸易，在1774年末和1775年初造成货物短缺。尽管人们呼吁社会公德、呼吁消费者克制，但北美人民对茶叶以及其他早已习惯的奢侈品的渴望并没有减少。事实上，在大陆联盟成立后不久，商人就和各殖民地新成立的政府对仍处于库存控制的茶叶销售展开了角力。消费者行动起来，他们抗议囤积居奇的商人，要求以合理价格向人们提供茶叶和其他稀缺商品。就连大陆会议也不得不根据商业需要和经济需求，重新考虑它的贸易政策。1776年初，随着马萨诸塞殖民地的反抗斗争演变为美国独立战争，大陆会议取消了出口禁令，允许商人重新和荷属、法属西印度群岛建立贸易联系，出口美国商品并重新买卖茶叶。到18世纪70年代末，不论是地方官员还是国家官员，都面临着增加税收、支付日益增长的战争费用的压力。他们发现，茶叶是用来交换的完美商品。和扬医生、拉什医生在1774年的建议相反，北美人民不但没有彻底放弃奢侈品消费，反而找到了方法把茶叶重新带回美国。人们不仅重新喝上了茶，而且茶叶在一个新独立国家正在萌芽的商业力量中占据了重要地位。

随着1773年末波士顿倾茶事件的消息传开，北美人民对波士顿爱国者的行动普遍表示支持。新英格兰地区的几个城镇在12月的茶叶危机期间或紧随其后，纷纷做出决议。马萨诸塞的莱克星顿和新罕布什尔的朴次茅斯分别于1773年12月13日和12月16日做出决议，既不接收也不销售茶叶——也许是担心英国东印度公司把货物转移到他们那里[4]。不过，这些城市同样把不进口英国商品作为响亮的政治声明，他们把茶叶等同于英国议会的税收，把喝茶等同于不爱自己的国家。例如，莱克星顿就做出决议，任何接收、购买或者出售英国东印度公司茶叶的人，都是"国家的敌人"，而且，如果任何"家庭成员"购买或者消费茶叶，此人"都会被视为这个城市的敌人，也是这个国家的敌人，而且会在这个城市中受到冷遇和鄙视"[5]。第二年初，罗得岛也举行了一系列类似的城镇会议。1月19日，普罗维登斯谴责"英国议会对运到北美的茶叶征税，就是对北美人民征税，是在未经这些人同意的情况下，向他们征税"。他们要求人们"哪怕是为了保留一点自由的火种，也要反抗这一统治北美殖民地的计划"。这个城市最终决定，"任何东印度公司的茶叶，或者任何人的茶叶，只要应缴关税或者上过关税，都不能在这里卸货或登岸"。普罗维登斯支持波士顿、费城以及纽约反对茶叶的斗争，同意敦促所有商人撤销他们可能已经发出的一切茶叶订单[6]。至少在这个时候，茶叶以及它的税收，还有对英国东印度公司垄断的怀疑，包括波士顿遭到的意料之中的报复，把北美人民团结在一起，大家一致谴责这种奢侈品。

然而，从这些决议中，很难看出众多北美社区强烈的情绪。受到波士顿爱国者行动的鼓舞，很多殖民地居民设计出自己的"抵制茶叶行动"，掀起了一连串的政治运动，从马萨诸塞一直延伸到南卡罗来纳。在投票反对购买和使用所有茶叶后，过了10天，"莱克星顿的爱国者把城里的所有茶叶都集中在一起，付之一炬"[7]。1773年12月31日，约翰·罗发现，马萨诸塞查尔斯镇的居民"搜罗了镇上能找到的所有茶叶，然后当着上千人的面，一把火烧掉"。同一天，一群人在多切斯特查获了半箱茶叶，他们认为这属于英国东印度公司首批运到北美代售的那些茶叶中的一部分。他们"把它带到波士顿公园，在晚上11点左右把它烧了"[8]。直到1774年，波士顿及其周边以及大西洋沿岸的所有茶叶都面临着被销毁的危险。1774年1月，在普林斯顿的新泽西学院①，查尔斯·克林顿·比蒂和一群斗志高昂的同学焚烧了"所有管家冬季存储的茶叶"，还烧掉了一座托马斯·哈钦森的雕像，以彰显他们的爱国热情[9]。

① 新泽西学院1896年改名普林斯顿大学。——译者注

尽管普林斯顿的抗议活动更像是一场大学生的恶作剧，但谴责茶叶的暴力活动有时会通过小镇委员会的个人政治秀表现出来——这些委员会都是10年前在监督反进口协议的执行情况时建立的。1774年1月，塞勒斯·鲍德温被三四个"自称查尔斯镇纠察委员会"的人拦了下来。他只得解释说，在发给他兄弟的一件包裹中，他塞了26磅武夷茶，"不是为了逃避检查，而是为了运输安全"，这群自封的委员会成员打碎了木桶，"把装茶叶的袋子"和其他一些东西"一起拿走了"[10]。部分在波士顿被倒到海里的茶叶被冲到普罗温斯敦的科德角的岸边。韦尔弗利特地方法官约翰·格里诺帮助茶叶承销商乔纳森·克拉克打捞他的货物，设法捞上来两箱。法官的兄弟戴维警告他，镇上的人"都反对这件事，这里的大人物对此似乎都很愤怒……不仅是茶叶，他们还会毁了你的房子还有其他东西，没有人会同情你"[11]。然而，格里诺没听他劝，他谴责"绝对的暴政和残暴的行径"，认为这背后都是"自由之子"在煽风点火，称他们是"一群隐藏在暗处的强盗和刺客"[12]。格里诺把一箱茶叶交给普罗温斯敦的斯蒂芬·阿特伍德，结果当天晚上，茶叶就被镇上的人销毁了。他把另一箱的部分茶叶交给伊斯特姆的威拉德·诺尔斯上校，但情况也好不到哪儿去[13]。当诺尔斯试图在伊斯特姆卖掉一部分受损茶叶时，"一些人打扮成时下最流行——或者说最邪恶——的样子，穿着印第安人的衣服，脸涂成黑色，但心里更黑"，试图给他涂柏油、沾羽毛。但他"听出一些人的声音，叫出他们的名字"，并请求他们不要伤害他[14]。似乎在所有的地方，人们都在谴责茶叶，认为消费茶叶是不爱国的行为。在北美殖民地大众的想象中，茶叶和卖茶叶的人都遭到了社会的唾弃[15]。

到了1774年春，波士顿倾茶事件造成的政治影响已经超出了新英格兰地区，扩散到北美的其他殖民地。许多社区既害怕《强制法案》的潜在影响，也害怕英国议会报复，他们联合起来反对英国的政策，茶叶成了明摆着的出气筒。1773年末，英国东印度公司运往纽约的茶叶滞留在了桑迪岬，纽约人迎来了第二次机会证明他们的爱国热情。1774年4月，钱伯斯船长刚在费城吃过闭门羹，又用伦敦号商船运了18箱茶叶抵达纽约。钱伯斯是"去年夏天首批拒绝装运东印度公司茶叶的人之一"，因此受到高度赞扬[16]。纽约检查委员会登上商船，检查装舱单。他们不仅发现了18箱茶叶，还发现船长私藏的20小箱上等熙春茶，但他"矢口否认"；不耐烦的群众把这些茶叶都粗暴地倒进了海里[17]。在马里兰的安纳波利斯，人们在一次引人注目的行动中，烧毁了"佩吉·斯图尔特号"货船，还有船上2320磅茶叶；在北卡罗来纳的伊登顿、弗吉尼亚的约克城以及南卡罗来纳的查尔斯顿，都发生了小规模的抗议购买茶叶活动。到1774年秋天，北美殖民地对英国商品尤其是茶叶的抵制已成定局[18]。

然而，北美人民需要把焚烧茶叶的热情转化为切实可行的政策。1774年9月，他们召开大陆会议，讨论如何统一回应英国对马萨诸塞殖民地的制裁。他们讨论的核心问题是《强制法案》对经济的影响以及管制进口会产生多大的效果。尽管大多数成员都支持在经济上进行某种形式的抗议，但并不是所有人都认为禁止进口（更不用说禁止北美的出口）会有效果。例如，约翰·亚当斯就赞成"通过一项决议，禁止所有茶叶进口，不管是荷兰茶叶还是英国茶叶"。但他担心禁止出口会让大多数美国人，特别是他在新英格兰地区的选民，失去他们自家种植的农产品的市场，并且切断与加勒比地区的联系。在传统上，他们总在那里出售鱼、黑麦、小麦或烟草。亚当斯在大陆会议上发问："人们能够忍受完全中断和西印度群岛的贸易吗？没有朗姆酒、食糖和糖蜜，他们还能活下去吗？这种急躁和烦恼难道不会导致这项措施失败吗？如果我们再像对茶叶那样，放弃葡萄酒、水果、糖蜜和食糖，那么我们的税收就会从根本上下降。[19]"换句话说，就像很多商人在几个月前担心的那样，亚当斯也担心，由于缺乏对外贸易导致税收下降，这对经济造成的伤害会比《波士顿港口法案》[①]本身造成的伤害更大。尽管如此，1774年10月中旬，大陆会议仍正式批准成立了大陆联盟。在英国议会解除对波士顿限制

---

①　《强制法案》的一部分，《波士顿港口法案》的内容：封锁波士顿海港，断绝波士顿的对外通商，直到英国东印度公司在波士顿倾茶事件中的损失得到赔偿。——译者注

之前，大陆联盟倡议完全切断与英国的贸易。考虑到在英国议会最近的法案中，隐含着对生命、自由和财产的威胁，大陆会议决定"忠实地执行这一抵制进口、抵制消费、抵制出口的协议，这会证明是最迅速、最有效、最和平的措施"。作为英国压迫的象征，茶叶占据了舞台的中心。大陆会议同意，从12月1日起，北美人民应该放弃购买任何英国的货物、产品或者商品。更具体地说，他们同意"不购买或使用任何由东印度公司进口的茶叶，或者任何已经或将要支付关税的茶叶"。从1775年3月1日开始，禁止使用或消费"任何东印度公司的茶叶"[20]。另一个政策引起的争议更多，那就是禁止北美地区向英国或者英属西印度群岛出口商品的政策。该政策从1775年9月10日开始执行，以便为商人、农民、制造商和发货人留出时间，为贸易中断做好准备。

考虑到北美殖民地过去10年反进口运动的成败参半，大陆会议担心人们是否能够遵守大陆联盟的要求。尽管北美人民已经习惯了反进口运动，但大陆会议仍然需要敦促他们"简朴、节俭和勤劳"。大陆联盟授权郡县以及地方乡镇委员会"监视所有受到本联盟注意的人的行为"。大陆会议呼吁各地的监视及检查委员会，"阻止一切铺张浪费，特别是所有赛马活动，以及各种赌博、斗鸡、展览、戏剧和其他昂贵的娱乐、消遣活动"[21]。此外，为了强制北美殖民地人民服从，各地委员会可以威胁公开那些不服从命令的消费者名字，让他们在大众面前丢脸。这些委员会改变了长期建立起来的商业自治模式，他们可以制定价格，管理罚没物品的销售，并对货物所有者进行补偿，但"如果有利润的话"，将用于缓解"波士顿贫困居民"因《强制法案》陷入的困境[22]。

北美殖民地各地委员会大权在握。他们特别留意商人，经常指责这些人自私自利。在大陆会议颁布法令后，在坎布里奇的马萨诸塞州议会迅速行动起来，任命一个委员会"起草一份决议，全面禁止使用东印度公司的茶叶"[23]。1774年10月下旬，这个委员会建议每个城镇和郡县禁止"东印度公司一切种类的茶叶，因为它是一种恶毒的媒介，会带来腐败堕落的政府，把专制和奴役强加在这个曾经幸福的国度上"，而且他们会公布"出售或者消费如此奢靡和非必要奢侈品"的人的名单[24]。马萨诸塞殖民地伍斯特市的斯蒂芬·索尔兹伯里试图在反进口运动中保持中立，但他感到了报复的利刃。随着遵守大陆联盟法令的最后期限逐渐临近，当地委员会成员内森·鲍德温提醒好友"索尔兹伯里"，伍斯特市抵制消费和抵制进口协议已经生效，"我们已经签字并且决心遵照执行"。鲍德温暗示索尔兹伯里与"贪婪的托利党进口商人"为伍，这些人都是利用"爱国商人取消自己商品订单"的机会牟利。他呼吁索尔兹伯里"为了咱们国家的利益"，暂停交易[25]。波士顿的乔纳森·阿莫里也抱怨说马萨诸塞州议会决定如果在1775年10月之前，"我们的权利仍未得到恢复"，他们将没收商人的库存。他抱怨说"城市选出了一个人数众多的委员会，至少有63个人"，这帮人查抄并储存包括他在内的所有商人的英国商品[26]。

在大陆会议成立大陆联盟之前，北美商人争先恐后地订购商品，他们试图在反进口的爱国主义强制要求和消费者对商品的需求之间取得平衡。1774年6月，在波士顿正式宣布抵制进口之前，塞缪尔·索尔兹伯里"给沃尔多先生下了一份订单，订购一些货物"[27]。同月，波士顿商人威廉·巴雷尔希望在逐渐逼近的最后期限前能够收到货物。他警告自己在伦敦的合作伙伴海利-霍普金斯公司（Hayley & Hopkins），"很可能在今年秋天，整个北美大陆会有一次"反进口行动；他请他们马上把他的货物发过来，不要拖延。他担心，哪怕"只比最后期限晚几个小时"，波士顿的"合规监督委员会"也会没收他的货物[28]。但在纽约和宾夕法尼亚，赶在反进口协议生效前匆忙订购商品的现象更为显著。1773年，纽约商人从英国进口了价值289215英镑的商品，大约是两年前的一半，略低于1772年。然而，在1774年，纽约商人的进口额增加到437938英镑。同样，费城商人在1773年进口了价值426449英镑的英国商品，只比前一年少了8万英镑，但在1774年，他们的支出增加到625653英镑。这些人都希望赶在大陆联盟可能设定的截止日期前完成进口[29]。即使在反进口协议执行后，即使由北美殖民地的爱国者组成的政府机构以没收和罚款作为处罚手段，但北美商人仍然通过各种方式接收货物。在新英格兰地区，"小商小贩的行为"破坏了马萨诸塞州议会制定的贸易禁运措施。他们通过罗得岛的纽波特或者马萨诸塞的马布尔黑德和塞勒姆这些较小的港口城市进口英国货物，并且抄小路"贩卖东印度公司的商品和茶叶以及各种欧洲制成品，和这个州良好、健康的法律背道而驰"[30]。

　　禁止出口是一项新政策，商人的利己主义倾向也影响了北美人民对这一政策的反应。北美商人忧心忡忡，他们预测，在1775年9月大陆联盟切断殖民地的农产品出口后，生意会严重受损。纽约和宾夕法尼亚的商人小心翼翼地维护他们在荷属西印度群岛的贸易网络，希望在将来和英国的农产品贸易下降后，能补上空缺。而且，当战争在1775年打响时，他们也希望让当地的合规监督委员会或者其他委员会看到，他们的确是爱国者。尽管如此，纽约商人在1775年还是向英国出口了价值187018英镑的货物，比前一年多了10万英镑；费城商人则出口了价值175963英镑的农产品，比前一年的两倍还多。换句话说，商人通过各种手段，比如调整伦敦订单的时间、加快出口速度、寻找新的贸易网络或者囤积货物，仍然找到了和大陆联盟合作或者绕过大陆联盟的方法[31]。

　　尽管在表面上，大家看到的都是销毁茶叶以及反进口、反消费和反出口的法令，但茶叶在美国独立战争时期的政治经济中的

作用很复杂。各种像扬医生或拉什医生那样对茶叶展开猛烈抨击
的小册子和宣传标语都警告人们，尽管喝茶看上去是一种无伤大
雅的享受，但有可能在政治上毁灭美国。波士顿倾茶事件似乎直
接导致了茶叶需求量的减少。但是，长期来看，华丽的辞藻和各
种决议并没有延缓茶叶的流通、销售和消费。在整个18世纪70年
代，商人仍然在订购并且出售茶叶，消费者仍然在寻找并且购买
茶叶。伦敦的塞缪尔·沃顿是北美消费趋势的敏锐观察者，他
估计在1773年北美殖民地的居民中（包括城市居民以及遥远边
疆地区的居民），有200万人每天喝茶，每年消费大约500万磅
茶叶[32]。然而，新英格兰地区的商人抱怨自己很难买到经过荷兰
人之手从纽约流入宾夕法尼亚和新泽西，并且从政治上可以接受
的茶叶，因此，即使爱国主义的激进分子要求大家遵守反进口
协议，但这些商人仍然不放弃和英国的贸易伙伴做生意。1771
年和1772年，波士顿合法进口的茶叶达到373077磅。1774年，
预计茶叶将会稀缺，新英格兰地区的商人订购了30161磅茶叶[33]。
事实上，至少在新英格兰地区和南部各殖民地，所有赶在对英
国商品实施禁运前最后一刻下的订单中，茶叶占了相当大的
比例。1774年，在大陆会议有效地切断供给之前，马里兰、
弗吉尼亚、卡罗来纳和佐治亚总共进口了39266磅英国茶叶
（见表5-1）。

表5-1　1765—1776年英国东印度公司再出口到
北美各殖民地的茶叶数量（单位：磅）

年份	新英格兰地区	纽约	宾夕法尼亚	马里兰、弗吉尼亚、卡罗来纳、佐治亚
1765	175389	226232	54538	65265
1766	118982	124464	60796	56087
1767	152435	177111	87741	62674
1768	291900	320214	174883	81795
1769	86004	4282	81729	54763
1770	85935	269	0	22425
1771	282857	1035	495	74766
1772	151784	530	128	111298
1773	206312	208385	208191	115520
1774	30161	1304	0	39266
1775	8005	0	0	0
1776	3472	0	0	0

注释：1773年的数据包括了英国东印度公司在12月被退回或销毁的茶叶。

资料来源：Great Britain, Board of Customs & Excise, Ledgers of Imports and Exports,1696–1780, in the Public Records Office, London, reels 39–48 (也称作"3号海关"). Great Britain, Public Records Office, Commissioners of Customs in America, Customs 16 America,1768–1772, in the Public Records Office, London, reel 1, 所计算的数据与上述地区数据有细微偏差；不过，关于茶叶进口情况的总体趋势是一致的。

1774年和1775年，在中大西洋地区，英国商品的进口基本停止了。这里的商人开始利用他们轻车熟路的走私网络购买茶叶和其他稀缺商品。和新英格兰地区以及南部殖民地不同，中大西洋地区更容易获得非英国出口的商品。费城和纽约的商人再次合作，利用各种备用渠道接收、销售和运输茶叶。例如，大量茶叶就通过像查尔斯·沃顿这样的批发商，从纽约的走私商人手中流进了费城。沃顿用各种大木桶、圆桶、箱子装运茶叶，送到当地店铺老板和商人的手中。1773年1月至1774年12月，他卖出了超过44000磅茶叶[34]。沃顿从18世纪60年代开始走私茶叶，他有时会和费城的其他商人合作，但大多数时候，他都是直接向纽约的供货商订货。纽约的供货商"通过新泽西的特伦顿"运送货物，用当地的小船将茶叶运到费城[35]。沃顿转售纽约的走私茶叶可以获得2.5%~5%的提成佣金。仅在1774年5月，他就为纽约商人约翰·范德比尔特、科尼利厄斯·西布林和约翰·西布林（John Sebring）、特尼克-希曼公司卖出了4批总共价值6000英镑的茶叶，赚到超过230英镑的佣金[36]。在1774年全年，沃顿的买卖兴隆，现金支付是他首选的付款方式。和沃顿同在费城的商人威廉·史密斯以前是他的同伙，他在和纽约人做生意的时候就没那么幸运了。1773年末，史密斯估计，一旦抵制英国东印度公司的运动切断了茶叶运输，需求就会高涨。他想利用这个机会大赚一笔。12月中旬，史密斯从纽约的默瑟-拉姆齐公司订购了1500磅茶叶。他发现，"我们这里的茶叶很少。将要或者说可能要到达的货物，在两周内就会卖光"[37]。不幸的是，很多有闲置资金的商人出于和史密斯同样的原因订购了茶叶。到1774年1月，费城已经被这种饮料淹没了[38]。茶叶的流通和销售从1774年底一直持续到1775年，只是在反进口和反消费协议的压力下变得有些复杂而已。对于这些走私商人来讲，当大陆联盟和他们的商业利益一致时，他们就支持它；但当抵制消费的条款竟然把矛头对准了他们投入巨资的从荷兰商人手里采购的茶叶时，他们就焦躁起来。例如，1774年，当那些大型干货进口商们逃离之时，纽约那些被称为"荷兰自由贸易商"的不太富裕的商人纷纷加入"自由之子"，并希望控制它。尽管如此，当纽约州议会和安全委员会在第二年试图禁止对所有茶叶的消费时，参与从荷兰贩入茶叶的走私商仍然要求在新的法令下获得豁免[39]。

1775—1776年，随着美国独立战争在马萨诸塞州爆发，新成立的政府机构小心翼翼地在商人群体的经济需要（他们有东西要卖）和消费者的购物需求之间腾挪。禁止出口政策让第二届大陆会议背上了沉重的包袱，它在强制执行商业管制方面遇到了很大困难。商人要求开放北美港口，实现自由贸易。大陆会议的一些成员老调重弹，又说起了奢侈品争论和早期反进口运动时要求人们克制的那些陈词滥调。例如，1775年夏，本杰明·富兰克林就敦促美国人民对外国"奢侈品和没有必要的商品"保持警惕。他相信，大范围的抵制对美国的战时经济有好处："到目前为止，中断我们的贸易后，每年可以节省四五百万（英镑），这些钱可以用在战争的开销上。[40]"然而，大陆会议在为这个新兴国家做出商业决策时，也开始考虑当地的经济和人们的消费习惯了。1775年秋，约翰·亚当斯接到任命，加入一个委员会调查纽约和费城商人对限制他们出售库存茶叶的投诉。过了不久，他开始疑惑，如果没有贸易，一个处于战争状态的美国能否维持下去。尽管他批评商业利己主义"唯利是图而且贪得无厌"，但他是个讲求实际的人，他担心商业禁运会加剧失业，甚至可能造成粮食短缺。他问其他代表："如果完全放弃贸易，我们能打下去吗？没有了贸易，我们能支撑货币的信用吗？[41]"

商人认为不能。1776年初，他们向大陆会议、亚当斯以及他的委员会施压，要求撤销限制茶叶销售和茶叶消费的政策。这标志着对于茶叶以及它在美国商业市场中的地位，人们的态度发生了微妙的变化[42]。到了2月，一些州政府就茶叶的销售和使用向大陆会议寻求指导。由于不知道下一步怎么走，该立法机构指示各地的相关委员会"在大陆会议下达进一步指令前，不要继续指责买卖茶叶和喝茶的人"[43]。1776年4月，大陆会议终于解除了出口禁令，开放美国港口用于贸易。禁止出口的政策非常不受欢迎，它切断了与西印度群岛的重要农产品贸易，同时也切断了对英国的出口。不仅如此，美国在战争中需要物资，也需要欧洲盟友的支持，获得这些最好的方法就是签署商业协定。大陆会议继续禁止进口"任何在大不列颠国王统治下的国家中种植、生产、制造或运出的货物"，但在缴纳美国关税后，允许"从世界上的其他地方向13个联合殖民地进口货物……东印度公司的茶叶除外"[44]。然而，人们并没有放弃茶叶。在大陆会议开放港口贸易的同一天，它任命了一个新委员会，成员包括罗伯特·莫里斯、约翰·杰伊和托马斯·麦基恩，来决定如何使用或者分销已经进入美国本土的茶叶[45]。这个委员会认为，1774年的大陆联盟没有给人们留出足够的时间出售或者消费手头的茶叶，这造成很多"热心支持美国事业的朋友"留下了大量的库存茶叶。这些爱国商人必将蒙受巨大损失，造成他们"不仅无力偿还债务以及维持家庭生活，而且无法全力以赴地为国家服务"。因此，这个委员会建议，除了英国东印度公司的进口茶叶（不包括战时私掠船抢夺的战利品），所有其他茶叶，特别是从荷属西印度群岛带回来的茶叶，都可以出售和使用。但是，大陆会议指定的这个委员会同样需要保护茶叶消费者的利益。他们要求各地方委员会限制武夷茶的售价，最高每磅6先令。他们谴责在茶叶上贪得无厌的人，说他们"是美国大业的敌人"[46]。康涅狄格州一位大陆会议的代表奥利弗·沃尔科特（Oliver Wolcott）松了一口气。他写信给妻子向她保证，"在几天之内（根据大陆会议的决议），在这个国家就会允许消费现存的茶叶了"[47]。

不难想见，在那些想控制商品售价和分销的商人也就是那些"热心支持美国事业的朋友"和大陆会议授权监督商业活动的各地委员会，以及试图从监管茶叶的再次销售中牟利的各州新政府之间，很快就会出现矛盾。当战争爆发时，茶叶商人抱怨的是第一届大陆联盟在实施限制措施之前，没有给他们足够的时间卖掉库存茶叶。而当大陆会议在1776年4月重新开放茶叶市场后，商人还是抱怨，这次他们针对的主要是地方委员会控制价格和限制囤货的权力[48]。大陆会议任命了一个委员会调查费城茶叶交易的情况。他们放弃了最初的指令，认为既然只有"那些冒着很大风险将商品带入城里的"商人才知道且有权制定价格，那么"委员会管制商品价格的权力应该被撤销"[49]。尽管如此，由于经济不景气以及大陆货币贬值，某种形式的干预还是必须的。1775年中，纽约州议会考虑如何利用茶叶帮助州政府偿还大陆军欠下的部分"巨额军费"。1775年7月，他们通知自己在大陆会议上的代表："我们的商人手里有大量从荷兰进口的茶叶，但不能销售。"因此，他们无法筹集现金购买战时需要的其他物资，比如"船用帆布、俄罗斯粗条纹布、平条纹布料、武器和弹药，所有这些对我们来说都是非常必要的，而且很容易从荷兰买到"。纽约州议会认识到，茶叶作为一种交换商品，易于运输和销售，可以为新成立的州政府提供所需的税收。但他们同时希望以"最不容易引起公众反感或者反对的方式"收税。大体上讲，纽约州的办法就是固定武夷茶和绿茶的价格，然后每磅征收1先令的税，这样"我们就可以从这种商品顽固的消费者那里收到一大笔钱"。纽约州政府警告大陆会议，无论禁止与否，茶叶都会流入纽约，只有通过管制和征税，"整个殖民地对它的普遍消费"才能为更大的利益服务[50]。

1776年全年，纽约州政府和当地的合规监督委员会都在调解商人和顾客之间因为囤货和哄抬物价产生的冲突。尽管偶尔受到一些抵制，但他们的努力促成茶叶回到美国。1776年夏，位于纽约州阿尔斯特县的新温莎地区安全委员会投诉乔纳森·劳伦斯的妻子以每磅8先令的价格出售茶叶，比大陆会议规定的限价高2先令[51]。8月，纽约市出现了同样的投诉；"由于武夷茶的价格经常高于大陆会议的限价"，所以那里的消费者"陷入极大的困境"。投诉者警告纽约州政府注意"日益增长的邪恶"，并要求他们迅速采取行动[52]。尽管纽约市的委员会仍然在口头上谴责茶叶是一种"毫无用处的草本植物"，但在他们口中所谓"日益增长的邪恶"是指茶叶重返消费市场还是指茶商的贪婪并不清楚。到了秋天，纽约州的安全委员会抱怨说当允许出售茶叶时，这些商人向州政府保证"他们愿意以原来的市场价出售手头的存货"，并承诺"用出售这些存货的收入进口保卫殖民地所必需的各种商品"。然而，纽约商人却对限价策略冷嘲热讽，说大陆会议前不久还谴责茶叶是不爱国的商品呢。而且，他们反过来威胁说要囤积茶叶，"直到人为短缺"迫使消费者只能"花大价钱"购买为止。纽约州的安全委员会对这些故意制造"人为短缺"的垄断商人怒不可遏。他们决定，"纽约州的任何人，不管是茶叶商人、店主还是其他人"只要持有25磅以上的武夷茶，都会被没收。纽约州政府会以每磅6先令的价格补偿商家，包括"每磅3便士的销售提成"。该委员会要确保茶叶能够大范围地、公平地卖给消费者[53]。

在囤积茶叶和哄抬物价这个问题上，纽约的军队补给商人也和茶叶商人发生了冲突。纽黑文的货运商人艾萨克·西尔斯是一位热心的爱国者，他为大陆军提供补给。1776年5月，他向乔治·华盛顿（George Washington）抱怨道，纽约商人威胁要把茶叶卖到"每磅1美元①"，而其他地方的商人已经开始以每磅8先令的价格出售茶叶，这让纽黑文的商人"拒绝出售茶叶，他们要等到看清纽约州政府打算怎么做再说"。西尔斯向华盛顿保证，他在纽黑文的39箱茶叶将以"小批量出售，每磅卖6先令纽约英镑②"。然而，他担心自己的茶叶会被人以更高的价格转手卖出[54]。同月，马车夫塞缪尔·沃德和科尼利厄斯·范·霍恩来

① https://founders.archives.gov/documents/Washington/03-04-02-0153 这里是美元，不是英镑。当时在纽约，1美元大概等于8先令https://encyclopedia.thefreedictionary.com/New+York+pound。当时大陆会议对茶叶的限价是每磅3/4美元，相当于6先令。——译者注

② 纽约英镑是纽约殖民地在1793年之前发行的殖民地货币，同面值的购买力大概比英镑低1/3。——译者注

到"特尼克—希曼公司的商店",为纽约的军队购买茶叶和补给。他们碰到的是另一位不愿出售茶叶的商人。这两个人后来抱怨说,店主小安德鲁·戈蒂埃要求他们"必须用硬通货,比如黄金白银购买茶叶,如果用大陆货币,他一盎司茶叶也不会卖给他们"。戈蒂埃的店员撒迦利亚斯·西可斯(Zacharias Sickles)辱骂这两个人,不卖给他们茶叶,还把他们轰出了商店。范·霍恩威胁说"要叫一帮兄弟来抢走茶叶",西可斯却回嘴说"如果他这么做,他会被一枪崩了的",范·霍恩只得放弃,用讥讽的口吻问:"马车夫应该去哪里弄到硬通货呢?我们为美国工作,拿到的就是纸币。"而他却几乎无法用这些货币"购买家里的生活必需品"[55]。照此推测,军队和州政府应该已经开始同意美国消费者的观点了。茶叶已经成为必需品,它的价格应该能让范·霍恩这样的普通士兵或者工人买得起。

在北美殖民地,关于茶叶价格和供应的争论贯穿了整个18世纪70年代中期。在把茶叶带回美国的过程中,消费者起到了至关重要的作用。特别是妇女,当看到货架上的英国商品被抢购一空时,她们表达了对进口的担忧以及对消费品的渴望。由于家庭用品大部分是妇女购买的,所以她们推动了市场,但也容易成为靶子,在反进口和反消费运动中受到那些呼吁克制的陈词滥调的攻击。1774年和1775年,在大陆联盟的影响下,激进的爱国者借口批评女性在面对奢侈品时所谓的软弱,谴责茶叶消费。1774年,在宾夕法尼亚的兰开斯特出版的《关于茶叶的布道》一书中，作者警告妇女，茶叶的3个英文字母TEA分别代表闲话（tattling）、奢侈（extravagance）和荒谬（absurdity），而且喝茶会导致诽谤中伤、无节制的生活和疾病，"比打开潘多拉盒子还糟糕"。所有这些疾病中，有一种疾病——歇斯底里症——是"女性特有的"，但喝茶甚至"会把男人变成女人，而把女人变成天晓得是什么"[56]。事实上，作者认为，对于女性来讲，喝茶对身体和精神造成的伤害可能比政治上的伤害更大。很浓的绿茶"会对神经产生强大的影响"，引起"颤动"，使女性丧失对异性的吸引力[57]。即使妇女们公开支持反进口运动，男人也能找出理由嘲笑或者质疑她们的动机。1774年夏末，北卡罗来纳州议会在新伯尔尼决定，"不消费，也不允许我们的家庭消费东印度公司的茶叶。"几个月后，伊登顿的"爱国妇女"颇为招摇地公开承诺，在《强制法案》废除前"不再固守喝茶的陋习"，也不会再穿任何英国生产的衣服[58]。但在绘画作品中，她们却被描绘成轻浮、善变的消费者，粗心大意，甚至有些颠三倒四，身边围着色眯眯的男人。在菲利普·道威的这幅《北卡罗来纳伊登顿的爱国妇女们》画中，屋子里乱成一锅粥，一个孩子坐在地板上，无人照看。不过，这些妇女也展示出她们政治上的敏锐，有人把茶叶罐里的茶叶倒掉，还有人在请愿书上签名。就连小孩子也怒气冲冲地把一些小茶具扔到地上，一条狗还在附近的一摞茶叶罐上撒尿（见图5-2）。

图5-2 《北卡罗来纳伊登顿的爱国妇女》，
菲利普·道威，1775年3月25日，伦敦

资料来源：美国国会图书馆（The Library of Congress）。

与此同时，对于反消费运动，美国妇女也表达了矛盾的情绪。这种情绪和她们在18世纪70年代中期的行动帮助茶叶回到了美国的商店和家庭。1775年初，费城的伊莉莎·法默感叹道，"人们严格执行反进口规定。过了这个月，既不能买茶叶也不能喝茶了。"她担心城镇委员会可能把她和她们家看作"美国的敌人"[59]。富有的年轻女性彼此鼓励，在她们的摘录簿中交流诗歌和散文，坚持抵制运动。1775年2月，米尔卡·玛莎·摩尔和她的朋友已经准备好"为了爱国者的荣誉做出牺牲",并且"为了身体健康不再喝茶"。为了纪念这一刻,她作了一首诗,其中用挑衅的口吻宣布:"让那些骄傲的富豪在风雨中颤抖吧,他们无法强迫我们吞咽。"尽管如此,在下一篇手稿中,摩尔对于放弃一种愉悦的享受以及日常社交礼仪的犹豫还是表现了出来。"女士们对着空空如也的茶罐哀叹,伤心地问,为什么所有恶意都指向茶叶?它离我那么近,我是那么爱它,我口干舌燥之时,是它让我焕发活力,我必须喝茶,否则我将死去。"摩尔的朋友"S.W."在摘录簿的空白处书加了一句批注:"唉!那些聪明、慷慨的绅士怎么能这么做?是谁让大陆会议如此残忍地对待所有女性,完全禁止她们喝到最心爱的饮料?在很大程度上,这不正是美国人大声抱怨的专制主义精神吗?"到1777年,摩尔转而公开赞扬茶叶,这反映了公众情绪的转变:"赞美你,茶叶。微风送来你的芬芳,让男人变得优雅,让女士变得端庄愉悦的智慧,温厚的心肠,环绕着你,只有医生和守财奴,才抱怨茶叶。[60]"

很明显,美国人对于干涉他们的经济以及政治活动的"专制主义精神"感到怒气冲冲。但是,在美国独立战争期间,更多的消费者尤其是妇女们并不谴责茶叶的销售和使用,他们要求的是按照公平的价格出售商品,并且惩罚那些自私自利的商人。在各地委员会和州政府力所不及的地方,妇女们直接采取行动,对付那些囤积居奇、高价出售茶叶和其他稀缺物资的商人。1776年8月，在纽约的菲什基尔，一群妇女抱怨雅各布斯·莱弗茨把他的茶叶卖到了"天价"。她们成立了自己的委员会，冲进他的商店，称重计量，并按照大陆会议规定的每磅6先令的价格出售茶叶。她们没有把卖出茶叶的钱交给莱弗茨，而是"打算把它交给县里的革命委员会"[61]。同月，纽约州金士顿市的安全委员会主席约翰·斯莱特记录说一群愤怒的妇女"包围了委员会的房间，说如果她们买不到茶叶，那么她们的丈夫和儿子就不会再去打仗了"[62]。1777年春天，一群妇女在纽约州的波基普西市附近，从彼得·梅西耶的商店里拿走茶叶，按照自己制定的价格卖掉了它们[63]。1777年7月，在纽约州的新温莎地区，詹姆斯·H·基普警告商人詹姆斯·考德威尔："留神女人！她们在这个地方聚众闹事，现在正以每磅6先令的价格卖掉你的一箱茶叶。"他似乎很惊讶"她们是怎么知道或者打听到消息的"，但她们的确缴获并且打开了箱子，迫使考德威尔不得不向安全委员会求援[64]。尽管纽约州的安全委员会不赞成"暴力和混乱的行动"，认为它们威胁到了私人财产，但委员会成员承认，她们是依据法律行事的；考德威尔只得向更高一级权力机构上诉[65]。总的来讲，1776年至1777年，仅在纽约州就发生了8次抗议茶叶价格过高或者人为造成茶叶短缺的暴动[66]。

在新英格兰地区和宾夕法尼亚州，政府监管、消费者的需求以及商人的切身利益之间，同样出现了剑拔弩张的状况。1776年6月，马萨诸塞州伍斯特县的通讯委员会、检查委员会以及安全委员会根据大陆会议的指示，决定惩罚那些以高于大陆会议的限价购买或者出售武夷茶的人[67]。1776年末，康涅狄格州饱受通货膨胀、税收、价格管制和物资短缺的困扰。该州立法机构担心"生活必需品和便利品的价格上涨太快，这都是由垄断商人一手造成的。他们是社会的蛀虫，把个人利益置于国家的利益和安全之上"。为此，康涅狄格州通过了一项法案，限制包括武夷茶在内的特定商品的价格[68]。费城的检查委员会同样重申，必须规范绿茶和武夷茶的销售。他们警告商人如果拒绝按限价出售茶叶，"可能会被当作国家的敌人"[69]。有人把关于奢侈品消费的批评完全颠倒了过来，他们现在谴责的是那些对外国进口商品要价过高的商人。事实上，尽管这些商人抱怨他们失去了自由交易的权利，但他们还是开始宣传自己遵纪守法了。阿特莫尔—海林斯公司向顾客保证在他们位于码头的商店里——栗树街过去的几个门脸房里出售荷兰烤箱、锅、水壶、红糖、糖蜜、法国白兰地、肉豆蔻，鲸脑和鲸油，而且肯定会以大陆会议限定的价格出售茶叶[70]。英格兰地区、纽约州和宾夕法尼亚州的消费者，尤其是女性消费者，明确表达了他们需要的是一种有道德底线的经济（或者说，至少是一种对过度剥夺贫苦人民以攫取利润的行为加以控制的经济）。他们从贪婪的商人手中缴获商品，向政府请愿，要求制定限价，并在认为有必要时采取公开行动[71]。

在美国独立战争期间，商人和他们的顾客之间就茶叶的价格和供应问题一直争吵不休。与此同时，商人的个人利益和消费者的习惯汇聚在一起，把茶叶重新带回了商店的货架。不仅如此，大陆会议采取恢复国外商业信贷以及扩大邦交为战争筹款的行动，同样促成了茶叶的回归。尽管有像罗伯特·莫里斯这样的个人，利用个人财富资助大陆军购买物资，但大陆会议也鼓励其他商人参与对外贸易。他们希望启动一个独立的经济生态，以增加财政收入[72]。1775年至1777年，大陆会议委托秘密通讯委员会（后来的外交事务委员会）和欧洲谈判通商条款。委员会授权其成员罗伯特·莫里斯、约翰·艾尔索普、弗朗西斯·刘易斯、菲利普·利文斯顿和塞拉斯·迪恩大量购买美国产品，运到邦交友好的欧洲港口（大不列颠及大不列颠群岛除外），以最好的价格出售，并许诺5%的提成佣金。出售这些商品获得的净收入则用于购买"该秘密通讯委员会指定的货物、产品或者商品"，并运回美国[73]。在这一商业外交中，法国的地位尤其重要。甚至在同意建立正式的军事同盟以及签署《美法友好通商条约》之前，秘密通讯委员会的成员就利用在加勒比地区和法国的联系，寻求帮助。罗伯特·莫里斯和他在费城的商业伙伴托马斯·威林购买滑膛枪和火药武装大陆军，而且他们发现，法国人热切希望向美国商人提供市场上的任何商品，以满足美国军队的需求。1776年1月，马赛的埃蒂安·德·卡塔兰向威林和莫里斯保证，除了他在法属圣多明各[①]岛用百慕大帆船运来的1000支滑膛枪外，他很容易就能为他们提供"想在这里能买到的任何物品，然后经由西印度群岛运给你们"[74]。

像威林和莫里斯这样资助战争的商人，将个人利益服务于更大的国家目标。同时，茶叶也提供了一个机会，使他们能以资助公共利益的名义追求个人财富。纽约商人利用早先建立的位于荷属西印度群岛的跨国网络，利用他们在美国独立战争前做走私商人时练就的本事，避开英国的封锁。1778年夏天，杰勒德·W.比克曼联系他在圣尤斯特歇斯岛和库拉索岛的贸易伙伴，这些人能为他提供在美国很稀缺但需求量很大的"各种各样的商品"。他对茶叶特别感兴趣，他告诉他的兄弟，他有一艘船在大埃格港被查获了，"但我有三艘船安全抵达了说定的地点，里面装着茶叶，还有其他货物"，卖了大约14000英镑[75]。由于茶叶的销售和价格不再受限，比克曼担心在战争后期每磅茶叶可能卖到超过4英镑。茶叶已经太值钱了，不能再冒险用马车运到纽约市场了[76]。事实上，在1779年末，比克曼损失了从弗吉尼亚和巴尔的摩运来的价值28000~30000英镑的茶叶，还有价值10000英镑的茶

---

① 法属圣多明各，今天的海地。——译者注

叶被英国没收了[77]。尽管如此，对比克曼来说，回报似乎大于风险，他继续通过荷兰的商业伙伴订购绿茶和武夷茶。到1780年夏天，他把他的茶叶都抵押成"西班牙汇票"①和"法国汇票"，或者干脆变成现金拿在手里，用来购买更多的茶叶或其他畅销商品[78]。比克曼以及其他美国商人，在跨国通商条约和非正式的商业网络的帮助下，对于恢复一个新兴独立国家的商品流通和信用体系，起到了至关重要的作用。

　　然而，在那些肩负着振兴美国商业的人们中间，仍然能听到对茶叶熟悉的批评。本杰明·富兰克林在独立战争时期是美国驻法国大使，他对茶叶需求重回美国可能引发的道德后果感到惋惜。1779年3月，富兰克林的甥孙、大陆会议前委员、住在法国南特的商人小乔纳森·威廉姆斯告诉他，他收到几份来自美国的货物订单。除了"家庭必需品"以外，超过一半的订单中都包含武夷茶[79]。富兰克林对美国人的消费行为感到震惊和羞愧，"因为美国现在急需的是衣物和自卫！[80]"在给乔赛亚·昆西一世的一封信中，富兰克林严厉斥责他的同胞把钱花在"没有必要的东西上"，尤其是茶叶。根据他的计算，在独立战争前，美国人每年要喝掉价值50万英镑的茶。他担心这些支出会继续"削弱我们的国

---

① 这个人认为以后茶叶价格要涨，所以把现有的茶叶都抵押出去，变成钱，再买更多的茶叶。——译者注

家，使我们的国家贫穷！[81]"然而，富兰克林对所谓的共和主义政治经济美德的赞扬，以及对美国人奢侈品消费的谴责，听起来没什么说服力，因为他自己并不拒绝任何奢侈品[82]。作为一个总是自相矛盾的人，他无论是在美国国内还是在法国完成外交使命时，都经常在下午一边喝茶一边招待朋友、情妇或者政治使节[83]。

尽管富兰克林虚伪地在道德上表达不满，但美国的茶叶订单在政治和经济上都有其意义。作为更大范围的外交姿态中的一部分，美国商人和政治领袖都希望重建与荷兰以及法国的贸易。例如，1779年10月，富兰克林警告大陆会议主席约翰·杰伊，如果"我们在荷兰的信贷水平过低，就没办法指望他们伸出援手"。事实上，他口中那些商人的"没有必要的东西"的订单，正是由"大陆会议的有息汇票"提供的资金。羽翼未丰的美国政府希望通过这种方式建立信用体系，然后通过商业市场获得经济上的独立[84]。然而，随着大陆币贬值，国外信贷变得更加稀缺。约翰·亚当斯公开寻求法国在商业上的支持，他担心在独立战争后期，由于美国汇票贬值，公众和外国商人可能对它的价值失去信心。1780年3月，大陆会议制订财政计划，贬值汇率。6月，亚当斯斥责法国外交部长夏尔·格拉维耶（韦尔热讷伯爵），说他的同胞从美国的贸易中获益颇多，现在却不愿意接受汇率贬值。他指出，食盐、亚麻、平纹织物、铁和妇女帽子等日用品的价格都对法国人有利。在他列出的单子上，第一个就是武夷茶，"在洛里昂和南特卖40苏（sou）一磅"①，而在美国的波士顿或者费城等港口城市，可能要卖到"45美元"[85]。

当根据美国《邦联条例》成立的政府努力建立一种稳固的国际商业信用模式时，新兴的各州也开始直接和欧洲国家签订自己的贸易协定了。1780年7月，宾夕法尼亚州授权他们大陆会议的一位代表，"大陆会议商业委员会前主席"詹姆斯·塞尔与任何有意愿的国家商谈一笔利息不超过5%的20万英镑的贷款。如果谈成，宾夕法尼亚行政委员会指示塞尔用这笔钱首先"购买布料和军需物品"，然后把剩余现金的四分之一交给州长和行政委员会。最重要的是，钱要花在"最有用以及利润最高的商品上，比如粗麻布和毛纺织品、帆布、平纹织物以及100箱武夷茶和25箱绿茶"，装在"荷兰船的底舱"，取道圣尤斯特歇斯岛运回美国[86]。和纽约州一样，宾夕法尼亚州也用这些商品包括茶叶为军队补充给养，同时出售这些商品获取利润，支付战争费用[87]。显然，新兴的美国各州不再担心奢侈品消费对道德造成的伤害。相反，他们希望利用消费者的需求，偿还日益增长的战争债务以及独立后的花销。

在美国独立战争期间以及战争刚刚结束后，美国人夹在几个理念之间，需要小心应对：一是把反消费运动视为自由的最后堡

① "苏"是法国当时硬币的名称。——译者注

垒的说辞，二是消费者在市场上的需求，三是按照自己的方式建立一个独立商业帝国的愿望。在地方政府和州政府内部，茶叶经常引起争论；同时，合规监督委员会和大陆会议也不断在商家和消费者之间就茶叶的销售、价格和使用进行调解。长期以来，美国人习惯饮用这种加糖的含咖啡因饮料，他们强烈要求以合理的价格买到茶叶；而商人由于市场受到战争和大陆会议法令的限制，试图人为操纵茶叶的供应，最大限度地抬高价格；州政府和大陆会议则希望通过出售茶叶或者向茶叶征税获得收入，来支付一场漫长而昂贵的战争。然而，美国东海岸的一些政治激进人士和作家仍然忘不了早期奢侈品争论中那些空洞的道德语言，他们把美国的新消费群体刻画成负面形象。1778年，历史学家戴维·拉姆齐写道："我们试图通过法律抑制奢侈品的增长，结果是徒劳的。"拉姆齐把美国人高高兴兴参与的消费革命和英国人的暴政等同起来，指责商人和时尚前沿的伦敦人诱使美国人"复制英国不良的生活方式——而我们正是从那里逃离的。因此，如果我们继续依赖他们，我们的节俭、勤劳和朴素的习俗就会消失，我们会迷失在类似英国人的奢侈、懒散和矫揉造作之中"[88]。只有在独立战争结束后，政治家才有机会再次推广有用的知识、艺术和科学，提升美国人的道德。有趣的是，拉姆齐展望了美国的未来，指出在全球商业中，美国将成为一个像英国一样重要的国家。在他想象的帝国中，"我们高大的橡树……将打造成战船，在海上乘风破浪，将美国的威名传遍世界"。有了这种新的"商船，各种气候、土壤下出产的货物都会运到这块独立的大陆上，丰富我们的生活。欧洲、亚洲和非洲的财富都会流向美国"。拉姆齐设想了一种不受限制的全球贸易，从本质上讲，自由贸易将为美国产品提供更好的价格，而且"比我们以前受制于英国垄断的任何时候"都更容易获得外国商品[89]。

独立战争结束时，大陆会议认为从欧洲、亚洲和非洲大量进口商品可以让美国获得更大的优势。大量的商品将重新平衡美国的贸易，并为政府运作提供财政收入。1780年12月，大陆会议敦促各州赋予它对进口商品征收关税的权力。尽管它建议各州议会通过立法限制"外国奢侈品的进口；把它作为一种有效的手段，鼓励勤俭，促进对美国有利的贸易平衡，并增加国家的财富"，但大陆会议也认识到，同样是这些奢侈品也可以提供急需的财政收入，偿还战后的巨额债务。事实上，大陆会议在1781年4月实施的进口税法案为各州提供了一个模板，"目的是赎回为支付公共开支而发行的信用票据"。在第一批列出来征税的商品中，包括马德拉酒、波特酒、朗姆酒、绿茶和武夷茶。为了回报大陆会议为各州带来的收入，各州允许大陆会议建立"海关并且任命官员征收上述关税"[90]。讽刺的是，正是由于茶叶重新回归以及对茶叶征税，美国才有可能在商业上独立。不仅如此，事实上，美国将要建立的商业体系多多少少就类似他们所憎恨的英国海关当局，因为它可以审查装仓单，它的代理人有权登船、检查、搜查和没收违禁品。

第六章　中国的茶叶和美国的商业独立

我们上次报道了哈莱特船长的单桅帆船"哈里奥特号"从好望角返抵。这件事一定在所有美国同胞的心中激起了幸福的涟漪，他们会由衷感激宇宙的最高统治者，在他的恩惠下，我们的商业得以摆脱过去的束缚，有希望扩展到世界的每一个角落。我们再也不用依靠英国这个中介了。那个腐朽的岛屿已经负债累累，很快就要走向灭亡。

——《宾州消息报》，1784年7月15日

1787年夏天，在费城召开的美利坚合众国制宪会议上，美国独立日纪念活动的主要演讲者詹姆斯·坎贝尔走上讲台，盛赞这个全新的国家及其经济前景。"我们国家的独立打开了同世界各地的贸易渠道，"他称赞道，"因此，不仅降低了进口商品的价格，而且增加了我们产品的价值。"和其他支持自由贸易①的人一样，他展望的是一个以商业为重点的外交关系，通过国际贸易传播美国的"文明美德"。打败英国不仅帮助美国获得了经济

———————————

① 坎贝尔所说的自由贸易是指不交关税的贸易。——译者注

独立，还帮它摆脱了"国家偏见"。坎贝尔接着说，"在我们眼中，不管人们的距离多么遥远，肤色或宗教信仰多么不同，整个人类都属于一个大家庭"[1]。然而，坎贝尔并不是在呼吁消除种族偏见或者宗教偏见，在他看来，这一新的联合体是打开全球市场的必要条件："中国、孟加拉和美国的居民在印度的海滩上相遇；而且，在商业的影响下，普世仁爱的责任中又多了一层利益的关联。"[2]他相信，美国自身的商业利益中包含着道德因素，所以在国外寻求利润是正当的。

坎贝尔和其他看好美国未来的人们预计，美国经济将迎来一个乐观时代。当时，英国正被英国东印度公司刚刚发生的丑闻和持续不断的暴行弄得焦头烂额，他们采取行动控制这家公司的权力，在1784年颁布了《皮特印度法案》①；而美国人则在憧憬一种欣欣向荣的经济，一种可以与亚洲以及整个世界进行自由、开放的贸易。1787年，政治调查学会在本杰明·富兰克林于费城的宅邸举行了会议。考虑到正在制定宪法，宾夕法尼亚州的代表、政治经济学家滕奇·考克斯在会上发表演讲，探讨商业和工业在新成立的美利坚合众国中的作用。考克斯提醒在场的听众："美国独立战争为我们开辟了一些新的、有价值的商业领域。"在他

---

① 也叫作《1784东印度公司法》，是英国议会颁布的一项法令，旨在解决1773年《管制法案》的缺点，将英国东印度公司置于英国政府的控制下。——译者注

的展望中，美国可以扩大与现在的商业盟友比如法国间的直接贸易，同时在俄国和亚洲寻找新的贸易伙伴，这样就可以用"一些印度的产品偿还欧洲的债务了"。通过这种方式，美国会成为主要托运人，负责运送进出欧洲西印度群岛以及南美殖民地的商品[3]。考克斯不久之后会在亚历山大·汉密尔顿手下担任财政部部长助理。他鼓励商业扩张以及直接贸易，主张不再像从前那样从英国购买商品，而是直接从产地国购买。在摆脱了英国的税收和商业限制后，美国将成为一个独立的商业国家，同时也是一个中转站，把亚洲的商品送到西半球。国家间自由、开放的贸易将开启一个新的外交时代，美国和欧洲将会和平地连接在一起[4]。

尽管如此，在美国早期的乐观情绪中也包含着一丝警惕，在塑造新的政治经济体系时，他们面临着如何平衡经济增长和商业安全的难题。例如，考克斯就认为，"只有不对贸易进行过度监管"，商业才会扩张；不过他也知道，为了利用"原有市场获得我们急需的物资"，需要有一个强大的联邦政府保护美国商人[5]。18世纪80年代和90年代，美国和亚洲之间出现了直接贸易，这对美国的消费政治产生了重大影响。人们对于自由贸易以及贸易保护主义在独立政治经济体系中的作用争论不休。各州以及美国领导人之间，包括商人之间，意见不一。在美国独立战争期间，个人利益是必须考虑的；私掠船上的商人冒着个人风险维持美国市场上的粮食、战争物资以及现金流的供应。但同时，他们非常规的贸易方式也威胁到了美国独立战争的成功，因为独立战争的成功需要为共同的事业做出牺牲[6]。那些囤积茶叶或者哄抬物价的商人受到大陆联盟和独立战争时期合规监督委员会的谴责和限制。随着美国独立战争接近尾声以及其国内经济陷入停滞，商人又开始寻找机会，进行自由贸易。他们首先恢复对西印度群岛的出口，接着又直接与亚洲进行贸易——许多令人向往的奢侈品就来自那里。这算不上什么新思路。正如考克斯暗示的那样，与亚洲直接贸易一直是美国商人梦寐以求的事情。从18世纪80年代中期开始，费城、纽约和新英格兰地区的商人就利用欧洲人在18世纪早期建立的西印度群岛的贸易网络，带着他们在这些市场中赚到的钱，踏进了印度和中国利润丰厚的商业市场。自由、开放贸易的理想开始于对英国重商主义垄断的鄙视，并在贩卖私茶的独立战争时期私掠船上商人的打磨下成长，最终促使美国人走出去，寻找平等进入外国市场的机会[7]。

然而，迫于国内政治和经济的需要，美国人不得不采用通常的商业政策，从不断扩大的海上贸易中获得财政收入并且保护美国的商业利益。独立战争后，重视个人利益的自由贸易以及为了税收对贸易进行监管成为政治争论的焦点，一直持续到制宪会议和1789年国会第一次会议上。最终，美国《宪法》赋予国会更大的权力，建立统一的关税体系，对各州的进出口商品设定各种关税标准；同时允许联邦政府征税，并且保护美国的海外利益。尽管如此，大多数商人还是希望商法能够更加鼓励企业家精神，而不是像英国那样，用重商主义的强硬手段进行监管。18世纪90年代，美国政府通过了最初的《关税法案》，设法在两者之间取得平衡。美国没有实施商业垄断，因为那样会限制人们进入商业领域，它的做法是采用差别关税（discriminating tariff）①，帮助所有美国商人和商船在和外国人竞争时获得优势。

这些争论以及政策的出台都是围绕着茶叶和对华贸易展开的。这是因为茶叶反映了全球市场对新兴美国的重要性，以及消费活动对政治经济体系的重要性。尽管在美国独立战争后，美国消费者陷入了经济衰退的泥沼，很难找到足够的现金购买奢侈品，但他们对茶叶的嗜好并未减弱。即使在美国独立战争期间，消费者也在购买、销售、交易茶叶，也渴望获得茶叶，当然也在喝茶。美国独立战争结束之后，美国人更加迷恋这种饮品。他们的口味已经不限于殖民地时期常见的红茶——武夷茶了，而是变得更加多样化。小种茶、工夫茶、熙春茶、熙春皮茶和白毫茶进入了美国家庭。茶叶经销商的队伍迅速壮大，他们彼此竞争，利用新的营销手段和包装吸引美国消费者。茶叶作为一种有市场需求的商品，影响了美国早期对于关税以及商务外交的争论。联邦

———————————

① 也叫"歧视性关税"，就是指对同一进口商品视其不同情况或不同来源国，按不同税率征收的关税。——译者注

政府以及各州政府背负着战争债务，他们希望利用美国消费者对茶叶的需求，对进口商品征收关税。到18世纪90年代初，茶叶的进口关税已成为新税收政策的基石。尽管在19世纪之前，没有几个商人能够成功地与中国进行直接贸易，但茶叶商人还是游说美国国会，要求出台对他们的贸易活动有利的税收政策。作为新兴国家未来商业潜力的象征，亚洲在美国的政治愿景中也发挥着巨大的作用。如果不依靠贸易垄断权的帮助，美国商人也可以在和英国东印度公司的竞争中占得优势，那么美国就可以摆脱经济上的依赖了。事实上，第一届美国国会就明确规定对茶叶征收差别关税。这些关税对美国商人有利，对非美国的进口商不利。他们以此保护美国商人的利益，鼓励他们直接与中国进行贸易。

美国独立战争之后，美国人试图让经济重新走上正轨。当时，无论是国家还是个人都债务缠身，货币和信贷供应短缺。尽管一些商业市场，比如费城的干货市场，在法国贸易伙伴的帮助下短暂地恢复了一段时间，但在18世纪80年代，商业形势反复无常，特别是在独立战争的最后几年和恢复和平的头几年里，只有短暂的经济繁荣，紧接着却是大面积的萧条和破产。例如，亨利·德林克曾经是亚伯·詹姆斯非常成功的合作伙伴，结果在房地产投机中损失了大部分财富，费城的另一些公司则随着1783—1787年这个城市的进口业务萧条而倒闭。18世纪80年代，费城有68家公司倒闭，城市商户名录中记录的企业数量不断下降[8]。信贷危机不仅损害了城里的商业公司，也伤害了宾夕法尼亚的普通农民。他们或是无力缴税，或是无法提供能够出售的农产品，不得不忍受一连串取消抵押品赎回权的打击[9]。同样，纽约的市场也不稳定。在跨国贸易伙伴的帮助下，这里的货物可以进出西印度群岛，然而，在战争结束时，英国供货商撤出了纽约，而且英国政府禁止他们在加勒比地区和美国公民做生意，这迫使美国商人不得不去寻找荷兰、法国和西班牙的贸易渠道[10]。而在战时私掠船方面表现出色的新英格兰地区，在重振信贷市场和海外运输方面却比不上费城和纽约。他们的渔业和农业遭到破坏，粮食贸易恢复缓慢。许多富商在战争期间随英国军队逃到了哈利法克斯，在经济上留下了一个烂摊子。围绕着债务和缺乏流动性等问题，经济环境令人担心。它为18世纪80年代早期美国人在商业上的乐观情绪蒙上了一层阴影[11]。

英国仍然认为自己是美国市场的主要参与者，他们希望在《巴黎条约》①签署后迅速恢复大西洋两岸的信贷和商业联系。然而，英国并不愿意接受美国在商业上的独立，这造成了外交关

---

① 《巴黎条约》是1783年9月3日，美国与英国在巴黎签署的和平条约。1775年美国独立战争爆发后，北美殖民地与英国战争期间利用欧洲国家与英国的矛盾，同法国、西班牙和荷兰结成联盟并争取俄国武装中立。英国在军事和外交上的失败，遭受国内反对派的攻击。在约克城惨败后英国与美国谈判。英国托利党内阁下台，辉格党执政，促成巴黎和谈。——译者注

系上的紧张。尽管谢尔本首相①相信自由贸易原则，但他在1782年代表英国参加巴黎谈判时所签订的战后初步贸易协定却是模棱两可。美国人希望取消《航海法案》，恢复他们以往的特权，自由进出所有的英国港口，并把以前的贸易模式正常化，而英国人则希望重新获得"北美殖民地"的商品，用来和法属加勒比地区的产品竞争。但是，到了1783年，随着谢尔本不再担任英国首相，英国议会禁止美国船只驶入英国殖民地，不能在英属加勒比地区的港口停靠。这威胁到了美国的粮食贸易[12]。英国最担心的是美国这些个体商人可能买卖进口奢侈品和他们竞争。一位英国评论家推测，如果允许一些美国贸易商"进入西印度群岛的港口"，那么其他人也会去那里挣钱，他们会在欧洲的供货商和英国的消费者之间进行自由贸易。除非英国议会采取措施禁止美国同英属西印度群岛进行贸易，否则，美国人就会向西印度群岛的种植园主提供法国的丝绸、荷兰的杂货和德国的亚麻制品和英国的制造业竞争[13]。归根结底，美国的自由贸易让英国很担心。

尽管像约翰·亚当斯这样的美国外交官希望恢复"美国同英属西印度群岛之间的往来"，但美国商人估计，美国对英国贸易的重要性也许大于英国对美国商业繁荣的重要性[14]。英国商人迫

---

① 谢尔本伯爵二世威廉·佩蒂·莫里斯（1737—1805），乔治三世时期的英国首相（1782年7月—1783年4月）。——译者注

切希望美国的贸易伙伴偿还债务。他们相信，美国人急需宽松、直接的信贷以及稳定的农产品市场，重新和原有的贸易伙伴做生意是他们最稳妥的选择。在1782年11月的同一个星期里，费城的理查德·沃恩收到了两封几乎相同的信件，一封来自大卫·巴克利—约翰·巴克利公司①，一封来自哈福德—鲍威尔公司。两封信开头都用招徕生意的口气说了一些"与你们大陆恢复贸易的美好前景"以及"恢复和平时期的幸福时光"之类的话，然后这两家伦敦公司很快转入正题。巴克利公司提供了一份详细的账单，要求沃恩支付近400英镑的欠款。他们希望这位商人能"抓住最早的机会，还清欠款"[15]。同样，哈福德—鲍威尔公司也要求沃恩重新查看"我方于1776年6月11日信函上"的所列债款并立即支付，同时"敬请留意贵方在本公司账户上的清算事宜"[16]。

　　然而，许多美国人希望避开英国的债主。他们转向荷属、法属和西班牙的西印度群岛殖民地寻找替代市场。从18世纪中期开始，圣尤斯特歇斯岛对美国的走私商人来讲就很重要，如今这里继续为美国人提供更便宜、更方便的消费品。18世纪80年代，纽约商人詹姆斯·比克曼和他的兄弟杰勒德·W.比克曼经常从圣尤斯特歇斯岛以及阿姆斯特丹直接订购商品，尤其是茶叶[17]。《南卡罗来纳公报及大众广告》向他们的读者保证，"我们的

---

① 此公司应是第二章那个大卫巴克利父子公司发展来的。——译者注

独立"会让荷兰人心甘情愿地奉上各款马德拉酒、法国白兰地、爱尔兰亚麻、丝绸、花边、糖和香料，用来交换造船的木料、干鳕鱼、烟草、焦油或松节油；而在葡萄牙里斯本的商人可以提供"茶叶，价格比英国便宜得多"[18]。在美国独立战争期间，西班牙的西印度群岛殖民地也是美国的一个重要出口市场。18世纪80年代初，罗伯特·莫里斯等费城商人转向古巴的哈瓦那，希望从这里获得硬通货。这里有西班牙银圆[①]，可以用来购买战争物资和发放军饷。同时古巴也购买宾夕法尼亚的面粉，并试探性地开始与美国进行粮食贸易。这一过程至少持续到1785年，直到进入西班牙在北美大陆上的港口被严格限制为止[19][②]。总之，新独立的美国十分依赖与加勒比群岛的贸易，这是美国商品和自然资源的出口。

法国尤其欢迎美国人抛弃旧日英国贸易伙伴的意愿。在《巴黎条约》签订后的一两年内，外交官通过谈判成功地让美国商船可以进入法属加勒比地区以及法国大西洋沿岸的几个自由港。为了促进贸易，法国国王允许敦刻尔克、马赛、洛里昂、巴约讷、圣让德吕兹等港口"可以自由接收所有国家的船只和货物，并且出口各种产品和货物"[20]。一位来自法国南部朗格多克省的记者

---

① 西班牙银圆在18世纪末广泛适用于欧洲、美洲、亚洲部分地区，是历史上第一种国际通货。当时1美元大概相当于1西班牙银圆。——译者注

② 可能指的是1784年西班牙关闭新奥尔良港口的事情。——译者注

坚持认为，"从印度和中国进口的每一种商品在洛里昂都堆积如山；美国人总能在那里买到各式各样的亚麻制品、丝绸、细棉布、咖啡、茶叶、胡椒和瓷器。它们的价格、信用或折扣，都和英国人能给出的一样。[21]"1784年，在美国国会外交委员会成员托马斯·杰斐逊、本杰明·富兰克林和约翰·亚当斯抵达法国后，法国扩充了和美国的商业协议，把毛里求斯群岛（也称法兰西岛）囊括进来，可以在那里自由交换货物。这样，美国人无须长途跋涉到亚洲就可以买到东印度群岛的商品了，这离他们与中国进行直接贸易的抱负又近了一步[22]。许多美国商人都有同感，认为法国的港口更好。在独立战争即将结束时，波士顿的阿莫里兄弟试图恢复他们的生意。乔纳森写信给在战争初期逃到伦敦的约翰说，他认为"从法国发船比从荷兰好"，因为比起大西洋上的其他港口来，北海的风险更大。更重要的是，荷兰茶叶的价格据说比法国的高[23]。尽管如此，法国还是限制从美国进口那些法国商人无法供应本国的商品。完全的商业平等很难做到[24]。

无论是回到熟悉的大西洋市场比如里斯本和圣尤斯特歇斯岛，还是进入新的港口比如古巴的哈瓦那或洛里昂，美国商人都很欢迎，因为这些都是美国商品重要的出口港。然而，美国人的商业愿景是覆盖全球，他们从来没有局限在大西洋上。美国商人不久就直接进入亚洲市场购买所需的奢侈品了。这样做不仅可以恢复美国的经济，而且可以确保美国在商业上独立。在伦敦，约翰·亚当斯预测亚洲的经济前景光明，和它们的商业往来将确保美国成为"崛起的帝国"，而且反过来，还可以刺激美国国内的制造业和农业产量。亚当斯担心英国计划恢复《航海法案》，以老大自居，企图控制美国，同时也担心法国试图削弱美国的自由贸易。因此，亚当斯主张美国人应该走自己的路，这是他自18世纪70年代以来的一贯主张。1785年11月，他对美国外交部部长约翰·杰伊说："对美国商人而言最好的建议就是，尽快把他们的商业活动推进到东印度群岛，越快越好，越远越好。"他特别提到烟草、毛皮和西洋参"在中国市场很受欢迎"，于是将美国丰富的自然资源与对外贸易联系了起来[25]。亚当斯知道，直接和外国进行贸易在外交上也有好处。美国商人在亚洲的存在意味着美国的力量可以用来向英国或者法国施压，达成对美国有利的协议。当首次前往亚洲的冒险之旅将从纽约市启程的消息传开时，自豪的美国人交相庆贺，"仿佛看到了港口里云集着无数条大船。这是多么令人愉悦的场景"。在经历了一场漫长而艰苦的战争之后，许多人相信，美国和东印度群岛的贸易即使不是潜在的"新财富来源"，也是一种民族自豪感的来源[26]。威廉·格雷森是弗吉尼亚州的一位参议员，住在纽约——当时是国会所在地。他说，"在广州，我们国家的人和其他国家的人一样，受到尊重和礼遇。我的观点就是贸易可以带来极大的好处"[27]。

　　事实上，考虑到刚过去不久的战争、商业中断以及信贷上的限制，美国人的行动还是很快的，他们在18世纪80年代中期就开始与亚洲进行直接贸易了。尽管事实证明，对于美国的商品而言，西印度群岛是更好的市场，但在全球市场中和对手竞争，是第一代美国对华贸易的商人走出去的动力。利用新英格兰地区的造船技术和中大西洋地区的资金，美国商人建造或者从外国购买适合长途航行的船只。起初，贸易商回到西印度群岛熟悉的商业网络，购买东印度群岛的商品。但这里新增加的几个港口，让他们离亚洲的距离更近了。好望角和毛里求斯群岛成为美国商品的早期试验场，人们要看看烟草、面粉、黄油、鳕鱼干、远航补给品以及牛肉是不是有市场[28]。波士顿的单桅帆船"哈里奥特号"在1783年末，以及马萨诸塞州塞勒姆市建造的"大特克号"在1784年末，都开始了第一次远航。这两艘船上的船员和船长都有在美国独立战争时期私掠商船以及和西印度群岛进行贸易的经验。"哈里奥特号"的船长哈莱特本来打算向东走得再远一点，但在别人的劝说下，他在好望角把船上的美国西洋参卖给了英国商人，换回了熙春茶[29]。而伊莱亚斯·哈斯克特·德比的"大特克号"是一艘全副武装、重达300吨的商船。他们没那么幸运，没能在好望角把船上的货物——西印度群岛的朗姆酒、糖和弗吉尼亚的烟草卖给荷兰人。不过，他们设法在南大西洋的圣赫勒拿岛换回了价值3000英镑的熙春茶。船长回到法属加勒比群岛，又用茶叶换回更多的朗姆酒，回到塞勒姆的时候小赚了一笔[30]。

对于一些早期去中国的贸易商来说，能不能赚到钱全看运气，但他们中有不少人把自己在中国的经历转化为公共外交的努力——在对外贸易的国际社会中赢得尊重。在哈莱特航行后不到一年①，费城的罗伯特·莫里斯和纽约的丹尼尔·帕克公司共同出资在巴尔的摩建造的"中国皇后号"完成了第一次中美直航，总共耗资11.9万美元[31]。1784年8月，当这艘船抵达广州时，受到了法国人和葡萄牙人的欢迎。塞缪尔·肖是这艘船雇佣的货监，他坚持认为，在人们眼中，美国是一个平等的贸易伙伴。他在日记中写道，中国商人、政府官员和其他欧洲商人"无论从哪方面看，都把我们视为一个自由、独立的国家。中国人对我们非常宽容，很高兴看到一个新的国家，看到在他们广袤的帝国中，又加入了一股新的商业力量"[32]。从1784年到1790年，总共有41艘美国商船驶抵广州进行贸易；有些船，比如"中国皇后号"，造访了多次。在下一个10年中（1791—1800年），又有166艘美国商船直接去到中国。进入19世纪，美国人使用更小、更轻便的商船，船员数量减到最少，在亚洲贸易中成为英国东印度公司强劲的竞争对手[33]。

尽管经验丰富的"中国通"越来越多，商业公司的经验也越来越多，但美国人和他们的欧洲前辈一样，也在努力寻找能够

---

① 哈莱特于1784年7月回到美国，皇后号是1785年5月到美国。——译者注

取代硬通货作为交换媒介的商品。最初，按照约翰·亚当斯的建议，既然中国人认为人参很珍贵，具有很高的药用价值，于是美国人就把西洋参带到广州。一位报纸编辑建议国会"鼓励种植并适当加工人参，要防止它们（上了我们自己的船后）出口到中国以外的国家去"。他希望美国商人"很快就能在没有钱币的帮助下，换回每一种必需的东方商品"，并从"这种利润丰厚的贸易"中获利[34]。事实上，从1783年开始，美国的许多商店老板就接受以西洋参作为代币，有人甚至购买西洋参，转手在中国出售[35]。然而，西洋参很快就充斥了亚洲市场。1784年，"中国皇后号"的事务长约翰·怀特·斯威夫特担心船上货物中的"人参太多了。一点上好的人参就能带来巨大的利润，但在这里做生意的所有欧洲国家都带来这种商品，而且不幸的是，今年带来的是往年的十倍之多"[36]。到了1786年，中国商人和其他欧洲贸易商都抱怨说，美国人让西洋参价格一落千丈，那些还持有西洋参的人都破产了[37]。英国商人也抱怨说，自从"中国皇后号"来了以后，西洋参多得"卖不出去"。到18世纪80年代末，在广州的美国商人不得不亏本出售他们的西洋参[38]。

随着西洋参市场崩溃，商人转向了另一种在北美十分富饶的物产——动物毛皮，打算为早期的中国贸易提供资金，但结果不尽如人意。在广州的美国代理商用中国的贸易前景忽悠美国商人，说他们的毛皮能在中国卖上好价钱。"中国皇后号"的货监塞缪尔·肖和纽约的托马斯·兰德尔合作，是最早一批在中国建立常驻公司的美国人。他们向潜在的客户和投资人保证，依靠他们两次远航到中国的经验以及肖在广州常驻的优势，他们可以"以最有利的方式处理任何商船的生意"[39]。作为美国驻中国领事（1786—1789年）以及经验丰富的贸易商，肖似乎在与中国商人建立工作关系方面、在广州准备必要文件时聘请翻译、领航员和保荐人方面，具有不可替代的地位。例如，1789年末，"哥伦比亚号"和"华盛顿号"的船东约瑟夫·巴雷尔公司就向肖和兰德尔寻求帮助，要求卖掉船上的毛皮并购买返程货物。然而，"哥伦比亚号"在出售货物时遇到的麻烦比预计得要多。罗伯特·格雷船长带着水獭皮从太平洋西北海岸和三明治群岛（Sandwich Islands）[①]到中国。首先，他没有听从肖和兰德尔的建议——他们强烈建议他要么在到达广州之前在澳门把毛皮卖出去，要么把货物藏起来别被当地官员发现，避免缴纳必要的关税。结果，格雷船长和货监理查德·豪在广州找不到买主出手他们的"700张质量平庸的毛皮和300张小毛皮"[40]。肖和兰德尔向约瑟夫·巴雷尔公司保证，他们将尽一切努力让这艘船满载而归。但由于缺乏资金，除了购买600箱普通武夷茶外，他们别无选择[41]。中国官员拒绝批准该船靠岸，又耽误了一些时间。当格

———————

① 就是现在的夏威夷群岛。——译者注

雷的同胞约翰·肯德里克船长驾驶着"华盛顿号"于1790年1月末抵达时，在为他的美国毛皮寻找市场中面临着更大的困难。由于无法离开澳门，肯德里克只好向格雷和豪求助，"除非卖掉毛皮，否则我没有任何必要的手段或现金购买货物"[42]。美国船员要么准备不足，要么对中国市场缺乏了解；这让肖和兰德尔十分恼火，拒绝提供进一步帮助。他们写信给船东约瑟夫·巴雷尔说："我们已尽力为这次返航买了一船的武夷茶，条款和其他美国商船的条款一样"。但那时他们已经借了一大笔现金给船员和代理商，而且完全无法保证这些"皮货"在广州能找到买主[43]。

在19世纪之前，美国商人去中国开拓市场并非一帆风顺。事实证明，西洋参、檀香和水獭皮是不可靠、不受欢迎的商品。就像之前英国东印度公司以及其他在广州的外国商人一样，美国商人不得不用真金白银来购买他们的货物。甚至在美国商人第一次航行到中国时，他们就意识到了和亚洲贸易的局限；"中国皇后号"的乘务长约翰·怀特·斯威夫特开玩笑似的故意写道，最好的货物是"一些焦油、一些人参、一些葡萄酒和很多很多的钱"[44]。在18世纪末，美国商人在中国购买的商品中，大约有三分之二是用银币支付的[45]。事实上，美国在加勒比地区内部以及南美新港口的商业扩张，让他们用西班牙银圆支付在亚洲的贸易成为可能[46]。那些在中国陷入困境的美国商人从肖和兰德尔那里借来钱，也都是西班牙银圆。尽管"哥伦比亚号"和"华盛顿号"在1790年很难卖掉所有的毛皮，但船主仍然要支付给公行商人潘启官（Piqua）①服务费3386西班牙银圆，还要送给当地海关官员礼物，付给翻译216西班牙银圆，还有额外的44西班牙银圆作为他的交通费。这批货物最终在广州以21400西班牙银圆卖出。中国这边的代理商肖和兰德尔收取了1605西班牙银圆的佣金。在出售货物、支付佣金并且刨去"加工厂的费用"后，还剩11241.57西班牙银圆。"哥伦比亚号"用这笔钱购买了一批武夷茶返航。而肖和兰德尔保留了足够的现金，可以向其他抵达中国的美国商人提供额外的贷款[47]。

尽管并不总能赚到钱，但银圆联系起了大西洋的贸易网络和新的亚洲市场，使美国商人得以参与到充满活力的全球经济当中来。而且，尽管美国商人一开始行差踏错或者遇到困难，没有找到用来交换的商品，但他们仍然一次又一次地回到中国，购买一种重要的家庭消费品——茶叶。"美国居民必须喝茶，"18世纪80年代，据说塞缪尔·肖曾这样说过，"随着我国人口增加，对茶叶的消费必然增加……而这个国家原本没什么用的山林物产，可以在很大程度上换来这种优雅的奢侈品。[48]"在1784—1785年的销售季，只有两艘美国商船直接航行到中国，但他们却带回

---

① "qua"是商行的"官名"，公行在1790年"P"开头的只有潘启官（Puankhequa），1790年的当家人应该是潘绍光（也叫潘有度），原文或有误。——译者注

了880100磅茶叶。仅"中国皇后号"就运回了327918磅武夷茶和小种茶以及74915磅绿茶。从这些商品中，罗伯特·莫里斯和丹尼尔·帕克赚取了25%的利润[49]。在接下来的10年里，美国商人直接从中国购买了海量的茶叶，平均每年超过100万磅（见表6-1）。美国商人指示他们在广州的代理人大量购买茶叶。"大特克号"的货监在1786年11月第二次到达中国时，通知塞勒姆的投资人伊莱亚斯·哈斯克特·德比，他们将带着精美的瓷茶杯和茶碟，以及价值21000西班牙银圆①的武夷茶、熙春茶、松萝茶和工夫茶回到美国[50]。1787年，约瑟夫·巴雷尔指示第一次前往中国的格雷船长和肯德里克船长，如果有必要，可以卖掉他们的船和小单桅帆船，用以购买上等的熙春茶[51]。即使在西洋参市场跌至谷底的时候，货监仍然在想方设法购买茶叶。德比的4艘船——"阿斯特里亚号""大西洋号""轻骑兵号"和"三姐妹号"——携带西洋参于1789年抵达广州。买主的出价让他们失望，于是货监卖出了两艘船，净得94000银圆，剩下的两艘船"阿斯特里亚号"和"轻骑兵号"载着728871磅茶叶返航了[52]。进入18世纪90年代，在大多数往返中美的商船上，茶叶都至少占了货值的一半[53]。

---

① 依然没有翻成美元，那段时期的"美元"应该是大陆会议的美元，用来贸易的仍应该是西班牙银圆。——译者注

表6-1 美国商船进口的中国茶叶数量（单位：磅）

日期	米尔本（Milburn）的数据	当斯（Downs）/皮特金（Pitkin）的数据
1784—1785	880100	—
1785—1786	695000	—
1786—1787	1181860	—
1787—1788	750900	—
1788—1789	1188800	—
1789—1790	3093200	—
1790—1791	743100	3047242
1791—1792	1863200	985997
1792—1793	1538400	2614008
1793—1794	1974130	2009509
1794—1795	1438270	2460914

注释：表格中画横线的数据缺失。

资料来源： William Milburn, *Oriental Commerce* (London: Black, Parry, 1813),2:486. Jacques M. Downs, *The Golden Ghetto: The American Commercial Community at Canton and the Shaping of American China Policy, 1784–1844* (Bethlehem, PA: Lehigh University Press, 1997), 353, 该书基于下列著作提供了自1790年以后的另外一套数据： Timothy Pitkin, *A Statistical View of the Commerce of the United States of America* (Hartford, CT, 1835), 246–247, 这本书的数据扣减了再出口茶叶的部分，也许更准确地反映了美国国内的消费。无论是不是扣减，在下列著作中，作者认为到1800年以前，美国商人购买的茶叶很少再出口到欧洲： James Fichter, *So Great a Profit: How the East Indies Trade Transformed Anglo-American Capitalism* (Cambridge, MA: Harvard University Press, 2010), 88。

在18世纪80年代和90年代，美国人并不只是简单地扩大茶叶的进口数量，美国国内的茶叶市场以及茶叶品种也都得到了扩展。18世纪80年代后期，当美国的消费者可以较容易地买到茶叶后，茶叶的消费达到在某些情况下甚至超过了美国独立战争前的估算数量。18世纪70年代，塞缪尔·沃顿估计，美国人每人每年消费2磅茶叶，而在18世纪90年代，一个典型的美国家庭每年要消费4磅~5磅茶叶。波士顿的商人大卫·S. 格里诺仔细记录了他们家在1787~1789年的消费，他一共购买了16磅不同品种的茶叶。在接下来的4年里（1790—1793年），他们家购买了18磅的茶叶[54]。在独立战争后，美国消费者对茶叶的品位也变得更加讲究。到18世纪晚期，美国人开始放弃大众化的武夷茶（普通的红茶），而是饮用口感更加丰富的茶叶。小种茶、白毫茶和工夫茶，以及各种绿茶，比如熙春茶、雨前茶、松萝茶、珠茶和茶饼，都可以卖到更高的价格。美国人对茶叶品位的提升，部分原因是受到美国商人的影响，他们开创了诸多茶叶的评估技术和营销技巧。美国商人在鉴别茶叶品质方面是专家，他们聘请的货监不仅要有在广州谈生意的经验，还要能分辨各种茶叶的优劣。塞缪尔·索尔兹伯里征询顾客的反馈意见，然后决定在波士顿和伍斯特的商店里卖哪种茶叶。在1785年10月写信给他兄弟斯蒂芬的信中说："我现在发给你的这箱茶叶是很受欢迎的。"他拒绝上架一种便宜的茶叶，因为"顾客不喜欢"[55]。

认识到消费者的口味变得更挑剔以后，商人开始在报纸做广告，给商品做包装，试图以此将自己的茶叶与竞争对手的区分开来。在独立战争后的一段时间里，人们在这些技巧上花费了很多心思。商人还要与公开拍卖的商品竞争，这些拍卖通常都是以极低的折扣大批量出售商品。商人们会用印刷体字母或者更大的字体来强调最受欢迎的商品，吸引顾客的目光。1789年，约瑟夫·皮尔斯在波士顿做广告说"他的商品都是原装进口的，质量对得起这个价格"，这是在向顾客保证自己的茶叶物有所值。他在国王街的商店中卖的是"沁人心脾的熙春茶和小种茶，罐装、散装均有销售，还有顶级的武夷茶"[56]。在《宾州消息报及每日广告》的头版上，商人不停地告诉消费者，哪里有"进口的、顶级的或者一流品质的、新鲜的熙春茶、屯溪茶、小种茶以及武夷茶"[57]。18世纪90年代，报纸上在醒目位置刊登"印度商品"的广告。1791年3月22日，《塞勒姆公报》在头版用一条长长的专栏广告装饰版面，内容是在伊莱亚斯·哈斯克特·德比的商店中，正在出售一批新从孟加拉、马德拉斯和中国来的货物，其中有75箱武夷茶、30箱熙春茶和30箱小种茶，都是"顶级的"中国茶叶[58]。商人还利用东印度群岛的异国风情吸引消费者，而且强调美国人的口味精致，以此迎合他们的虚荣心。巴尔的摩的托马斯·黑尔制作了一幅精美的木刻作品，上面是"中国皇帝"撑着一把伞，宣布他的"新茶叶商店"开业。商店里都是"最新鲜的绿茶和红茶，品种齐全"[59]（见图6–1）。

图6–1　托马斯·黑尔的茶叶商店广告
《巴尔的摩晚报》

资料来源：Baltimore Evening Post, July 19，1793.

　　面对不断增长的消费需求，城市里的商业市场以及零售店主越来越多地专门从事茶叶销售。18世纪80年代，在纽约、波士顿和费城的城市商户目录中，并没有提及哪些知名商人是"茶商"。然而，到了18世纪90年代，许多人开始自称"茶商"了。例如，住在费城南三街15号的安·鲍威尔1791年还称自己是一名普通"店主"，然而两年后，她已经自称是"茶叶店"的老板了[60]。同年，还有3个人——约翰·坎贝尔、威廉·怀特塞德和威廉·雷德伍德也在商户目录中被列为茶商。从18世纪70年代起，雷德伍德就开始做茶叶和杂货生意，小批量地出售茶叶，但他也会在公开拍卖时大量买卖茶叶[61]。他来自罗得岛，后来搬到费城，在1773年和1774年反进口运动之前，他的茶叶生意非常兴隆。1788年，雷德伍德恢复经营，在接下来的10年里，他几乎只做茶叶生意。他为口味越来越挑剔的顾客提供不同品种的茶叶。尽管雷德伍德成箱卖给零售店主武夷茶，但个人消费者从他这里直接购买时，一般喜欢小包装、更昂贵的品种，比如一小箱或者一罐茶叶[62]。费城蓬勃发展的茶叶市场吸引了许多商人参与进来，相互竞争。1795年，威廉·怀特塞德把他在商户名录中位于北二街99号的茶叶商店升级为"怀特塞德茶庄"，表明他的业务扩大了。仅仅一个街区之外，"约瑟夫·温考普茶庄"也开张了[63]。1798年，怀特塞德的妻子伊丽莎白接手茶庄管理。她的竞争对手有"茶叶经销商"汉娜·贝克、纳撒尼尔·托马斯和约翰·巴恩斯，还有伊顿公司的"茶庄"[64]。

打广告、专营以及推销手段的影响只能部分解释18世纪80年代和90年代美国茶叶消费的增长。独立战争后，美国的国内市场扩大了，远远超出了通常的港口城市及其周边地区。波士顿人、费城人和纽约人一直都能买到茶叶和其他奢侈品；但在美国独立战争后，远离城市的乡村居民也成为茶叶的重要消费者。例如，斯蒂芬·索尔兹伯里和塞缪尔·索尔兹伯里不仅在他们位于波士顿和伍斯特的商店里出售茶叶，而且将他们的商业网络扩展到马萨诸塞州的格拉夫顿、萨顿、莱斯特、什鲁斯伯里、帕克斯顿、阿默斯特、斯宾塞和霍尔顿等农村地区。在独立战争后期，他们的茶叶生意恢复了活力，到1781年，他们的销售规模和覆盖范围都有了显著增长[65]。1786年，莱斯特的约翰·欣克利从伍斯特的斯蒂芬·索尔兹伯里那里订购了"40磅上等武夷茶"，还特别提到自己"明天要带一队人去乡下"，而在那里他可以转手倒卖些茶叶。"我下周会把余款付给你，"他承诺道，"另外，我要一些带松鼠图案的小茶具"[66]。因为开始和中国做生意，佛蒙特州的本杰明·戈顿刊登广告购买"清洗过的、自然风干不能是用火或者烤炉烘干的人参"，他可以用"武夷茶或者其他干货交换"[67]。即使远在北方缅因州法尔茅斯的零售店主约翰·昆比，在1784年至18世纪90年代也一直向顾客供应茶叶。昆比在7年的时间里小批量地向城镇居民出售茶叶，总共卖出90磅。人们用重体力活或者自然资源和他交换，比如松木材、木瓦板或者一双鹿皮手套[68]。在纽约的乡下以及南方各州，也出现了类似的情况。为了美国独立战争而克制消费已经让位给为了舒适而消费茶叶了[69]。

随着消费者摆脱了道德疑虑，不再纠结是否购买茶叶和消费茶叶，美国政府也改弦更张，放弃了反进口和反消费政策。独立战争后，美国政府需要找到切实可行的政治方案，解决经济问题。例如，他们鼓励商业企业走向海外，这样不仅可以促进国际贸易协定的谈判，而且对进口商品征收关税还可以为政府提供收入。相比于争论经济政策的伦理本质，美国的政治家更多的是争论是否允许以及在何种情况下允许自由贸易，或者如何实施保护性的贸易规则。当然，仍然有一些评论家提出警告，让人们注意奢侈品消费对身体、道德和政治的破坏。1784年初，费城的一份报纸提醒读者，茶叶和茶叶贸易损害了美国消费者的身体健康，让人的身体衰弱无力、萎靡不振，这种放纵和虚弱会引起多种疾病。喝茶会败坏人的道德，影响人的神经，使人丧失勇气、活力和沉稳的心态[70]。事实上，再次浮出水面的有关奢侈品的争论采用的都是一些美国人耳熟能详的道德说教。新英格兰地区的评论家重新拾起清教徒式的哀叹口吻，再次呼吁人们在生活上节俭，在道德上警惕。18世纪80年代中期，马萨诸塞州的散文作家和教育家诺亚·韦伯斯特（Noah Webster）警告说，美国农民缺乏道德自律，无法放弃围绕着他们的奢侈品。许多牧师和道德卫士担心，对奢侈品的过度消费会损害美国人来之不易的政治自由[71]。

尽管如此，在美国独立战争以后，人们关注更多的是奢侈品消费对国家财政的影响，而非对人性弱点的道德讨论。美国人担心如果不对市场行为进行限制，美国的经济健康可能会受到影响。就连韦伯斯特也强调，消费者的欲望不仅在道德上可疑，而且可能导致美国人破产，让他们背上沉重的债务。在18世纪80年代中期，马萨诸塞州的公民成立了一个"反奢侈品协会"——类似18世纪70年代的反进口及反消费协会，它敦促人们减少奢侈品消费，解决个人财务问题，并且量入为出[72]。然而，美国商人却担心英国贸易商利用美国人的消费欲望以及英国港口对美国船只禁航，控制进口贸易。1785年末，纽约商人詹姆斯·比克曼抱怨说，"自从和平以来，大量进口商品涌入，这都怪住在这里的英国商人，他们有能力不顾贸易受到伤害，低价抛售商品"。各种公开拍卖也让美国商人感到紧张，因为在这种场合，零售店主可以买到便宜的商品。詹姆斯·比克曼甚至指责，大量涌入的低价商品造成了现金短缺[73]。一些评论家指出，对于美国新的全球商业利益来讲，英国在亚洲的命运是一个发人深省的寓言。"一位纽约市民"在1786年警告说，外国的奢侈品会像腐化欧洲人一样腐化美国人，让美国负债累累，财政崩溃。他认为，就像之前的埃及人、希腊人和罗马人一样，英国"被暴力之剑"卷入了征服印度以及在印度做生意的陷阱，在经济和政治上付出了巨大代价。英国东印度公司滥用信贷，耗尽了英国的硬通货。当它在伦敦的股票下跌，而且在印度累积了"巨额债务"时，它抽干了国家的财富[74]。在对外贸易中，美国很容易就会重蹈覆辙，陷入愚蠢的商业陷阱之中。这位纽约的评论家建议美国人放弃使用外国奢侈品，比如丝绸、细布和茶叶，转而使用"本国商品"，以免像英国东印度公司和英国那样，变得腐化堕落并且负债累累[75]。

不过，消费者对于他们梦寐以求的商品和消费，接纳起来毫无困难，这为各州政府提供了一个维持经济稳定的新手段。独立战争后，新成立的州政府背负着沉重的债务负担，他们迫切需要向类似茶叶这种进口奢侈品征收关税，以便增加财政收入，为政府运作提供资金，并且满足偿还战争债务的要求。1785年，美国的战争债务达到300万英镑[76]。然而，在宪法通过之前，各州拒绝了大陆会议在美国征收关税的提议。他们坚持认为，这么做对那些有繁忙商业港口的州比如罗得岛州来讲，是不公平的负担。1781年，美国国会提议对外国进口商品征收5%的关税，但找不到征收手段[77]。几年后，美国国会又做出努力，把对外贸易放在更广泛的商业条约中，试图确保自己对它的监管权力①。它指定一个财政委员会评估"在所有的欧洲进口商品"之外茶叶可能提供的税收收入，以此拟定合适的增值税税率。他们估计，当年预计进口的30万磅武夷茶和2.5万磅其他茶叶，会提供26666美元的进口关税，约占税收总额的3%[78]。尽管如此，纽约州和罗得岛州的

———————

① 从尾注中可以看到，这是联邦政府在和州政府角力。——译者注

代表还是延缓了施行这些措施，因为全国性的进口关税会让各州的税收条款失效。

各州采取的贸易监管措施和进口商品的关税政策五花八门，他们的商业利益彼此竞争，有时还取消或者威胁要破坏美国与其他国家之间的国际商业协定[79]。例如，1783年到1787年，马萨诸塞州强制征收商品关税和消费税，对每磅武夷茶征收6便士的消费税，对其他印度茶叶每磅征收1先令的消费税[80]。佐治亚州在1786年《关于贸易监管法案的修订及修正法案》中，对包括牙买加朗姆酒、糖蜜、啤酒、波特酒、麦芽酒、苹果酒、食糖、可可、辣椒、咖啡在内的商品征收进口关税，对武夷茶每磅征收4便士的进口关税。对其他茶叶，每磅征收1先令进口税。该州对所有英国船只上的每吨货物加收2先令的进口税，其他船只每吨货物加收9便士进口税，对完全属于美国公民或者公民团体的船只，予以税收减免[81]。事实上，在好几个州的关税法案中，都包括对美国商人有利的差别关税。尽管全国性的关税提案一直遭到拒绝，但罗得岛州在18世纪80年代末就已经建立起了一套复杂的关税及进口税体系。它把用北美13州的船只从中国或者印度运来的进口茶叶和用外国船只运来的进口茶叶分开征税。直到1789年9月，如果美国商人直接用美国商船进口茶叶，罗得岛州对每磅武夷茶征收6美分关税，小种红茶或者其他红茶每磅收10美分关税，熙春茶每磅收20美分关税。但对于所有从欧洲进口的茶叶，每磅的关税都会增加2~8美分[82]。

到18世纪80年代末，消费政治已经不再是早期奢侈品争论时对个人消费者道德品质的质疑了，而是成了更大范围的对政治经济的讨论。美国人在思考，如何让奢侈品消费达到它最好的政治目的，在某种程度上让整个国家受益？政治家和经济学家想知道，美国如何才能在保护美国贸易的情况下，不重蹈重商主义和贸易垄断政策的覆辙？10年前，正是这些政策激起了美国人民对英国统治的反抗。事实上，正是自由贸易与贸易保护主义监管之间的争论，促使美国人批准了美国宪法。在这些争论中，茶叶贸易扮演了重要角色，因为亚洲贸易不仅是美国参与全球经济的一个关键的组成部分，也是美国潜在的收入来源。一些人仍然希望有一个强大的中央政府，通过对外国商品征税——用纽约一位作者在《关于美利坚合众国商业行为的思考》这篇文章里的话来说就是——"来核查并且禁止那些毫无节制的、不明智的以及奢侈的商业行为"[83]。但随着与亚洲开始直接进行贸易，观察家更多地提出采用差别关税，让美国贸易商自由进口商品。1785年，约翰·亚当斯提出，征收关税要兼顾两个方面，一方面要能抑制国内的奢侈品消费，另一方面要能阻挡欧洲的商业竞争。他相信，通过对从欧洲进口的所有东印度群岛商品征收关税，各州就可以鼓励美国和亚洲之间直接开展贸易，这反过来会减少对这些商品的需求。亚当斯在伦敦写信给约翰·杰伊说，"要明智而审慎地计算关税。它要定得足够高，高到从印度直接进口商品具有明显优势，高到像贸易禁令一样有效，同时又不那么令人讨厌，也不容易出现例外事项。[84]"《康涅狄格报》的编辑以"中国皇后号"1786年第二次远航的情况为例，敦促美国国会"对来自东方的商品征收高额关税，除非它们是由美国公民的船直接运进来的，这样才能确保这些贸易中丰厚的利润完全落在我们自己手里"[85]。

只有在宪法获得批准后，消除了各州之间的贸易限制，美国国会才能统一征收关税，并建立用于征税以及执行相关法律的海关[86]。国会第一次会议立即讨论了商业监管的问题，针对关税和贸易保护进行了激烈的辩论。那些主张自由贸易的人，比如詹姆斯·麦迪逊①承认，有必要提高收入"以减少我们的财政赤字，但法律不能压迫我们的选民"[87]。麦迪逊相信，只对来自中国的商品征收关税，也就是对他称之为纯粹的奢侈品征收关税，就可以在不偏袒美国某一地区或者不威胁现有商业条约的情况下，实现这两个目标。然而，贸易保护主义者知道，像茶叶这样的商品需求量很大，因此，最好让消费者直接从美国商人那里获得茶叶，而不是让

---

① 詹姆斯·麦迪逊（1751—1836），美国第四任总统（1809—1817）。他与约翰·杰伊、亚历山大·汉密尔顿共同编写《联邦党人文集》，是美国制宪会议代表及《美利坚合众国宪法》起草和签署人之一，亦被一些人视为"美国宪法之父"、美国开国元勋。——译者注

英国主导这个市场。1789年4月，在对华贸易中追求自己利润的罗伯特·莫里斯敦促宾夕法尼亚州议员，在提交国会讨论的《关税法案》中加入差别关税，对美国商船直接从中国运来的茶叶给予优惠政策[88]。尽管莫里斯以前也做过私掠商船的买卖，但他认为，对走私的惩罚应该足够严厉，要严厉到商人不敢逃避进口税。尽管如此，不管是自由贸易的倡导者还是贸易保护主义者都认为，某种形式的关税法案必须尽快落实。美国商人在制定商品价格时，已经考虑到了新的关税，他们希望在国会通过法案以及海关官员开始征收关税前赚上一笔。不论国会还是商人群体都认为，当消费者购买茶叶等奢侈品的时候，他们将承担额外的税收成本[89]。

表6-2 1789—1794年，美国从中国、欧洲及其他地方进口的茶叶（单位：磅）

年份	茶叶品种	从中国进口	从欧洲及其他地方进口
1789	武夷茶	—	172866
	小种茶	—	38733
	熙春茶	—	17263
	其他绿茶	—	23345
1790	武夷茶	1503293	565938
	小种茶	378683	55974
	熙春茶	637904	19992
	其他绿茶	89515	10110

续表

年份	茶叶品种	从中国进口	从欧洲及其他地方进口
1791	武夷茶	353652	420780
	小种茶	97785	27722
	熙春茶	166047	3575
	其他绿茶	53206	473
1792	武夷茶	1250261	1098513
	小种茶	87024	49499
	熙春茶	134277	15808
	其他绿茶	25730	8991
1793	武夷茶	1182860	385740
	小种茶	179348	198344
	熙春茶	101321	21869
	其他绿茶	112467	22497
1794	武夷茶	1397901	737615
	小种茶	286856	48866
	熙春茶	94893	5593
	其他绿茶	50206	1335

注释：表格中画横线的数据缺失。

资料来源： "Value of Imports paying ad valorem, and quantities subject to specific duties, from 1789 to1794," January 26, 1796, *American State Papers, Commerce and Navigation*, vol. 1, House, 4th Cong.,1st sess., no. 20, table p. 324.

最终，在第一个《关税法案》中包括了一些措施，用以保护美国在茶叶贸易中的商业利益。这些措施几乎立即使新成立的联邦政府受益。尽管茶叶从来不是一个重要的收入来源，但在对美国商船直接从中国运来的茶叶征收的关税中，却出人意料地具体反映出美国消费者口味的精致程度：武夷茶每磅征收6美分进口税，小种红茶和其他红茶每磅征收10美分进口税，绿茶每磅征收20美分进口税。如果是外国商船进口的，茶叶关税将每磅增加2~10美分[90]。因此，仅1790年，对美国商船直接从中国进口的茶叶，美国就征收了273549.68美元的进口税；还有近6万美元的进口税来自从欧洲进口的茶叶，这比7年前估计的数字大多了。

然而，令人遗憾的是，在茶叶上对非美国贸易商的差别关税并没有阻止外国竞争。18世纪90年代，对不同品种茶叶的需求日益增长，欧洲的贸易商持续满足着这些需求（见表6-2）。一位评论家估计，1790年，美国商人直接从中国进口了超过260万磅茶叶，"完全能满足我们的消费"。然而，欧洲商人（不包括英国商人）在那一年额外运来416652磅茶叶，"给我国的商人带来了巨大伤害"[91]。由于美国市场茶叶泛滥，一些商人的茶叶卖不出去，无力支付他们的税单。1791年，塞勒姆的伊莱亚斯·哈斯克特·德比估计，茶叶至少可以满足3年的消费。而在新英格兰地区、纽约和费城一些靠着新兴对华贸易赚了钱的富商，向美国国会请愿，要求联邦政府实施贸易保护政策并且征收关税，以对付外国贸易商[92]。当时的财政部部长亚历山大·汉密尔顿支持他们的主张。1791年初，他向美国国会保证说，他永远不会从某个人的利益出发，但是，作为一个群体，茶叶进口商由于茶叶价格下跌，很难支付关税。汉密尔顿要求美国国会考虑向所有美国进口商提供有关茶叶关税的信贷。他注意到，尽管征收了差别关税，但欧洲的贸易商还是向美国提供了大量武夷茶，这不仅充塞了市场，而且降低了商品价格，低于对华贸易商所能承受的水平。汉密尔顿相信，对华贸易对美国的经济仍然十分重要，所以他同时建议对进口的武夷茶每磅增加3美分的关税[93]。1791年3月，国会通过了《茶叶法案》，规定如果美国的茶叶进口商做出承诺，并在海关核查员的监督下将货物存入仓库，那么就可以在两年后再缴纳进口关税[94]。尽管付出了惨重代价，但美国政府领导人已经从初创时僵化、有争议的税收政策中吸取了教训，现在向商人的利益低头可以防止脆弱的美国政治经济在未来走向崩溃。

结论　消费者的需求

　　亚洲贸易，特别是茶叶贸易的潜在收益，激励着那些富于进取精神的美国商人甘冒风险，去中国碰运气。然而，在19世纪之前，他们经常碰得灰头土脸。在广州市场上，美国商品并不是总有销路，美国也很缺乏现金。在美国独立后的第一个10年里，中国商品的利润和贡献的税收相对较少。事实证明，在当时，西印度群岛的贸易要重要得多。到1790年，美国有近三分之一的出口商品特别是农产品，比如面粉、牛肉、猪肉、鱼和玉米都是出口到西印度群岛的。1793年后，随着英法战争爆发①，西印度群岛的贸易呈爆发式增长。像法属圣多明各这样的法属加勒比岛屿很愿意与美国做生意，每年的贸易额达到800万美元，这种局面一直到《杰伊条约》②伤害了两国之间友好的商业氛围为止[1]。尽管如此，中国贸易以及茶叶仍然在消费政治中扮演着关键角色。

---

① 指法国大革命后，反法同盟开始对法国进攻。——译者注

② 《杰伊条约》，全称《大不列颠国王与美利坚合众国间的友好、商业和航海条约》，是美国与英国在1795年签署的一项条约，该条约缓解了两国之间的紧张局势，避免了可能爆发的战争，解决了自1783年《巴黎条约》以来遗留的问题，而且让英美两国能够在1792年法国革命战争爆发后的10年间继续进行和平贸易。此条约由财政部部长亚历山大·汉密尔顿所设计并得到总统乔治·华盛顿的支持。该条约激怒了法国。——译者注

美国人在商业上想得到的一切，茶叶都可以提供。消费者可以毫无限制地满足自己的需求。美国可以赢得英国的尊重，并且挑战英国东印度公司在亚洲的垄断地位，同时刺激经济增长，保证自由、开放的贸易，帮助崛起的美国中的商人，展示他们作为全球贸易参与者的热情。

对在中国做生意的于第二代美国商人来说，随着他们越来越专业，茶叶贸易带给他们的回报也越来越大。波士顿商人托马斯·汉达西德·珀金斯的家族在美国独立战争后广泛地参与了西印度群岛的农产品贸易。珀金斯在18世纪90年代转向对华贸易。他逐渐了解了茶叶贸易的各个方面。1798年，他指示他的船长与行商潘有度做生意，他认为这个人是"这么多年来殖民地眼中信誉最好的人"，不过他要求船长等到茶叶装上船以后再付款。他建议只买新下来的茶叶。可以把它们"掂在手里"判断它们的重量，"要淡绿色的茶叶，不能有红色的叶子"。但他还警告说，不能从"广州的外国人"手中购买茶叶，因为他们会"把陈茶卖给你。最好和中国人做生意"[2]。19世纪初，托马斯和他的兄弟詹姆斯一起，在广州郊外创立了珀金斯洋行，并派了一个学徒以法莲·布姆斯特德和他的远房外甥弗雷德里克·威廉·潘恩经营这家公司。他们靠着茶叶生意赚了一大笔钱[3]。

然而，潜在的利润引诱一些人做出不道德的商业选择，引出了有关企业责任的新问题。和其他来中国的美国商人一样，珀金斯洋行也在不断尝试新的贸易路线，以及用来交换茶叶的新商品。孟买和加尔各答成为美国商船的中转站，在那里可以买到大量的棉花或者红木，用于中国贸易[4]。风险更大，但利润也越来越丰厚的是鸦片。美国商人可以在土耳其境内的士麦那以及孟加拉买到鸦片。他们可以在巴达维亚卖掉它们，换来"真金白银"，或者在婆罗洲用它们换来胡椒。但更常见的是，他们把鸦片带到中国换取茶叶。尽管中国在1800年禁止鸦片进口，但美国的贸易商仍然可以在武器装备精良的商船以及"不良官员"的斡旋下，把鸦片走私进广州[5]。除了珀金斯洋行，费城商人斯蒂芬·吉拉德，威林斯—弗朗西斯公司以及巴尔的摩的克里斯托弗·甘特都做起了非法买卖，带来了一连串的"鸦片走私潮"，类似10年前人参和水獭皮带来的那种忽高忽低、跌宕起伏的贸易周期[6]。英国东印度公司和其他欧洲贸易公司也向广州市场倾销鸦片。在中国和印度之间的商品交换中，鸦片很快独占鳌头，超过了其他任何商品。越来越多的中国人吸食鸦片上瘾，导致鸦片战争[7]。尽管上一代美国人曾经抱怨英国东印度公司在南亚滥用企业权力，但19世纪的美国商人却从非法的鸦片销售中获利。而且，由于利用了英国的武力威胁，美国在1844年也从中国获得了同样的利益。

　　到19世纪初，消费市场和消费者的行为也发生了变化。人们喝茶的习惯产生了更多的需求，给中国的茶叶生产和分销网络带来了压力。因此，在广州市场上，商人买卖的普通红茶越来越多。但美国消费者的口味变得越来越挑剔；像托马斯·汉达西德·珀金斯这样的茶商感叹道，即使是不太富裕的消费者也不购买普通茶叶了。"我是说，不光富裕的消费者不喝熙春茶而改喝熙春皮茶①，"他警告自己在广州的代理商，"就连农民也不喝武夷茶和劣等茶，而改喝熙春皮茶了。"珀金斯想起了18世纪的道德争论，补充说："随着人口增长以及服侍他们的奢侈品越来越多，我们估计在几年内，武夷茶就会被淘汰。[8]"一些商人想方设法，试图让普通茶叶看起来更昂贵些。爱德华·卡灵顿是罗得岛州的一位商人，在广州做生意。他断定，美国市场不需要顶级茶叶，这里的消费者也不会为它们买单。相反，他把自己中等品质的茶叶装在漂亮的茶箱或者盒子里，这样能卖得更好[9]。话虽如此，商人还是不得不准备各种类型的茶叶，以满足美国消费者的口味。在1805—1806年的贸易季中，威林斯—弗朗西斯公司在广州购买了5000小箱茶叶，其中包括工夫茶、坎波伊工夫茶、小种红茶、白毫茶、熙春茶、熙春皮茶、香豆茶、松萝茶、雨前茶、神小种茶、麻珠茶和宝珠茶[10]。商人还打广告，宣传全世界的各种商品。广告上有时用鹰爪抓着箭的苍鹰象征美国爱国主义的装饰图案，或者呈现美国商船庆祝的场面。他们在庆祝不断壮大的

---

① 参见：https://www.puercn.com/zhishi/88231/。——译者注

美利坚商业帝国从海外带来新鲜的茶叶、葡萄酒、烈酒、咖啡和哈瓦那糖，以满足美国国内消费者挑剔的需求[11]。

不断变化的消费习惯也在19世纪帮助美国商人打开了新的商业市场。在制宪会议之前，滕奇·考克斯就已经预见到，通过"精准的经济运作[①]"和少量监管，美国商人可以"用一些印度产品支付给欧洲，以换取他们供应给我们的部分货物"[12]。更进一步，他希望美国能够确保从这些欧洲国家得到商业特权，特别是在这些国家彼此打作一团的时候更是如此。一个中立的美国可以为所有国家运输货物，这就会扩大美国产品的市场。正如考克斯预测的那样，美国的企业家最终扭转了局面，扳倒了欧洲的商业霸权。到18世纪末，随着英法战争再次升级，美国商人在几个商业港口中成为中立的贸易伙伴。他们将运往美国的越来越多的茶叶再出口到欧洲。1797年，托马斯·汉达西德·珀金斯注意到，由于"荷兰已经不和中国做贸易了，我们认为，如果条件允许，茶叶在荷兰会大有可为"。在那个贸易季，他计划向阿姆斯特丹运送超过1200箱的武夷茶、熙春茶、小种茶以及其他东印度

---

① oeconomy是"economy"的古拼法。整句是"with activity and strict oeconomy we may pay Europe with some of the produce of India, for a part of the goods with which they supply us, and if we do not over-regulate trade, we shall be an entrepot of certain commodities for their West-India and south American colonies."所以翻译成"经济运作"。——译者注

群岛的商品[13]。同样，在19世纪初，费城商人也开始做茶叶的再出口生意。美国独立战争后发迹的富商兼银行家斯蒂芬·吉拉德派他的货监乔治·华盛顿·比德尔到广州购买茶叶，然后转手在安特卫普的市场上出售[14]。1806年，威林斯—弗朗西斯公司向阿姆斯特丹的买家保证，"我们有这个自信，今年从中国运来的茶叶不会有比这更好的了……这是最后一批上市的新鲜茶叶了。[15]"英法之间持续不断的战争，以及英国议会对英国东印度公司越来越严格的监管，损害了英国的茶叶出口能力。不过，美国小型商船上的个体贸易商可以轻松地满足欧洲消费者的需求。19世纪早期，美国商人从中国进口的茶叶中，有27%左右被转运到了欧洲出售[16]。

尽管如此，美国人的茶叶贸易并非高枕无忧。尽管在亚洲的商业市场上成功崛起，但困扰着欧洲市场的忽而供不应求、忽而供过于求的周期同样困扰着美国市场。1806年，威林斯—弗朗西斯公司警告它在中国代理威廉·里德说，欧洲人已经停止购买茶叶了——"荷兰市场已经关闭。安特卫普的茶叶库存过剩"，他们担心在德国的其他港口"也就只够收回成本、运费和手续费了"[17]。而且，当商业监管和税收政策损害了美国商人的利益时，他们怒不可遏。就像英国东印度公司的代理人和18世纪早期的商业闯入者一样，许多美国商人利用再出口市场消化那些在美国市场上卖不出去的商品，以避免缴纳海关关税和港口关税[18]。

到19世纪20年代，美国的茶叶税已经上升到平均成本的100%甚至更多。例如，在广州，一磅熙春皮茶卖20美分，而在美国要缴28美分的税；而一磅御用绿茶51美分，要缴50美分的税。1828年，费城的一个商人联盟向美国国会请愿，要求降低直接进口"茶叶的高额关税"；他们希望"促进对华贸易中这一如此重要的商业领域"。讽刺的是，抱怨高额关税的美国商人同样抗议来自加拿大的"茶叶走私"，认为这会造成经济问题。费城的商人联盟指责英国政府"从广州直接向（加拿大）运送茶叶，不仅能满足上述地区的供应，而且远远超出了这个国家的消费能力"，因此助长了加拿大与美国的非法茶叶贸易。即使一些美国贸易商正在把自己的商品从加拿大走私回美国获利，但美国商人仍然请求国会降低高额关税，让美国人卖的茶叶在价格上具有竞争力[19]。在美国卖不出去或者没有再出口到欧洲市场上的过剩茶叶，就像往常一样，运到了北边的英属加拿大。这让英国东印度公司很恼火。1820年，英国东印度公司派出一名代理人到加拿大调查走私问题。调查发现，美国商人出售的茶叶，价格比一个普通商人从英国采购的茶叶低一半[20]。调查报告估计，在加拿大人喝的茶中，有四分之三是来自美国的非法茶叶。调查报告同时谴责了英国殖民地的茶叶商人与美国走私商人勾结串通。说起来奇怪，这两个国家间的猜疑和指责并没有妨碍英美经济之间纠缠不清的依赖关系。

　　尽管如此，茶叶的吸引力——它的社会价值，它让人上瘾的特性，它的便于运输的特性和适合销售的特性，它的政治以及经济用途——在18世纪和19世纪早期都是美国商业的引擎。它不仅是美国独立战争的起点，而且还打开了一扇通向消费政治的窗户。茶叶为商人的个人利益服务；作为一种商品，它创造了一个新的市场，打开了遥远的商业港口；它很容易走私、购买、出售以获得现金或者所需的劳力和货物。茶叶塑造了消费者的行为；尽管在18世纪早期，供应领先于需求，但是最终，美国人还是培养出了喝茶的习惯。事实上，人们的消费习惯被证明对美国的政治激进分子很有用处。他们诋毁茶叶，说它象征着英国和大型商业企业的违法行为。他们激励北美殖民地人们参与18世纪60年代和70年代的反进口运动。历经风雨，但对北美殖民地而言，茶叶仍是重的商品，消费者对茶叶的需求仍然旺盛。美国独立战争之后，利用消费者对茶叶的需求，美国在西印度群岛、欧洲和亚洲建立起了自己的商业地位。处在全球市场当中，美国商人利用茶叶得到他们想要的商业政策。他们要确保自由贸易，不受重商主义的限制；同时在美国国内市场上，确保没有外国人和他们竞争。另外，州政府和联邦政府利用茶叶进口获得税收收入。经历了从消费革命，到迎来一场茶壶里的风暴，再到由美国消费者的需求和美国志在全球的商业抱负共同塑造的美国独立自主的政治经济体系的建立，美国人和他们的茶叶又回到了原点。

注　释

绪论　消费革命

1. *The Tea-Tax Tempest，or，the Anglo-American Revolution，1788*，推测作者：Carl Guttenberg of Nuremberg，Library of Congress。版画中的蛇形图案的旗帜可能与1776年美国海军使用的第一面海军旗有关，也可能与美国独立战争时期其他带有"别惹我（Don't Tread on Me）"字样的蛇形旗帜有关。版画底部的两枚圆形图案分别描绘的是1560年西班牙宗教裁判所和新教徒异教徒在信仰审判（auto-da-fé）中遭受迫害，以及1296年威廉·退尔在瑞士发起反抗奥地利统治者的起义。这幅版画的其他版本收藏在HSP和美国国会图书馆。

2. T. H. Breen，*The Marketplace of Revolution：How Consumer Politics Shaped American Independence*（New York：Oxford University Press，2004），xv–xvi。关于波士顿倾茶事件的最新历史文献，参见：Benjamin L. Carp，*Defiance of the Patriots：The Boston Tea Party and the Making of America*（New Haven，CT：Yale University Press，2010）。

3. Mark M. Smith，"Culture，Commerce，and Calendar Reform in Colonial America，"*WMQ* 55，no. 4（October 1998）：557–584。18世纪政治经济学家亚当·安德森（Adam Anderson）指出，1751年，商人以及和其他相应国家、民族相关的人都盛赞从儒略历（Julian calendar）变为格里历（Gregorian calendar），认为如果在国王领土上接受和建立类似的更正体系，会有助于防止关于信件和账目日期的错误和纠纷（Adam Anderson，*An Historical and Chronological Deduction of the Origin of Commerce，from the Earliest Account to the Present Time* [London，1764]，2：398）。亦见：John J. McCusker and Russell R. Menard，*The Economy of British America*，*1607‑1789*（1985；修订版，Chapel Hill：University of North Carolina

Press, 1991）。

4. Kenneth Pomeranz, *The Great Divergence：China，Europe，and the Making of the Modern World Economy*（Princeton，NJ：Princeton University Press，2000），112–113；David Hancock，"Atlantic Trade and Commodities，1402–1815，"收录于：*The Oxford Handbook of the Atlantic World，1450‐1850*，编者：Nicholas Canny and Philip Morgan（New York：Oxford University Press，2011），325–327，332–335；Carole Shammas，"America，the Atlantic，and Global Consumer Demand，1500–1800，"*OAH Magazine of History* 19，no. 1（January 2005）：59–64。

5. David Armitage，"Three Concepts of Atlantic History，"收录于：*The British Atlantic World，1500‐1800*，编者：David Armitage and Michael J. Braddick（New York：Palgrave Macmillan，2002），17。

6. 关于白银的相关数据，参见：Kent G. Deng，"Miracle or Mirage？Foreign Silver，China's Economy and Globalization from the Sixteenth to the Nineteenth Centuries，"*Pacific Economic Review* 13，no. 3（2008）：320–358；Andre Gunder Frank，*ReOrient：Global Economy in the Asian Age*（Berkeley：University of California Press，1998），131–164；Adam Smith，*An Inquiry into the Nature and Causes of the Wealth of Nations*（Dublin，1776），1：306–325。关于探索大西洋之外历史的学术研究，参见：Philip J. Stern，"British Asia and British Atlantic：Comparisons and Connections，"*WMQ* 63，no. 4（October 2006）：693–712；Nicholas Canny，"Atlantic History and Global History，"收录于：*Atlantic History：A Critical Appraisal*，编者：Jack P. Greene and Philip D. Morgan（New York：Oxford University Press，2009），317–336；Peter A. Coclanis，"Beyond Atlantic History，"收录于：Greene and Morgan，*Atlantic History*，337–356。

7. Sudipta Sen，*Empire of Free Trade：The East India Company and the Making of the Colonial Marketplace*（Philadelphia：University of Pennsylvania Press，1998），5–6。阿马蒂亚·森（Sen）对诸如伊曼纽埃尔·沃勒斯坦（Immanuel Wallerstein）和安德烈·贡德·弗兰克（Andre Gunder Frank）这样的依附和世界体系理论家持批评态度。

8. Pomeranz, *Great Divergence*, 70。亦见：Peter Manning, "Asia and Europe in the World Economy," *American Historical Review* 107, no. 2（2002）：419；Alan Smith, *Creating a World Economy：Merchant Capital, Colonialism, and World Trade, 1400‐1825*（Boulder, CO：Westview Press, 1991）。

9. Smith, *Wealth of Nations*, 1:285, 307–311.

10. Felicity A. Nussbaum, 为该书撰写的导言：*The Global Eighteenth Century*, 编者：Felicity A. Nussbaum（Baltimore：Johns Hopkins University Press, 2003）, 2, 10；Pomeranz, *Great Divergence*, 19；Kenneth Pomeranz and Steven Topik, *The World That Trade Created：Society, Culture, and the World Economy, 1400 to the Present*（New York：M. E. Sharpe, 2000）, xiv；Matthew P. Romaniello, "Through the Filter of Tobacco：The Limits of Global Trade in the Early Modern World," *Comparative Studies in Society and History* 49, no. 4（October 2007）：914–937。

11. Sidney W. Mintz, *Sweetness and Power：The Place of Sugar in Modern History*（New York：Penguin, 1986）, 214。最近，商品研究已经进一步发展到包括大西洋世界的视角和消费文化背景的研究。参见：David Hancock, *Oceans of Wine：Madeira and the Emergence of American Trade and Taste*（New Haven, CT：Yale University Press, 2009）；James Walvin, *Fruits of Empire：Exotic Produce and British Taste, 1660‐1800*（New York：New York University Press, 1997）；Mark Kurlansky, *Cod：A Biography of the Fish That Changed the World*（New York：Penguin, 1998）；Kurlansky, *Salt：A World History*（New York：Penguin, 2003）；Dan Koeppel, *Banana：The Fate of the Fruit That Changed the World*（New York：Penguin, 2008）；Jack Turner, *Spice：The History of a Temptation*（New York：Vintage, 2006）；Amy Butler Greenfield, *A Perfect Red：Empire, Espionage, and the Quest for the Color of Desire*（New York：HarperCollins, 2005）；Jennifer L. Anderson, *Mahogany：The Costs of Luxury in Early America*（Cambridge, MA：Harvard University Press, 2012）；Michelle McDonald, *Caffeine*

Dependence：*Coffee and the Early American Economy*（Philadelphia：University of Pennsylvania Press）。

12. Jan de Vries，*The Industrious Revolution*：*Consumer Behavior and the Household Economy*，*1650 to the Present*（New York：Cambridge University Press，2008），30–32；Gregory E. O'Malley，*Final Passages*：*The Intercolonial Slave Trade of British America*，*1619–1807*（Chapel Hill：University of North Carolina Press，2014），10–11。关于奴隶经济和消费问题，参见：Roderick A. McDonald，*The Economy and Material Culture of Slaves*：*Goods and Chattels on the Sugar Plantations of Jamaica and Louisiana*（Baton Rouge：Louisiana State University Press，1994），Ira Berlin and Philip Morgan等编著，*Cultivation and Culture*：*Labor and the Shaping of Slave Life in the Americas*（Charlottesville：University Press of Virginia，1993）。

13. Lisa Jardine，*Worldly Goods*: *A New History of the Renaissance* (New York: Norton，1996)，9，15，30–33.

14. De Vries，*Industrious Revolution*，10，37。德·弗里斯主要与经济理论家而不是文化历史学家合作，因此他研究的是当今的消费心理理论。例如，他认为无聊会驱动消费。

15. Maxine Berg，"Luxury，the Luxury Trades，and the Roots of Industrial Growth，"收录于：*The Oxford Handbook of the History of Consumption*，编者：Frank Trentmann（Oxford：Oxford University Press，2012），184。

16. Cary Carson，"The Consumer Revolution in Colonial British America：Why Demand？"，收录于：*Of Consuming Interests*：*The Style of Life in the Eighteenth Century*，编者：Cary Carson，Ronald Hoffman，and Peter J. Albert（Charlottesville：University Press of Virginia，1994），486。Lorna Weatherill，"The Meaning of Consumer Behavior in Late Seventeenth- and Early Eighteenth-Century England，"收录于：*Consumption and the World of Goods*，编者：John Brewer and Roy Porter（London：Routledge，1993），216，K. N. Chaudhuri，*The Trading World of Asia and the English East India Company*，*1660–1760*（Cambridge：Cambridge University Press，1978），388，该书作者也认为，消费需求加速了供给。

17. Maxine Berg, *Luxury and Pleasure in Eighteenth-Century Britain* (Oxford: Oxford University Press, 2005), 5.

18. Woodruff Smith, *Consumption and the Making of Respectability, 1600-1800* (New York: Routledge, 2002), 3; Maxine Berg, "In Pursuit of Luxury: Global History and British Consumer Goods in the Eighteenth Century," *Past & Present* 182 (February 2004): 92; Ann Smart Martin, *Buying into the World of Goods: Early Consumers in Backcountry Virginia* (Baltimore: Johns Hopkins University Press, 2008), 9-10; Carl Robert Keyes, "Early American Advertising: Marketing and Consumer Culture in Eighteenth-Century Philadelphia"（博士论文集, Johns Hopkins University, 2007）。

19. Richard Bushman, *The Refinement of America: Persons, Houses, Cities* (New York: Knopf, 1992), xii; Jan de Vries, *Industrious Revolution*, 52, 55-56; Colin Campbell, "Understanding Traditional and Modern Patterns of Consumption in Eighteenth-Century England: A Character-Action Approach," 收录于: Brewer and Porter, *Consumption and the World of Goods*, 40-41; Anne E.C. McCants, "Exotic Goods, Popular Consumption, and the Standard of Living: Thinking about Globalization in the Early Modern World," *Journal of World History* 18, no. 4 (December 2007): 449; Paul G. E. Clemens, "The Consumer Culture of the Middle Atlantic, 1760-1820," *WMQ* 62, no. 4 (October 2005), 577; Martin, *Buying into the World of Goods*, 9-10。Weatherill, "Meaning of Consumer Behaviour," 206-207, 作者在书中告诫人们, 不要试图准确指出早期现代消费者是如何定义"奢侈品"或"必需品"的。她将奢侈品定义为: 并非由上一代人拥有, 可以彰显其社会等级和地位, 且令人向往但并非不可或缺的物品。亦见: Maxine Berg and Elizabeth Eger, "The Rise and Fall of the Luxury Debates," 收录于: *Luxury in the Eighteenth Century: Debates, Desires, and Delectable Goods*, 编者: Berg and Eger (New York: Palgrave Macmillan, 2003), 13, John E. Crowley, *The Invention of Comfort: Sensibilities and Design in Early Modern Britain and Early America* (Baltimore: Johns Hopkins University Press, 2001)。

20. Carole Shammas，"Standard of Living，Consumption，and Political Economy over the Past 500 Years，"收录于：*The Oxford Handbook of the History of Consumption*，编者：Frank Trentmann（Oxford：Oxford University Press，2012），213。

21. 原文引述自：Jan de Vries，*Industrious Revolution*，69。亦见：Berg and Eger，"Rise and Fall of the Luxury Debates，"7，11–12。

22. Walvin，*Fruits of Empire*，ix–xiii；Nancy F. Koehn，*The Power of Commerce：Economy and Governance in the First British Empire*（Ithaca，NY：Cornell University Press，1994），61–85，180；John E. Crowley，*This Sheba，Self：The Conceptualization of Economic Life in Eighteenth–Century America*（Baltimore：Johns Hopkins University Press，1974），6–12。Anna Neill，*British Discovery Literature and the Rise of Global Commerce*（New York：Palgrave Macmillan，2002），29，作者认为即使商业扩张需要在大都市地区刺激欲望，但世界经济的扩张依赖于全球周边地区自律的激情。关于经济和道德的交叉问题，参见：Christopher Clark，"A Wealth of Notions：Interpreting Economy and Morality in Early America，"*EAS* 8，no. 3（Fall 2010）：672–683。

23. Thomas Doerflinger，"Philadelphia Merchants and the Logic of Moderation，1760–1775，"*WMQ* 40, no. 2 (April 1983): 214；John E. Crowley, *The Privileges of Independence*: *Neomercantilism and the American Revolution* (Baltimore: Johns Hopkins University Press, 1993), 25.

24. Margaret Ellen Newell, *From Dependency to Independence*: *Economic Revolution in Colonial New England* (Ithaca, NY: Cornell University Press, 1998), 238–239.

25. David Hancock，"The Triumphs of Mercury：Connection and Control in the Emerging Atlantic Economy，"收录于：*Soundings in Atlantic History*：*Latent Structures and Intellectual Currents，1500 - 1830*，编者：Bernard Bailyn and Patricia L. Denault（Cambridge，MA：Harvard University Press，2009），115–121。

26. William J. Ashworth, *Customs and Excise*: *Trade, Production, and Consumption in England, 1640 - 1845* (Oxford: Oxford University Press, 2003)，9.

27. Breen, *Marketplace of Revolution*, x–xvi.

28. Kate Haulman, *The Politics of Fashion in Eighteenth-Century America* (Chapel Hill: University of North Carolina Press, 2011), 5.

29. Elizabeth Kowaleski-Wallace, *Consuming Subjects: Women, Shopping, and Business in the Eighteenth Century* (New York: Columbia University Press, 1997), 25.

30. 最近的学术研究将北美殖民地与英国在亚洲的势力范围联系起来，这类学者包括：Koehn, *Power of Commerce*；P. J. Marshall, *The Making and Unmaking of Empires: Britain, India, and America c. 1750 - 1783*（New York：Oxford University Press, 2005）；Elizabeth Mancke, "Negotiating an Empire: Britain and Its Overseas Peripheries, c. 1550–1780, "收录于：*Negotiated Empires: Centers and Peripheries in the Americas, 1500 - 1820*，编者：Christine Daniels and Michael Kennedy（New York：Routledge, 2002）；Stern, "British Asia and British Atlantic"；Philip J. Stern, *The Company-State: Corporate Sovereignty and the Early Modern Foundations of the British Empire in India*（Oxford：Oxford University Press, 2011）；Nussbaum, *Global Eighteenth Century*。

31. Staughton Lynd and David Waldstreicher, "Free Trade, Sovereignty, and Slavery: Toward an Economic Interpretation of American Independence, "*WMQ* 68, no. 4（October 2011）：600，该文让查尔斯·比尔德的论点重新焕发活力：美国独立战争的领导权主要是出于经济动机。E. P. Thompson, "The Moral Economy of the English Crowd in the Eighteenth Century, "*Past & Present* 50（February 1971）：76–136，引入"道德经济（moral economy）"一词作为历史分析的分类，这一分类大部分属于早期现代欧洲和劳动者阶级意识产生的研究领域。亦见：Thompson "The Moral Economy Reviewed, "收录于：*Customs in Common: Studies in Traditional Popular Culture*（New York：New Press, 1993）, 259–351；Ruth Bogin, "Petitioning and the New Moral Economy of Post-Revolutionary America, "*WMQ* 45, no. 3（July 1988）：391–425；Barbara Clark Smith, "Food Rioters and the American Revolution, "*WMQ* 51, no. 1（January 1994）：3–38；Michael

Zuckerman, "A Different Thermidor：The Revolution beyond the American Revolution," 收录于：*The Transformation of Early American History*：*Society*, *Authority*, *and Ideology*, 编者：James A. Henretta, Michael Kammen, Stanley N. Katz（New York：Knopf, 1991）, 180–181。Charlotte Sussman, *Consuming Anxieties*：*Consumer Protest*, *Gender*, *and British Slavery*, *1713‐1833*（Stanford, CA：Stanford University Press, 2000）, 2, 书中同样强调了消费政治中的道德成分，描述了18世纪许多"对殖民主义的消费主义批评"。

32. Crowley, *Privileges of Independence*, xii, 25, 158–159; Shammas, "America, the Atlantic, and Global Consumer Demand," 62; Hancock, "Atlantic Trade and Commodities," 339; Eliga H. Gould, *Among the Powers of the Earth*: *The American Revolution and the Making of a New World Empire* (Cambridge, MA: Harvard University Press, 2012); Paul A. Gilje, *Free Trade and Sailors' Rights in the War of 1812* (Cambridge: Cambridge University Press, 2013).

第一章　英国商业版图的扩张

1. Richard Hakluyt, "Discourse of Western Planting（1584）," 收录于：*The Original Writings and Correspondence of the Two Richard Hakluyts*, 编者：E. G. R. Taylor（London：Hakluyt Society, 1935）, 2：211, 238。

2. Adam Smith, *An Inquiry into the Nature and Causes of the Wealth of Nations*（Dublin, 1776）, 2：483。亚当·斯密在本书的第二版中，修订了《国富论》的该部分文字，变为："It is, however, a project altogether unfit for a nation of shopkeepers; *but extremely fit for a nation whose government is influenced by shopkeepers*（然而，这种事业其实和满脑子生意经的零售店主们完全不搭调；不过，它倒是和政府受到零售店主影响的国家极为搭调）"（Adam Smith, *An Inquiry into the Nature and Causes of the Wealth of Nations* [London, 1805], 2：484, 重点补充）。

3. John J. McCusker and Russell R. Menard, *The Economy of British America*, *1607‐1789*（1985；修订版, Chapel Hill：University of North Carolina Press, 1991）, 35–38, 该书为重商主义提供了一个很好的定义。亦

见：Cathy Matson, *Merchants and Empire*：*Trading in Colonial New York*（Baltimore：Johns Hopkins University Press, 1998）, 6–7；David Hancock, "Atlantic Trade and Commodities, 1402–1815," 收录于：*The Oxford Handbook of the Atlantic World, 1450‑1850*, 编者：Nicholas Canny and Philip Morgan（Oxford：Oxford University Press, 2013）, 326；Jonathan Barth, "Reconstructing Mercantilism：Consensus and Conflict in British Imperial Economy in the Seventeenth and Eighteenth Centuries," *WMQ* 73, no. 2（April 2016）：257–290。Steve Pincus, "Rethinking Mercantilism：Political Economy, the British Empire, and the Atlantic World in the Seventeenth and Eighteenth Centuries," *WMQ* 69, no. 1（January 2012）：4, 他在文中指出, 现代历史学家和经济学家可能错误地接受了亚当·斯密关于"早期现代对重商主义曾有过共识"的见解。

4. 原文引述自：John E. Crowley, *This Sheba, Self*：*The Conceptualization of Economic Life in Eighteenth–Century America*（Baltimore：Johns Hopkins University Press, 1974）, 39；Mark Valeri, "William Petty in Boston：Political Economy, Religion, and Money in Provincial New England," *EAS* 8, no. 3（Fall 2010）：553。

5. Crowley, *This Sheba, Self*, 15；David S. Shields, *Oracles of Empire*：*Poetry, Politics, and Commerce in British America, 1690‑1750* (Chicago: University of Chicago Press, 1990), 17；Peter S. Onuf and Cathy D. Matson, *A Union of Interests*：*Political and Economic Thought in Revolutionary America* (Lawrence: University Press of Kansas, 1990), 16–20.

6. Adam Anderson, *An Historical and Chronological Deduction of the Origin of Commerce, from the earliest Accounts to the present Time*（London, 1764）, i。亦见：Lisa Jardine, *Worldly Goods*：*A New History of the Renaissance*（New York：Norton, 1996）, 37–90。

7. James Steuart, *An Inquiry into the Principles of Political Oeconomy*：*Being an Essay on the Science of Domestic Policy in Free Nations* (London, 1767), 1:207.

8. Elizabeth Mancke, "Negotiating an Empire：Britain and Its Overseas Peripheries, c. 1550–1780," 收录于：*Negotiated Empires*：*Centers and Peripheries in the Americas, 1500‑1820*, 编者：Christine Daniels

and Michael Kennedy（New York：Routledge，2002），235–236。亦
见：Philip J. Stern，"British Asia and British Atlantic：Comparisons and
Connections，"*WMQ* 63，no. 4（October 2006）：700–701。

9. Mancke，"Negotiating an Empire," 422–444.

10. Patrick O'Brien，"Inseparable Connections：Trade，Economy，Fiscal
State，and the Expansion of Empire，1688–1815，"收录于：*The Oxford
History of the British Empire*，*Vol. II*：*The Eighteenth Century*，编者：P. J.
Marshall（Oxford：Oxford University Press，1998），73–74；J. H. Parry,
*Trade and Dominion：The European Oversea Empires in the Eighteenth
Century*（London：Phoenix Press，1971），74–79。

11. Anderson，*Origin of Commerce*，v。参见：Shields，*Oracles of Empire*，
4，Nancy F. Koehn，*The Power of Commerce：Economy and Governance in
the First British Empire*（Ithaca，NY：Cornell University Press，1994），
3–12。

12. Shields, *Oracles of Empire*, 4.

13. Abbé (Guillaume-Thomas-Francois) Raynal, *A Philosophical and Political
History of the Settlements and Trade of the Europeans in the East and West
Indies* (London, 1777), 1:1; Smith, *Wealth of Nations*, 2:500.

14. Kenneth Pomeranz and Steven Topik, *The World That Trade Created: Society,
Culture, and the World Economy, 1400 to the Present* (New York: M. E.
Sharpe, 2000), 7.

15. Raynal，*Philosophical and Political History*，2：90；John E. Wills Jr.
"European Consumption and Asian Production in the Seventeenth and
Eighteenth Centuries，"收录于：*Consumption and the World of Goods*，
编者：John Brewer and Roy Porter（London：Routledge，1993），134。
关于非欧洲的机构和早期现代全球贸易的控制问题，参见：Scott Levi,
"India，Russia and the Eighteenth-Century Transformation of the Central
Asian Caravan Trade，"*Journal of the Economic and Social History of the
Orient* 42，no. 4（1999）：519–548；Scott Levi，"The Indian Merchant
Diaspora in Early Modern Central Asia and Iran，"*Iranian Studies* 32，
no. 4（Autumn 1999）：483–512；Matthew P. Romaniello，"Through

the Filter of Tobacco: The Limits of Global Trade in the Early Modern World, " *Comparative Studies in Society and History* 49, no. 4（October 2007）: 914–937。

16. William Mildmay, *The Laws and Policy of England Relating to Trade*（London, 1765）, 53。参见: O'Brien, "Inseparable Connections, " 53–54。

17. Mildmay, *Laws and Policy of England Relating to Trade*, 100.

18. 同前, 7, 38; Elizabeth Mancke, "Chartered Enterprises and the Evolution of the British Atlantic World, " 收录于: *The Creation of the British Atlantic World*, 编者: Elizabeth Mancke and Carole Shammas（Baltimore: Johns Hopkins University Press, 2005）, 238–240; John E. Crowley, *The Privileges of Independence: Neomercantilism and the American Revolution*（Baltimore: Johns Hopkins University Press, 1993）, 4–5; Matson, *Merchants and Empire*, 6–8; James Walvin, *Fruits of Empire: Exotic Produce and British Taste, 1660‒1800*（New York: New York University Press, 1997）, x, 12。

19. 书信: Edward Knipe to the Court of Directors, 19 January 1643/44, 资料: Supplement to China Materials, Book II, China, 1606–1699, p. 99, IOR/G/12/10, reel 4, *EIC Factory Records*; Nuala Zahedieh, "Overseas Expansion and Trade in the Seventeenth Century, " 收录于: *The Oxford History of the British Empire, Vol. I: The Origins of Empire: British Overseas Enterprise to the Close of the Seventeenth Century*, 编者: Nicholas Canny（Oxford: Oxford University Press, 1998）, 400–401。

20. John Bruce, *Annals of the Honorable East–India Company* (London, 1810), 2:674; *A New Universal History of Voyages and Travels: Collected from the Most Authentic Authors in All Languages* (London, 1754), 2:108; John Shaw, *Charters Relating to the East India Company, from 1600 to 1761* (Madras, 1887), vi, 32–46; Stern, "British Asia and British Atlantic," 703.

21. K. N. Chaudhuri, *The Trading World of Asia and the English East India Company, 1660‒1760*（Cambridge: Cambridge University Press, 1978）, 387–388。亦见: K. N. Chaudhuri, *The English East India Company: The Study of an Early Joint–Stock Company, 1600‒1640*（New

York：Routledge，1965）；John Keay，*The Honourable Company：A History of the English East India Company*（New York：Harper Collins，2010），130–135；Kenneth Andrews，*Trade，Plunder，and Settlement：Maritime Enterprise and the Genesis of the British Empire，1480–1630*（Cambridge：Cambridge University Press，1984），278ff；P. J. Marshall，"The English in Asia to 1700，"收录于：Canny，*Oxford History of the British Empire：British Overseas Enterprise*，281–283。

22. *Some Thoughts Relating to Trade in General，and to the East India Trade in Particular*（London，1754），30.

23. Anderson，*Origin of Commerce*，2：285–289，在书中警告称，英国东印度公司（EIC）可能会成为另一个南海公司（South Sea Company）——该公司承诺以承担国家债务换取债券后，在18世纪20年代破产。南海公司因为有传言称其将与英国东印度公司和英格兰银行合并，股价上涨。当南海公司仅仅是基于揣测就宣布10%的分红时，股票泡沫破灭，债券价值也随之下跌。

24. H. V. Bowen，*The Business of Empire：The East India Company and Imperial Britain，1756–1833*（Cambridge：Cambridge University Press，2008），30；K. N. Chaudhuri，"The English East India Company in the 17th and 18th centuries：A Pre-modern Multinational Organization，"收录于：*The Organization of Interoceanic Trade in European Expansion，1450–1800*，编者：Pieter Emmer and Femme Gaastra（Brookfield，VT：Ashgate，1996），190–191。

25. Bowen，*Business of Empire*，30；Mancke，"Negotiating an Empire，"244。Pilar Nogués Marco and Camila Vam Malle-Sabouret，"East India Bonds，1718–1763：Early Exotic Derivatives and London Market Efficiency，"*European Review of Economic History* 11，no. 3（December 2007）：368，373，书中指出，政府贷款是由英国东印度公司发行的债券担保的，收益率为3%。短期债券通常在到期后还会继续流通，这对市场下跌具有"对冲"效应，实际上可以使它们成为长期债券。

26. *A New Universal History of Voyages and Travels：collected from the most authentic authors in all languages*（London，1754），2:108；Keay，*Honourable*

Company, 130–131; Marshall, "English in Asia to 1700," 281–282.

27. Edmund Waller, "Of Tea, Commended by her Majesty," *Works in Verse and Prose* (London, 1729), 221; Elizabeth Kowaleski-Wallace, *Consuming Subjects*: *Women, Shopping, and Business in the Eighteenth Century* (New York: Columbia University Press, 1997), 22.

28. Anderson, *Origin of Commerce*, 2:111, 182.

29. 同前，2：328。亦见：Hosea Ballou Morse, *The Chronicles of the East India Company, Trading to China, 1635－1834*（Taipei：Ch'eng-wen, 1966），1：1–3，9，72–73；Bruce, *Annals of the Honorable East–India Company*，1：11–13。

30. Great Britain, *An Act for Laying Additional Duties on Hides and Skins, Vellom and Parchment, and New Duties on Starch, Coffee, Tea, Drugs, Gilt and Silver Wire* ([London?], [1712?]), 365, 545, Eighteenth-Century Collections Online (N052397); Chaudhuri, *The Trading World of Asia*, 20, 43; Paul Langford, *A Polite and Commercial People: England, 1727－1783* (Oxford: Clarendon Press, 1989), 179.

31. Great Britain, *Act for Laying Additional Duties on Hides and Skins*, 367.

32. 会议纪要：Meeting between the EIC Committee on Duties and Commissioners of the Customs，22 April 1718，Misc. China Papers，19 December 1712–24 December 1725，p. 1355–1356，IOR/G/12/8，Reel 2，*EIC Factory Records*。海关官员要求征收每磅8先令3便士的关税，英国东印度公司坚持说，这会使茶叶的价格提高到每磅17先令10便士，对普通消费者而言太高了。

33. Great Britain, *An Act for Repealing Certain Duties Therein Mentioned, Payable upon Coffee, Tea, Cocoanuts, Chocolate, and Cocoa paste Imported*（[London？]，[1724？]），220，222，Eighteenth Century Collections Online（N050499）。为了进一步质疑进口数据，该著作：Hoh-Cheung Mui and Lorna H. Mui，"'Trends in Eighteenth-Century Smuggling' Reconsidered,"Economic History Review 28，no. 1（February 1975），37，警告说，以下著作中列出了完整的茶叶销售来源（也是最常被使用的数据），在某些年份"非常不准确"，尽管没有低估茶叶的价值，但低估了茶叶的销量：William Milburn, *Oriental Commerce*：

Containing a Geographical Description of the Principle Places in the East Indies，China，and Japan（London，1813）。

34. "Sir Robert Walpole's defence of his Excise Bill，1733，"收录于：*English Historical Documents，1714 – 1783*，编者：D. B. Horn and Mary Ransome（New York：Oxford University Press，1957），310，337。这一时期英国国债在1724年达到峰值，为53323570英镑，但在1738年下降至46497500英镑，随后再次上升（O'Brien，"Inseparable Connections，"65–67）。

35. R. F. F. Dominick Fernandez Navarette，*An Account of the Empire of China，Historical，Political，Moral and Religious*，收录于：A Collection of Voyages and Travels，Some now first Printed from Original Manuscripts（London，1704），1：60；Timothy Brook，*The Confusions of Pleasure：Commerce and Culture in Ming China*（Berkeley：University of California Press，1998），119–124；Caroline Frank，*Objectifying China，Imagining America：Chinese Commodities in Early America*（Chicago：University of Chicago Press，2011），38–39；Andre Gunder Frank，*ReOrient：Global Economy in the Asian Age*（Berkeley：University of California Press，1998），197–198。

36. T'ung Yang-chia Requests the Opening of Canton to Macaonese，5 June 1647，收录于：*A Documentary Chronicle of Sino–Western Relations（1644 – 1820）*，编制：Lo-Shu Fu（Tucson：University of Arizona Press，1966），1：7；Pin-tsun Chang，"The Evolution of Chinese Thought on Maritime Foreign Trade from the Sixteenth to the Eighteenth Century，"*International Journal of Maritime History* 1，no. 1（June 1989）：56。

37. George Shelvocke, *A Voyage Round the World by the Way of the Great South Sea* (London, 1726), 458.

38. *The Chinese Traveller：Containing a Geographical，Commercial，and Political History of China* (London, 1775), 1:200.

39. Charles Lockyer，*An Account of the Trade in India*（London，1711），106；Chaudhuri，*Trading World of Asia*，399。有关中国茶叶关税的详细说明，参见：F. Hirth，"The Hoppo-Book of 1753，"*Journal of the North–China Branch of the Royal Asiatic Society* 17（1882）：221–235。

40. Lockyer, *Account of the Trade in India*, 5–6.

41. Journal of the *Carnaroon*，14 July 1718，Misc. China Papers，19 December 1712–24 December 1725，p. 1349，IOR/G/12/8，reel 2，*EIC Factory Records*。

42. Alexander Hamilton, *A New Account of the East Indies, Giving an Exact and Copious Description of the Situation, Product, Manufactures, Laws, Customs, Religion, Trade, &c* (London, 1744), 2:227–229.

43. Maxine Berg，*Luxury and Pleasure in Eighteenth-Century Britain*（Oxford：Oxford University Press，2005），74–75。尽管在明末至清朝中期，中国新兴商人阶层的行事指南中注入了大量的儒家道德规范，但他们的商业行为也屈服于高度分层社会的政治现实。与英国商人一样，他们学会了操纵市场，掌握市场时机，囤积某些商品直到价格上涨获利等手段。参见：Richard John Lufrano，*Honorable Merchants：Commerce and Self-Cultivation in late Imperial China*（Honolulu：University of Hawaii Press，1997），137。

44. Diary of the *Carnaroon*，16 August 1720，Misc. China Papers，19 December 1712–24 Dec. 1725，p. 1372，IOR/G/12/8，reel 2，*EIC Factory Records*。

45. Dr. John Francis Gemelli Careri，*A Voyage Round the World*（1695），收录于：*Collection of Voyages and Travels*，4：384；Hamilton，*New Account of the East Indies*，2：288；Albert Feuerwerker，*State and Society in Eighteenth-Century China：The Ch'ing Empire in Its Glory*（Ann Arbor：Center for Chinese Studies，University of Michigan，1976），80；Robert Gardella，*Harvesting Mountains：Fujian and the China Tea Trade，1757–1937*（Berkeley：University of California Press，1994），29。

46. *Chinese Traveller*, 1:236–237.

47. Lockyer, *Account of the Trade in India*, 116–117.

48. *The East-India Sale, September the First, 1719* (London, 1719), 110–176.

49. 磋商记录：At Consultation，29 September 1731，China Diary and Consultations，1730–1732，p. 126，IOR/G/12/31，reel 10，*EIC Factory Records*；Pehr Osbeck，*A Voyage to China and the East Indies*（London，1771），1：251–252。

50. Macclesfield China Diary 1724，Instructions，China Diary and Consultations，1722–1724，IOR/G/12/24，reel 10，*EIC Factory Records*。

51. Chaudhuri, *Trading World of Asia*, 406–407.

52. China Diary and Consultations，1721–1723，8 October 1722，IOR/G/12/21，指示文件：Instructions to Capt. Robert Hudson，8 October 1728，China Diary and Consultations，1726–1728，p. 77，IOR/G/12/26，reel 10，*EIC Factory Records*。

53. Hoh-Cheung Mui and Lorna H. Mui，"Smuggling and the British Tea Trade before 1784," *American Historical Review* 74, no. 1 (October 1968): 45–46, 50.

54. "London September 7," *Boston News–Letter*, January 30–February 6, 1735; William J. Ashworth, *Customs and Excise: Trade, Production, and Consumption in England, 1640－1845* (Oxford: Oxford University Press, 2003), 177.

55. *A Proposal to Prevent the Smuggling of Tea* (London, [1745?]), 1; Mui and Mui, "'Trends in Eighteenth-Century Smuggling' Reconsidered," 29.

56. 指示文件：Instructions，December 1720，Misc. China Papers，19 December 1712–24 December 1725，p. 1382，IOR/G/12/8，reel 2，China Diary and Consultations，1720–1722，28 August 1721，IOR/G/12/23，reel 10，*EIC Factory Records*；Tan Chung，"The Britain-China-India Trade Triangle（1771–1840），"*Indian Economic Social History Review* 11（1974）：411–412。Chaudhuri, *Trading World of Asia*，390–391，书中暗示在18世纪20年代末，由于奥斯坦德公司（Ostender）和荷兰恢复对华直接贸易，英国东印度公司决定垄断市场。然而，英国东印度公司关于抢占茶叶市场的指示开始得更早。亦见：Parry, *Trade and Dominion*，84–85。

57. Diary and Consultation，27 June 1729，China Diary and Consultations，1728–1730，p. 16，IOR/G/12/28，reel 10，*EIC Factory Records*。

58. 1740年，英国东印度公司派出4艘船，奉命协调垄断熙春茶市场，但代理人未能达成协议（Morse, *Chronicles of the East India Company*，1：272）。

59. Parry, *Trade and Dominion*, 74–78.

60. 3号海关数据，4—19卷。德国从英国东印度公司购买的茶叶数量仅次于荷兰，分别为26643.25磅（1700—1710年）和35897磅（1711—1720年）。在18世纪50年代中期，荷兰、德国和佛兰德斯停止从英国东印度公司购买茶叶。

61. Chaudhuri, "English East India Company," 931.

62. Diary and Consultation，4 November 1729，China Diary and Consultations，1728–1730，p. 42，IOR/G/12/28，reel 10，*EIC Factory Records*。

63. Letter to the Directors，10 December 1730，China Diary and Consultations，1729–1731，IOR/G/12/30，reel 10，*EIC Factory Records*。

64. 3号海关数据，25-29卷。参见：P. J. Marshall，"The British in Asia：Trade to Dominion，1700–1765，"收录于：Marshall, *Oxford History of the British Empire*，Vol. II，490–491，阐述了18世纪20年代到40年代欧洲贸易公司的相对成功。Jacob M. Price，"The Imperial Economy，1700–1776，"收录于：Marshall，*Oxford History of British Empire*，Vol. II，79。*A Proposal to Prevent the Smuggling of Tea*（London，[1745?]），1–2，文中估计，英国从法国商人那里以每磅2先令购得茶叶并走私进来，在英国转手卖到每磅4~5先令。在18世纪30年代早期，类似的茶叶在英国东印度公司的拍卖会上以每磅3~7先令的价格出售，这还不包括1先令的内地税或14%的从价（增值）税。

65. Letter to the Directors，9 April 1728，from Cape of Good Hope，China Diary and Consultations，1726–1728，pp. 40–41，IOR/G/12/26，reel 10，*EIC Factory Records*。在1719年到1833年，从广州出港的货物中有70%~90%是茶叶（Gardella, *Harvesting Mountains*，33）。由于欧洲的需求，中国的茶叶产量在1719年至1762年增长了6倍（Susan Naquin and Evelyn S. Rawski, *Chinese Society in the Eighteenth Century* [New Haven，CT：Yale University Press，1987]，170）。

66. Morse, *Chronicles of the East India Company*，1：194；日志：Diary and Consultation，13 November 1729，China Diary and Consultations，1728–1730，p. 54，IOR/G/12/28，reel 10，*EIC Factory Records*。

67. Diary and Consultations，26 July 1730，1729–1731，IOR/G/12/30，reel 10，*EIC Factory Records*。

68. Diary and Consultation，13 November 1729，China Diary and Consultations，1728–1730，p. 54，IOR/G/12/28，reel 10，*EIC Factory Records*。参见：Weng Eang Cheong, *The Hong Merchants of Canton：Chinese Merchants in Sino-Western Trade*（Surrey，UK：Curzon Press，1997），37。

69. 给董事会的书信，from Batavia，20 June 1730，China Diary and Consultations，1729-1731，IOR/G/12/30，reel 10，*EIC Factory Records*。例如，可参阅Diary of James Naish at Canton，13 January–24 June，1731，IOR/G/12/32，reel 10，*EIC Factory Records*。

70. 反对意见书：Andrew Reid，20 October 1736，Diary and Consultation in China，1736–1737，p. 33–34，IOR/G/12/41，reel 11，*EIC Factory Records*。

71. Journal from the Ship *Normanton*，3 December 1736，同前，p. 42。

72. Journal from the Ship *Normanton*，27 December 1736，同前，p. 48。

73. Diary and Consultation in China，25 December 1734，1734–1735，p. 130，IOR/G/12/37，reel 11，*EIC Factory Records*。

74. James MacPherson，*The History and Management of the East–India Company from Its Origin in 1600 to the Present Times*（London，1779），1：10。参见：K. N. Chaudhuri，"Treasure and Trade Balances：The East India Company's Export Trade，1660–1720," *Economic History Review* 21，no. 3（December 1968）：480–502。

75. G. N. Clark, *Guide to English Commercial Statistics, 1696–1782* (London: Offices of the Royal Historical Society, 1938), 77.

76. Marshall，"British in Asia，" 488，在文中给出了80%的数字；Dennis O. Flynn and Arturo Giraldez，"Cycles of Silver：Global Economic Unity through the Mid-Eighteenth Century，" *Journal of World History* 13，no. 2（Fall 2002）：411–412，在文中声称为90%。

77. 原文引述自：Pincus，"Rethinking Mercantilism，" 21。

78. Chaudhuri，*Trading World of Asia*，165–169，173。Caroline Frank，*Objectifying China*，*Imagining America*，7，根据作者描述，在19世纪之前，中国向全世界提供了五分之四的商品，作为交换，中国最终获得了全世界75%的白银。

79. Brook, *Confusions of Pleasure*, 204–210; Kent G. Deng, "Miracle or Mirage? Foreign Silver, China's Economy and Globalization from the Sixteenth to the Nineteenth Centuries," *Pacific Economic Review* 13, no. 3 (2008): 320–321; Flynn and Giraldez，"Cycles of Silver，" 395.

80. Naquin and Rawski, *Chinese Society in the Eighteenth Century*, 104.

81. Diary and Consultation in China，13 August 1734，1733–1735，p. 51–52，IOR/G/12/36，reel 11，*EIC Factory Records*。

82. Chaudhuri，*Trading World of Asia*，97。Earl H. Pritchard，*Anglo–Chinese Relations during the Seventeenth and Eighteenth Centuries*（New York：Octagon Books，1970），附录XIX："East India Company's Tea Trade，"出版地不祥，根据书中的描述，1723年，茶叶在英国东印度公司的销售总额中占27%~28%，1731年占25%，1745年占24%，1750年仍占25%左右。到1770年，茶叶占拍卖商品的45%。Maxine Berg，*Luxury and Pleasure in Eighteenth Century Britain*，57，相比之下，作者在书中声称"1722年，（英国东印度公司）从中国进口的茶叶占总进口额的19.2%，之后有所下降，直到1747年，又上升到20%，1748年上升到31%，1760年高达39.5%。"

83. Consultation on board the *Compton*，22 June 1732，Diary and Consultations at Canton，1731–1733，IOR/G/12/33，reel 10，*EIC Factory Records*。

第二章 "嗜茶一代"的兴起

1. Margaret Ellen Newell，*From Dependency to Independence：Economic Revolution in Colonial New England*（Ithaca，NY：Cornell University Press，1998），97ff；Carole Shammas，*The Pre–Industrial Consumer in England and America*（New York：Oxford University Press，1990），3–5，83–86；Lorena S. Walsh，"Urban Amenities and Rural Sufficiency：Living Standards and Consumer Behavior in the Colonial Chesapeake，1643–1777，"*Journal of Economic History* 43（March 1983）：109–117；Gloria L. Main and Jackson T. Main，"Economic Growth and the Standard of Living in Southern New England，1640–1774，"*Journal of Economic History* 48（March 1988）：27–46；Lois Green Carr and Lorena S. Walsh，"Changing Lifestyles and Consumer Behavior in the Colonial Chesapeake，"收录于：*Of Consuming Interests：The Style of Life in the Eighteenth Century*，编者：Cary Carson，Ronald Hoffman，and Peter J. Albert（Charlottesville：University Press of Virginia，1994），67，80；K. N. Chaudhuri，*The Trading World of Asia*

and the English East India Company, *1660 - 1760*（Cambridge：Cambridge University Press，1978），387–388。

2. Shammas，*Pre-Industrial Consumer*，6，292。亦见：Lorna Weatherill，*Consumer Behaviour and Material Culture in Britain*，*1660 - 1760*（London：Routledge，1988），25–31，86。

3. Peter Baynton to Francis Richardson，30 May 1724，Peter Baynton Ledger and Letterbook，1721–1726，HSP。有关船主的信息，参见：Port of Philadelphia Ship Registers，8 May 1736，1722–1770，HSP。

4. James Bonsall Account Book，1722–1729，Collection of Business Accounts，HSP；账簿和书信集：Baynton Ledger and Letterbook。

5. Wilbur C. Plummer，"Consumer Credit in Colonial Philadelphia，"*PMHB* 66，no. 4（1942）：385–390；Gary B. Nash，*The Urban Crucible*：*The Northern Seaports and the Origins of the American Revolution*，简编本（Cambridge，MA：Harvard University Press，1986），110。

6. Walsh，"Urban Amenities and Rural Sufficiency，"112；Newell，*From Dependency to Independence*，96；Neil McKendrick，John Brewer，and J. H. Plumb，*The Birth of a Consumer Society*：*The Commercialization of Eighteenth-Century England*（Bloomington：Indiana University Press，1982），2。Marc Egnal，"The Economic Development of the Thirteen Continental Colonies，1720 to 1775，"*WMQ* 32，no. 2（April 1975）：203–204，书中提到，英国的农业和农村生活水平几乎没有增长，相比之下，美国殖民时期的经济相对强劲，商品价格不断上涨。Maxine Berg，"In Pursuit of Luxury：Global History and British Consumer Goods in the Eighteenth Century，"*Past & Present* 182（February 2004）：92，文中，作者看到了整个18世纪"消费者愿望的升级"。Caroline Frank，*Objectifying China*，*Imagining America*：*Chinese Commodities in Early America*（Chicago：University of Chicago Press，2011），第1、2章，作者认为，北美殖民地的殖民者将外来的亚洲商品纳入家庭物品清单的时间可能比想象的更早。17世纪90年代，北美殖民地的海员参加了早期到东印度群岛的私掠船探险。

7. Main and Main，"Economic Growth and the Standard of Living，"29.

8. 同前，43，表格5。

9. Newell, *From Dependency to Independence*, 96.

10. Entry for 11 October 1728，William Becket，Letter and Commonplace Book，1727–1742，HSP。亦见：T. H. Breen，"The Meanings of Things：Interpreting the Consumer Economy in the Eighteenth Century，"收录于：*Consumption and the World of Goods*，编者：John Brewer and Roy Porter（London：Routledge，1993），253。

11. Carr and Walsh，"Changing Lifestyles and Consumer Behavior," 80.

12. Walsh，"Urban Amenities and Rural Sufficiency," 111.

13. Robert Pringle to Richard Thompson，Hull，2 September 1738；Robert Pringle to William Cookson & William Welfitt，Hull，25 September 1742，收录于：*The Letterbook of Robert Pringle*，编者：Walter B. Edgar（Columbia：University of South Carolina Press，1972），1：31，424。

14. 18世纪初期，爱尔兰的人口稳定在200万人至300万人。北美殖民地的人口急剧增长，从1700年的26.5万人增长到1720年的44.5万人，到18世纪中叶时则超过了100万人。Jacob M. Price，"The Imperial Economy，1700–1776，"收录于：*The Oxford History of the British Empire*, *Vol. II*：*The Eighteenth Century*，编者：P. J. Marshall（Oxford：Oxford University Press，1998），100；Richard R. Johnson，"Growth and Mastery：British North America，1690–1748，"收录于：Marshall，*Oxford History of the British Empire*，*Vol. II*，279。

15. Chaudhuri, *Trading World of Asia*, 131.

16. 原文引述自：同前，390。

17. Hosea Ballou Morse, *The Chronicles of the East India Company, Trading to China, 1635 – 1834* (Taipei: Ch'eng-wen, 1966), 1:149.

18. 原文引述自：Chaudhuri，*Trading World of Asia*，390。

19. 原文引述自：同前，391–392。

20. *American Weekly Mercury*, March 17, 1720.

21. *American Weekly Mercury*, September 14, 1727.

22. *American Weekly Mercury*，June 8，1738，and *Pennsylvania Gazette*，June 22，1738。在18世纪30年代晚期，当伦敦的供应商询问塞缪尔·鲍威尔

的意见时，后者推测，更小、更方便的包装——比如罐子——最适合美国消费者（书信：Samuel Powel to Benjamin and William Bell，26 July 1739，Samuel Powel Letterbook，1727–1739，vol. 1，HSP）。

23. *Boston News–Letter*, June 11–June 18, 1730, 2.

24. *Boston Gazette*, August 13–August 20, 1733, 4.

25. 约翰·梅雷特起初是在波士顿销售商品，但最终在纽约零售茶叶，*New-England Weekly Journal*，May 9，1738；Jacob and John Wendell，*New-England Weekly Journal*，March 7，1738。

26. Carl Robert Keyes， "Early American Advertising：Marketing and Consumer Culture in Eighteenth-Century Philadelphia"（博士论文集，Johns Hopkins University，2007），20–21，43–45，53–54，该文仔细调查了18世纪以来费城广告业的成长与发展。

27. John Kidd to Rawlinson & Davison，27 August 1752，John Kidd Letterbook，1749–1763，HSP；书信：James & Drinker to Neate，Pigou & Booth，6 November 1764，James & Drinker Letterbook，1764–1766，Henry Drinker Business Papers，1756–1869，HSP。

28. Thomas Lawrence to Samuel Storke，12 October 1721，Thomas Lawrence Letterbook，1718–1725，HSP。

29. Samuel Powel to Benjamin Bell，12 July 1736，Powel Letterbook vol. 1. John J. McCusker and Russell R. Menard，*The Economy of British America，1607‐1789*（1985；修订版，Chapel Hill：University of North Carolina Press，1991），205–206，书中声称，费城商人特别依赖西印度群岛的贸易，以便销售殖民地的产品，而且，只有在美国人找到销售自己商品的市场之后，才会进口外国商品。

30. John Reynell [for Jane Fenn]，to John Hayward，25 November 1737，John Reynell Letterbook，1734–1774，Coates and Reynell Papers，1702–1843，HSP。简·芬恩是一位贵格会牧师，在18世纪20年代游历了北卡罗来纳、弗吉尼亚、马里兰、宾夕法尼亚和新英格兰殖民地。1738年，她嫁给了一位富有的商人约瑟夫·霍斯金斯。她的以下自传在她去世后，于1771年出版：*The Life and Spiritual Sufferings of that Faithful Servant of Christ Jane Hoskens，a Public Preacher Among the People Called Quakers*。

31. 参见Samuel Coates Daybook，1729–1737，Coates and Reynell Collection，140A，HSP。雷勒尔与塞缪尔的姐姐玛丽·科茨结婚，并在塞缪尔1748年去世时成为他孩子的监护人（如需对科茨和雷勒尔家族的信息寻找HSP摘要和资源信息，可查询：http://hsp.org/sites/default/files/legacy_files/migrated/findingaid 0140coatesreynell.pdf）。

32. 18世纪40年代，鲍威尔以每磅2~3先令的价格购买茶叶，然后以每磅6先令或更多的价格出售（Samuel Powel to Benjamin and William Bell，2 February 1742/43，Samuel Powel to Benjamin and William Bell，31 October 1744，Samuel Powel Letterbook，1739–1746，vol. 2，HSP）。

33. Boylston Family Papers，Thomas Boylston Wastebook（Boston），1735–1738，vol. 56；[Thomas Boylston] Ledger，1735–1767，vol. 57；[Thomas Boylston] Wastebook（Boston），1738–1767，vol. 60，MHS。亦见Benjamin Greene Account Books，1734–1756，MHS。在1738年至1751年，他（托马斯·博伊尔斯顿）以757英镑的价格卖出了453.5磅茶叶。

34. Samuel Powel to Nicholas Witchell，4 October 1728，Powel Letterbook vol. 1。

35. Samuel Powel to Thomas Hyam，12 November 1731，同前。亦见Samuel Powel to David Barclay，22 December 1730，Samuel Powel to Benjamin Bell，6 November 1733，同前。

36. Samuel Powel to David Barclay，6 November 1733，同前；Anne Bezanson，Robert D. Gray，and Miriam Hussey，*Prices in Colonial Pennsylvania*（Philadelphia：University of Pennsylvania Press，1935），254。

37. Samuel Powel to Benjamin Bell，4[March] 1734/35，Powel Letterbook vol.1。

38. Samuel Powel to Benjamin Bell，21 April 1735，同前。

39. John Reynell [for Jane Fenn] to John Hayward，24 July 1738，Reynell Letterbook。1744年，雷勒尔再次为简·芬恩·霍斯金斯订购了茶叶，那一次的销售情况可能好一些（John Reynell to Elias Bland，21 December 1744，同前）。

40. Reynell [for Jane Fenn] to Hayward，24 July 1738，同前。

41. Samuel Powel to Benjamin Bell，9 September 1735，Powel Letterbook vol.1。

42. Samuel Powel to Bell & Son，2 April 1739，同前。

43. Abigail Franks to Naphtali Franks, 12 December 1735, 收录于: *The Lee Max Friedman Collection of American Jewish Colonial Correspondence: Letters of the Franks Family（1733 - 1748）*, 编者: Leo Hershkowitz and Isidore S. Meyer（Waltham, MA: American Jewish Historical Society, 1968）, 50。18世纪30年代, 阿比盖尔的两个兄弟内森·列维和艾萨克·列维在费城合伙, 之后在1742年, 他们与外甥大卫·弗兰克斯（David Franks, 阿比盖尔的儿子）一起共同经商。

44. Samuel Powel to Benjamin Bell, 6 November 1733, Powel Letterbook, vol.1。

45. Samuel Powel to Benjamin Bell, 28 May 1734, 同前。

46. Samuel Powel to Benjamin Bell, 22 August 1737, 同前; Bezanson, Gray, and Hussey, *Prices in Colonial Pennsylvania*, 253–254。茶叶价格在18世纪30年代末跌至10先令以下, 到18世纪40年代初, 平均价格约为每磅6先令6便士。价格下降反映了零售业的竞争, 但也分别反映了英国东印度公司年度拍卖平均售价的下降（Earl H. Pritchard, *Anglo-Chinese Relations during the Seventeenth and Eighteenth Centuries* [New York: Octagon Books, 1970], 附录 XIX: "East India Company's Tea Trade," 出版地不详）。

47. Samuel Powel to Benjamin and William Bell, 16 March 1740/41, Powel Letterbook vol. 2。犹太族长雅各布·弗兰克斯（1688—1769）是一个富有的纽约商人, 他与住在伦敦的兄弟亚伦共同合作经营。他将儿子拿弗他利送到亚伦那里接受指导当学徒。后来, 雅各布鼓励拿弗他利与其他纽约和波士顿商人 "继续茶叶贸易"（Jacob Franks to Naphtali Franks, 22 November 1743, 收录于: *The Letters of Abigaill Levy Franks, 1733 - 1748*, 编者: Edith B. Gelles [New Haven, CT: Yale University Press, 2004, 133, 137）。同时, 雅各布的另外两个儿子大卫和摩西也在费城做了商人。

48. Samuel Powel to Benjamin Bell, 23 November 1737, Powel Letterbook vol. 1。关于18世纪早期纽约和费城之间的竞争和商业联系, 参见: Cathy Matson, *Merchants and Empire: Trading in Colonial New York*（Baltimore: Johns Hopkins University Press, 1998）, 128, 190, 200–201, Thomas M. Doerflinger, *A Vigorous Spirit of Enterprise: Merchants*

and Economic Development in Revolutionary Philadelphia（Chapel Hill：University of North Carolina Press，1986），59。

49. Powel to Benjamin and William Bell，26 July 1739。

50. Samuel Powel to Benjamin Bell，1 December 1737；Powel to Bell & Son，2 April 1739，Powel Letterbook vol. 1。

51. Cary Carson，"The Consumer Revolution in Colonial British America：Why Demand？"收录于：Carson，Hoffman，Albert，*Of Consuming Interests*，486。Lorna Weatherill，"The Meaning of Consumer Behavior in Late Seventeenth- and Early Eighteenth-century England，"收录于：Brewer and Porter，*Consumption and the World of Goods*，216，and Chaudhuri，*Trading World of Asia*，388，书中认为需求增加，供给才会增加。

52. Kevin M. Sweeney，"High-Style Vernacular：Lifestyles of the Colonial Elite，"收录于：Carson，Hoffman，and Albert，*Of Consuming Interest*，8–9。到18世纪70年代，即使在马萨诸塞殖民地的穷人中，"也有近50%的人拥有茶具和玻璃器皿，39.6%的人拥有刀叉，24.2%的人拥有某类陶瓷餐具。"（Shammas，*Pre-Industrial Consumer*，183）。

53. Entries for 10 August 1743 and 1737，[Thomas Boylston II] Ledger，1735–1767，vol. 57，Boylston Family Papers，MHS。

54. Entries for 1738 and 1739，同前。

55. Benjamin Greene Account Books。

56. David Evins，借方，1738；John Davis，借方，1738–1740；Moses Purce（铜匠），借方，1740–1741；Samuel Henshaw（蒸馏匠），借方，1739–1740，同前。

57. Shammas，*Pre-Industrial Consumer*，142–143，表格5.8："Poorhouse diets：1589–1795." Anne E. C. McCants，"Exotic Goods，Popular Consumption，and the Standard of Living：Thinking about Globalization in the Early Modern World，"*Journal of World History* 18，no. 4（December 2007）：448，作者提到，在18世纪30年代早期，随着更多、更便宜的武夷茶进入阿姆斯特丹，茶叶也在荷兰的贫困阶层手中的消费清单里出现了。

58. Sidney W. Mintz，*Sweetness and Power：The Place of Sugar in Modern History*（New York：Penguin，1986），67；Richard Dunn，*Sugar*

and Slaves：The Rise of the Planter Class in the English West Indies，1624‑1713（New York：Norton，1972），205，作者提到，英国红糖的价格从17世纪40年代的每英担4英镑下降到1686—1687年的每英担16先令。到18世纪30年代，法国的糖供应更加丰富和便宜。参见：Woodruff D. Smith，"Complications of the Commonplace：Tea，Sugar，and Imperialism，"*Journal of Interdisciplinary History* 23，no. 2（1992）：263。

59. McCusker and Menard, *Economy of British America*, 49, 157–158.

60. Shammas，*Pre-Industrial Consumer*，84。亦见：Chaudhuri，*Trading World of Asia*，385。W. A. Cole，"Trends in Eighteenth-Century Smuggling，"收录于：*The Growth of English Overseas Trade in the Seventeenth and Eighteenth Centuries*，编者：W. E. Minchinton（London：Methuen，1969），128，表格I，据估计，在1726年到1730年，英国合法茶叶的年人均消费量为0.10磅，1731年到1735年仅仅上升到0.11磅；1736年到1740年为0.17磅；1741年到1745年为0.13磅。直到18世纪40年代末和50年代，随着茶叶的相对价格开始下降，茶叶的消费量才显著上升到超过0.5磅。

61. Samuel Wharton，"Observations upon the Consumption of Teas in North America，1773，"记录和查询部分，*PMHB* 25，no. 1（1901）：139–140。Carole Shammas，*Pre-Industrial Consumer*，84，书中指出，北美殖民地居民每年消费0.5~0.8磅的茶。而另一篇文章：Billy Smith，"The Material Lives of Laboring Philadelphians，1750–1800，"*WMQ* 38，no. 2（April 1981）：170，文中估计，18世纪60年代，一个工人每年只消耗0.2磅的茶。这两个估计都没有把走私茶叶考虑在内，只考虑了直接进口的情况。

62. John E. Crowley，*This Sheba，Self：The Conceptualization of Economic Life in Eighteenth-Century America*（Baltimore：Johns Hopkins University Press，1974），42。亦见：Maxine Berg and Elizabeth Eger，"The Rise and Fall of the Luxury Debates，"收录于：*Luxury in the Eighteenth Century：Debates，Desires，and Delectable Goods*，编者：Berg and Eger（New York：Palgrave Macmillan，2003）。在16世纪，中国也参与了反映英语世界17世纪和18世纪变化的"奢侈品辩论"。儒家学者经常哀

叹城市市场和商人对乡下的农民和他们"简单"生活习惯的腐蚀影响。那些士绅，尽管从中国的新繁荣中受益，却总是指责崛起的商人阶层（Timothy Brook, *The Confusions of Pleasure*: *Commerce and Culture in Ming China* [Berkeley: University of California Press, 1998], 124–152）。

63. Mark Valeri, "Religious Discipline and the Market: Puritans and the Issue of Usury," *WMQ* 54 (1997): 747–768; Valeri, "William Petty in Boston: Political Economy, Religion, and Money in Provincial New England," *EAS* 8, no. 3 (Fall 2010): 549–580.

64. Thomas Mun, *England's Treasure by Forraign Trade or the Balance of Our Forraign Trade in the Rule of our Treasure*（London, 1664）, 180–181, 原文引述自: Jan de Vries, *The Industrious Revolution*: *Consumer Behavior and the Household Economy, 1650 to the Present*（New York: Cambridge University Press, 2008）, 44。

65. Cotton Mather, *Advice from Taberah*: *a Sermon Preached after the Terrible Fire*（Boston, 1711）, 25, 原文引述自: Crowley, *This Sheba, Self*, 62。

66. Crowley, *This Sheba, Self*, 78。

67. *New England Weekly Journal*, January 24, 1732; *Boston Gazette*, May 15, 1727, and November 20, 1732。关于规范市场的必要性，参见: *Boston Gazette*, February 26, 1733。

68. 原文引述自: McKendrick, Brewer, and Plumb, *Birth of a Consumer Society*, 18。亦见: Crowley, *This Sheba, Self*, 15。

69. James Steuart, *An Inquiry into the Principles of Political Oeconomy*: *Being an Essay on the Science of Domestic Policy in Free Nations* (London, 1767), 1:307–308, 310.

70. 同前，1: 325, 326。北美读者很容易就会注意到，大卫·休谟发现，消费外国商品是刺激生产的一种手段，甚至可以创造一个向上流动的体系（John E. Crowley, *The Privileges of Independence*: *Neomercantilism and the American Revolution* [Baltimore: Johns Hopkins University Press, 1993], 7; Jan de Vries, *Industrious Revolution*, 45; David Hume, "Of Refinement in the Arts," part II, 收录于: *Essays, Moral, Political and*

Literary [1752；London，1989]，270；Emma Rothschild，"The Atlantic Worlds of David Hume，"收录于：*Soundings in Atlantic History*：*Latent Structures and Intellectual Currents*，*1500‑1830*，编者：Bernard Bailyn and Patricia L. Denault [Cambridge，MA：Harvard University Press，2009]，408，414–415）。

71. Daniel Defoe，*The Complete English Tradesman*（1726；第五版，London，1745）2：318，325。

72. Frank，*Objectifying China*，*Imagining America*，19；Maxine Berg，"Asian Luxuries and the Making of the European Consumer Revolution，"收录于：Berg and Eger，*Luxury in the Eighteenth Century*，238–239；Jonathan Spence，*The Chan's Great Continent*：*China in Western Minds*（New York：Norton，1998），62ff（论中国风格和笛福思想的转变）。*The Orphan of China*：*A Tragedy*，由托马斯·富兰克林1755年根据伏尔泰的法语版翻译，在18世纪中叶在伦敦和费城上演。

73. Dr. John Francis Gemelli Careri，*A Voyage Round the World*（1695），收录于：*A Collection of Voyages and Travels*，*Some now first Printed from Original Manuscripts*（London，1704），4：384。

74. Pierre Pomet，*A Compleat History of Druggs*，第三版（London，1737），85；*The Chinese Traveller*：*Containing a Geographical*，*Commercial*，*and Political History of China*（London，1775），238。

75. Thomas Short，*Discourses on Tea, Sugar, Milk, Made‑wines, Spirits, Punch, Tobacco, etc*：*With Plain and Useful Rules for Gouty People* (London, 1750)，40–41, 59.

76. John Coakley Lettsom，*The Natural History of the Tea‑tree*，*with Observations on the Medical Qualities of Tea*，*and Effects of Tea‑Drinking*（London，1772），45，40–41（青蛙实验）。

77. Jonas Hanway，*Letters on the Importance of the Rising Generation of the Laboring Part of our Fellow‑Subjects* (London, 1767), 2：179, 180–181.

78. Duncan Forbes，*Some Considerations on the Present State of Scotland* (Edinburgh, 1744), 7.

79. John Wesley，*A Letter to a Friend Concerning Tea*，第二版（Bristol，

1749），5；Lettsom, *Natural History of the Tea-tree*, 62。

80. Short, *Discourses on Tea*, 59.

81. Shammas, *Pre-Industrial Consumer*, 297.

82. 在18世纪中叶，男性劳动者的工资一般为每天2先令，一磅茶叶相当于一周的工资。参见：James T. Lemon, *The Best Poor Man's Country: A Geographical Study of Early Southeastern Pennsylvania*（Baltimore: Johns Hopkins University Press, 1972），179, Mary M. Schweitzer, *Custom and Contract: Household, Government, and the Economy in Colonial Pennsylvania*（New York: Columbia University Press, 1987），51–52。

83. Shammas, *Pre-Industrial Consumer*, 298–99.

84. Defoe, *Complete English Tradesman*, 1:197.

85. Nicholas Amhurst, "To a Friend in London, upon my Returning to College," *Poems on Several Occasions*（1723），51; Christopher Pitt, "The Fable of the Young Man and his Cat," 收录于：*Poems and Translations*（London, 1727），170; William Shenstone, "The Tea-Table," 收录于：*Poems upon Various Occasions*（Oxford, 1737），46, 上述内容均收录于：Chadwyck-Healey English Poetry Database, University of Virginia Library, http://search.lib.vir ginia.edu/?f[digital_collection_facet][]=Chadwyck-Healey+English+Poetry（查阅时间：2013年7月19日）。

86. "On Seeing the Archers &c. The Answer," 收录于：*Poems by Allan Ramsay*（Edinburgh, 1729），2: 43; "Content. A Poem," 收录于：*The Works of Allan Ramsay*, 编者：Burns Martin and John W. Oliver（Edinburgh and London: Scottish Text Society, 1944–1973），1: 102; Allan Ramsay, "Song LXIX," 收录于：*The Tea-Table Miscellany: or, a Collection of Choice Songs, Scots and English*（London, 1763），286–287。拉姆齐的作品持续重印了几十年，甚至在他1758年去世之后仍是如此。参见：David Shields, *Civil Tongues and Polite Letters in British America*（Chapel Hill: University of North Carolina Press, 1997）。

87. *New-England Courant*, March 15–March 22, 1725.

88. Letter to "Mr. Gazatteer" from "Alice Addertongue," *Pennsylvania Gazette*, September 12, 1732.

89. [Benjamin Franklin], *Poor Richard's Almanack*, *1738*, AMDOCS, http://www.vlib.us/amdocs/texts/prichard38.html（查阅日期：2013年7月19日）。富兰克林对茶的公开谴责掩盖了他自己与茶的关系和消费茶叶的事实。

90. 例如，参见：*Pennsylvania Gazette*, February 1, 1733。一位化名为"诚实商人的独生女"的人（佩兴斯·提克特）提醒读者，她用茶帮丈夫戒掉了喝酒和赌博的瘾，让他做更多的工作，赚更多的钱，在邻里之间变得信誉良好（*Pennsylvania Gazette*, May 31, 1733）。

91. Keyes, "Early American Advertising," 227.

92. *Pennsylvania Gazette*, March 15, 1733. Elizabeth Kowaleski-Wallace, *Consuming Subjects*: *Women, Shopping, and Business in the Eighteenth Century* (New York: Columbia University Press, 1997), 5.

93. Patricia Cleary, *Elizabeth Murray*: *A Woman's Pursuit of Independence in Eighteenth-Century America* (Amherst: University of Massachusetts Press, 2000); Ann Smart Martin, *Buying into the World of Goods*: *Early Consumers in Backcountry Virginia* (Baltimore: Johns Hopkins University Press, 2008), 158–59; Ellen Hartigan-O'Connor, *The Ties That Buy*: *Women and Commerce in Revolutionary America* (Philadelphia: University of Pennsylvania Press, 2009), 4–5.

94. John Reynell Day Book, 1731–1732, APS; John Reynell Account book, 1738–1767, Coates and Reynell Papers, HSP。

95. Samuel Coates Daybook。

96. Benjamin Greene Account Book。

97. Karin Wulf, *Not All Wives*: *Women in Colonial Philadelphia* (Ithaca, NY: Cornell University Press, 2000), 142.

98. 原文引述自：Peter J. Law, "Samuel Johnson on Consumer Demand, Status, and Positional Goods," *European Journal of the History of Economic Thought* 11, no. 2（June 2004）：191。

99. 原文引述自：Carson, "Consumer Revolution in Colonial British America," 684。

100. "The Itinerarium of Dr. Alexander Hamilton," 收录于：*Colonial American Travel Narratives*, 编者：Wendy Martin（New York：Penguin, 1994）, 186–87；Breen, "Meanings of Things," 249–250。

101. *New-York Weekly Journal*, April 22, 1734.

102. Forbes, *Present State of Scotland*, 9.

103. *New-York Gazette*，December 21，1747，文章在很多报纸上重印过，包括：*Maryland Gazette*，March 9，1748，*Boston Gazette*，January 19，1748。

104. *Boston Evening Post*，August 18，1746。约翰·洛克提出了一个解决消费者肆意挥霍行为的办法。1748年，《波士顿晚报》转载了洛克关于货币和贸易的演讲节选，其中重申了为了在商业上取得成功，就需要"规范支出"。他建议各国只消费能够购买到的商品，以保持贸易和黄金监管的平衡（*Boston Evening Post*，March 28，1748）。

第三章　北美消费的政治化

1. 五月的诗句，收录于：Nathaniel Ames，*An Astronomical Diary*；*or*，*Almanack for the Year of our Lord Christ*，*1762*（Boston，1761），LCP。

2. Bruce C. Daniels, *The Fragmentation of New England*: *Comparative Perspectives on Economic, Political, and Social Divisions in the Eighteenth Century* (New York: Greenwood Press, 1988), 142.

3. Phyllis Whitman Hunter, *Purchasing Identity in the Atlantic World*: *Massachusetts Merchants, 1670 - 1780* (Ithaca, NY: Cornell University Press, 2001), 144.

4. Margaret Ellen Newell，*From Dependency to Independence*：*Economic Revolution in Colonial New England*（Ithaca，NY：Cornell University Press，1998），205–207；David Hancock，"The Triumphs of Mercury：Connection and Control in the Emerging Atlantic Economy，"收录于：*Soundings in Atlantic History*：*Latent Structures and Intellectual Currents*，*1500 - 1830*，编者：Bernard Bailyn and Patricia L. Denault（Cambridge，MA：Harvard University Press，2009），115–121；Marc Egnal，"The Economic Development of the Thirteen Continental Colonies，1720 to 1775，"*WMQ* 32，no. 2（April 1975）：208。

5. Egnal，"Economic Development of the Thirteen Colonies，"218；John J. Mc-Cusker and Russell R. Menard, *The Economy of British America*, 1607–

1789（1985；修订版，Chapel Hill：University of North Carolina Press，1991），79。

6. Wilbur C. Plummer，"Consumer Credit in Colonial Philadelphia，"*PMHB* 66，no. 4（1942）：388。3号海关数据显示，1750年宾夕法尼亚殖民地进口了价值217713英镑的英国商品，但出口了价值28191英镑的本地商品。由于海关使用了臭名昭著的过时价值进行计算，富兰克林的50万英镑这个数字可能更接近事实。当然，他的进出口比率也是正确的。

7. John Hunt to Israel Pemberton，28 February 1748/49，John Hunt Letterbook，1747–1749，HSP。

8. Hancock，"Triumphs of Mercury,"115–121; Nathan Perl-Rosenthal and Evan Haefeli，"Introduction: Transnational Connections," *EAS* 10, no. 2 (Spring 2012): 227–238.

9. T. H. Breen，"'Baubles of Britain': The American and Consumer Revolutions of the Eighteenth Century，"收录于：*Of Consuming Interests: The Style of Life in the Eighteenth Century*，编者：Cary Carson，Ronald Hoffman，and Peter J. Albert（Charlottesville：University Press of Virginia，1994），476–477; Cary Carson，"The Consumer Revolution in Colonial British America：Why Demand？"收录于：同前，513–522; John E. Crowley，*The Privileges of Independence：Neomercantilism and the American Revolution*（Baltimore：Johns Hopkins University Press，1993），xii。

10. Samuel Wharton，"Observations upon the Consumption of Teas in North America，1773，"备忘和查询部分，*PMHB* 25，no. 1（1901）：140; Paul A. Gilje，*Free Trade and Sailors' Rights in the War of 1812*（Cambridge：Cambridge University Press，2013），20–21。

11. Great Britain, A*n Act for Permitting Tea to be Exported to Ireland, and His Majesty's Plantations in America, without Paying the Inland Duties* (London, 1748), 607, Eighteenth Century Collections Online (N052685); K. N. Chaudhuri, *The Trading World of Asia and the English East India Company, 1660‐1760* (Cambridge: Cambridge University Press, 1978), 394; Anne Bezanson, Robert D. Gray, and Miriam Hussey, *Prices in Colonial Pennsylvania* (Philadelphia: University of Pennsylvania Press, 1935), 256–257;

Benjamin Woods Labaree, *The Boston Tea Party* (New York: Oxford University Press, 1961), 8.

12. John Hunt to Samuel Sansom, 29 June 1748, Hunt Letterbook; Great Britain, *Act for Permitting Tea to be Exported to Ireland*, 604–607.

13. Diary and Consultation in China, 23 May 1734, 1734–1735, IOR/G/12/37, reel 11, *EIC Factory Records*.

14. Peter D. G. Thomas, *The Townshend Duties Crisis: The Second Phase of the American Revolution, 1767‒1773*（Oxford：Oxford University Press, 1987）, 18; Hoh- Cheung Mui and Lorna H. Mui, "Smuggling and the British Tea Trade before 1784, "*American Historical Review*, 74（October 1968）: 48, 53–54; Francis S. Drake, 编著, *Tea Leaves: Being a Collection of Letters and Documents Relating to the Shipment of Tea to the American Colonies in the Year 1773, by the East India Company*（Boston, 1884）, 198。

15. *Boston Post Boy*, October 28, 1745; *Boston Evening Post*, October 28, 1745。1745年荷兰进口茶叶的总量（根据《波士顿邮报》报道，为2083958磅）令人质疑德米尼对非英国进口茶叶数据的准确性。德米尼指出，在1741年至1748年，荷兰从中国直接进口了总计2017683磅茶叶（Louis Dermigny, *La Chine et l'Occident: Le commerce à Canton au XVIIIe siècle, 1719‒1833* [Paris: École pratique des hautes études, 1964], 2: 539）。也许德米尼的数据中不包括通过私人贸易销售渠道，只包括荷兰东印度公司销售的茶叶（Vereenigde Oost-Indische Compagnie [VOC]）。

16. Wim Klooster, "Inter-Imperial Smuggling in the Americas, 1600–1800, "收录于: Bailyn and Denault, *Soundings in Atlantic History*, 170, 174–175; Michael Jarvis, *In the Eye of All Trade: Bermuda, Bermudians, and the Maritime Atlantic World, 1680‒1783*（Chapel Hill: University of North Carolina Press, 2010）, 165; Victor Enhoven, " 'That Abominable Nest of Pirates': St. Eustatius and the North Americans, 1680–1780, "*EAS* 10, no. 2（Spring 2012）: 239–301; Joshua M. Smith, *Borderland Smuggling: Patriots, Loyalists, and Illicit Trade in the Northeast*,

1783 - 1820（Gainsville：University Press of Florida，2006），10；Arthur Maier Schlesinger，*The Colonial Merchants and the American Revolution，1763 - 1776*（1918；重印本，New York：Beard Books，1939），41。比如，通过圣尤斯特歇斯岛走私，参见：Gerard G. Beekman to John Bennit（Ship Captain），28 January 1756；Gerard G. Beekman to Henry Lloyd，Boston，22 March and 19 April 1756，收录于：*The Beekman Mercantile Papers，1746 - 1799*，编者：Philip L. White（New York：New-York Historical Society，1956），1：272，276，279。

17. 原文引述自：Klooster，"Inter-Imperial Smuggling in the Americas，"142。

18. Samuel Powel to BW Bell，21 May 1746，Samuel Powel Letterbook，1739–1746，vol. 2，HSP；"William Shirley and William Bollan：Report on Illegal Trade in the Colonies（26 February 1743），"收录于：*American Colonial Documents to 1776*，English Historical Documents no. 9，编者：Merrill Jensen（London：Eyre & Spottiswoode，1964），373。

19. Alex Barclay to John Swift，Esqr，Collector of his Majesty's Customs，13 March 1764，Custom House Papers，November 1761–October 1764，HSP。

20. John Kidd to Messrs Farmer，Narbel & Montiagut，in Lisbon，21 May 1752，JKL。

21. Daniel Clark to John & Andrew French，31 May 1762，Daniel Clark Letter and Invoice Book，1759–1763，HSP。

22. Orr，Dunlap，and Glenholme to Messrs William Beath & Co.，16 October 1767，Orr，Dunlap，and Glenholme Letterbook，1767–1769，HSP。

23. Thomas Hancock to Mr Martin Dubois Godet，at St. Eustasia，7 March 1746，Thomas Hancock to Messrs Thomas & Adrian Hope，20 February 1745/46，Thomas Hancock Letterbook，1745–1750，Hancock Family Papers，microfilm，P277，reel 1，MHS；John W. Tyler，*Smugglers and Patriots：Boston Merchants and the Advent of the American Revolution*（Boston：Northeastern University Press，1986），30。

24. Thomas Hancock to Thomas and Adrian Hope，31 August 1747，and Thomas Hancock to Thomas and Adrian Hope，20 November 1747，Hancock Letterbook。

25. Thomas Hancock to Kilby & Bernard，12 November 1748，Hancock Letterbook。亦见：Schlesinger，*Colonial Merchants and the American Revolution*，58 n1，and Thomas C. Barrow，*Trade and Empire：The British Customs Service in Colonial America，1660 – 1775*（Cambridge，MA：Harvard University Press，1967），151。

26. John Kidd to Rawlingson & Davison，4 April 1750 and 5 May 1750，JKL。

27. John Kidd to Rawlingson & Davison，19 April 1753，JKL。

28. John Reynell to Cousin Thomas Sanders，19 December 1754，John Reynell Letterbook，1734–1774，Coates and Reynell Papers，1702–1843，HSP；William Gough to John Kidd in London，21 October 1754，JKL。

29. William Gough to Rawlinson and Davison，5 April 1755，JKL。许多北美商人都非常关注英国东印度公司和印度的各类事件，以便更好地跟踪在伦敦的英国东印度公司商品的供应和成本的波动。例如，Thomas Willing to cousin Thomas Willing，26 August 1755，Charles Willing Letterbook，1754– 1761，HSP。

30. Thomas Willing to Messrs Connell & Morony，14 April 1755，Willing Letterbook。这本信笺集中的大部分信件来自查尔斯的儿子托马斯，1754年11月，他在年轻职员罗伯特·莫里斯的帮助下接管了家族生意。

31. Thomas Willing to Messrs Mayne Burn & Mayne，18 August 1755，Willing to cousin Willing，26 August 1755，Willing Letterbook。

32. Thomas Willing to Uncle Thomas，1 September 1757，同前。

33. Thomas Willing to Messrs Mayne Burn & Mayne，17 October 1757，同前。

34. Joseph S. Tiedemann，"Interconnected Communities: The Middle Colonies on the Eve of the American Revolution," *Pennsylvania History: A Journal of Mid– Atlantic Studies* 76, no. 1 (Winter 2009): 4–9.

35. Thomas Wharton to Joseph Borden Jr.，7 February 1756，Thomas Wharton Letterbook，1752–1759，HSP；Tiedemann，"Interconnected Communities，" 21。

36. Waddell Cunningham to Martin Kuyckvan Mierop，London，27 October 1756，*Letterbook of Greg & Cunningham，1756 – 1757*，*Merchants of New York and Belfast*，编者：Thomas M. Truxes（Oxford：Oxford University

Press，2001），228。

37. Virginia D. Harrington, *The New York Merchant on the Eve of the Revolution* (Gloucester, MA: P. Smith, 1964), 255; Barrow, *Trade and Empire*, 148.

38. Waddell Cunningham to Isaac & Zachary Hope，Rotterdam，14 June 1756，收录于：Truxes，*Letterbook of Greg & Cunningham*，138。

39. Waddell Cunningham to Thomas Greg，Belfast，12 November 1756，收录于：Truxes，*Letterbook of Greg & Cunningham*，238。

40. John Kidd to Rawlinson and Davison，24 February 1752；William Gough to John Kidd，3 October 1754；John Kidd to Rawlinson & Davison，1 October 1755；John Kidd to Rawlinson & Davison，23 November 1755,以上均收录于：JKL。关于爱尔兰的茶叶部分，参见：Thomas M. Doerflinger，*A Vigorous Spirit of Enterprise*：*Merchants and Economic Development in Revolutionary Philadelphia*（Chapel Hill：University of North Carolina Press，1986），56。关于"用帕兰庭移民船进口"的部分，亦见John Kidd to Rawlinson & Davison，24 September 1750，JKL。

41. John Kidd to Rawlinson & Davison，25 June 1755，JKL。

42. Thomas Willing to Mayne Burn & Mayne，6 May 1757，Willing Letterbook。

43. Thomas Willing to Mayne Burn & Mayne，28 June 1758，同前；entry for 27 June 1758，Thomas Richee（Riché）Records，1757–1761，vol. 1，HSP。

44. Entries for 19 October and 21 December 1759，Richee（Riché）Records。

45. James & Drinker to Nehemiah Champion，20 December 1756，James & Drinker Letterbook，1756–1759，Drinker Papers，HSP。

46. James & Drinker to Samuel Green，19 July 1757，同前。

47. James & Drinker to John Clitherall，13 October 1757，James & Drinker to David Barclay & Sons，23 November 1758，同前。

48. James & Drinker to Hillary & Scott，14 November 1760，James & Drinker to William Neate，15 November 1760，同前。

49. Waddell Cunningham to Capt John Nealson，Master of the Snow *Prince of Wales*，29 May 1756，收录于：Truxes，*Letterbook of Greg & Cunningham*，130。货物将运往康涅狄格州斯坦福德的约翰·劳埃德处，会"安置在您认为最安全的地方"（Waddell Cunningham to John Lloyd，

29 May 1756，收录于，同前，130）。

50. Thomas M. Truxes, *Defying Empire*: *Trading with the Enemy in Colonial New York* (New Haven, CT: Yale University Press, 2008), 46.

51. Thomas Richee to Jacob VanZandt，19 August 1756，Thomas Richee（Riché）Letterbook，1750–1763，HSP。

52. Daniel Clark to Thomas Dromgoole，22 June 1761，Clark Letter and Invoice Book。

53. Correspondence of John Swift，Port of Philadelphia Custom House Records，1766–1768，Collection 157，HSP；Great Britain, *An Act for Permitting Tea to be Exported to Ireland*，607。北美商人必须在销售之日起18个月内出示证明其进口茶叶合法性的证书。

54. Nancy F. Koehn, *The Power of Commerce*: *Economy and Governance in the First British Empire* (Ithaca, NY: Cornell University Press, 1994), 6–7.

55. Crowley, *Privileges of Independence*，13。Koehn, *Power of Commerce*，50，作者声称，北美大陆和加勒比殖民地吸收了"英国可出口商品"的44%。

56. Commissioners of Customs in London to the Surveyor General in American Colonies，3 November 1763，Port of Philadelphia Custom House Records，November 1761 to October 1764，HSP。

57. Alfred S. Martin，"The King's Customs: Philadelphia, 1763–1774," *WMQ* 5, no. 2 (April 1948): 204–205.

58. [Stephen Hopkins], *The Rights of Colonies Examined* (Providence, RI, 1765), 12–14.

59. 原文引述自：Elija H. Gould, *The Persistence of Empire*：*British Political Culture in the Age of the American Revolution*（Chapel Hill：University of North Carolina Press，2000），117。

60. Steve Pincus，"The Stamp Act Crisis in Global and Imperial Perspective"（未出版论文，2015），8，26，35–36。

61. [John Dickinson], *The Late Regulations Respecting the British Colonies on the Continent of America Considered* (London, 1766), 6.

62. 同前，33。

63. Pincus，"Stamp Act Crisis in Global and Imperial Perspective," 37.

64. "Non-importation Agreement of New York Merchants（31 October 1765），"收录于：Jensen, *American Colonial Documents to 1776*, 671。

65. 原文引述自：Robert F. Oaks, "Philadelphia Merchants and the Origins of American Independence，" *Proceedings of the American Philosophical Society* 121（December 1977）：409。

66. "Testimony of British Merchants on Colonial Trade and the Effects of the Stamp Act（1766），"收录于：Jensen, *American Colonial Documents to 1776*, 687。亦见：Gould, *Persistence of Empire*, 122, Pincus, "Stamp Act Crisis in Global and Imperial Perspective，" 38–47。

67. George Spencer to Members of Parliament, 8 January 1766, 原文引述自：Truxes, *Defying Empire*, 199, 273 n48。

68. The Townshend Act, 20 November 1767, The Avalon Project, Documents in Law, History, and Diplomacy, http://avalon.law.yale.edu/18th_century/townsend_act_1767.asp（查阅日期：2011年8月24日）。

69. "Act Creating the American Board of Customs Commissioners（29 June 1767），"收录于：Jensen, *American Colonial Documents to 1776*, 703；Martin, "King's Customs，" 206。

70. Schlesinger, *Colonial Merchants and the American Revolution*, 52, 65, 94.

71. Thomas Cushing to [?], 9 May 1767, Miscellaneous Bound Letters, 1766–1769, MHS.

72. John Dickinson, Letter XII, 收录于：*The Political Writings of the Late John Dickinson, Esq.*（Wilmington, DE, 1814），1：278。

73. Entry for 1 March 1768, 收录于：*Letters and Diary of John Rowe, Boston Merchant, 1759－1762, 1764－1779*, 编者：Anne Rowe Cunningham（1903；重印本，New York：Arno, 1969），153；Oaks, "Philadelphia Merchants and the Origins of American Independence，" 412。

74. [Dickinson], *Late Regulations Respecting the British Colonies*, 18–19.

75. "Boston, November 16," *Pennsylvania Gazette*, November 26, 1767。

76. Nonimportation subscription list, 28 October 1767, Boston, Houghton Library, http://blogs.law.harvard.edu/houghton/2013/07/11/a-revolutionary-discovery-in-the-stacks/（查阅日期：2013年7月15日）。有趣的是，最近

发现的长达650个名字的决议签字名单（包括许多妇女、商人，以及保罗·列维尔）中，并没有禁止消费茶叶，只是列出了纺织品、玻璃、银制品和纸张。

77. Margaret E. Newell，"A Revolution in Economic Thought：Currency and Development in Eighteenth-Century Massachusetts，"收录于：*Entrepreneurs：The Boston Business Community，1700 - 1850*，编者：Conrad Edick Wright and Katheryn P. Viens（Boston：Massachusetts Historical Society，1997），20。Tyler，*Smugglers and Patriots*，20，作者指出，至少在波士顿，走私贩和干货商人都在利用抵制活动达到自己的目的，以维持有利可图的西印度群岛贸易商品的流通，同时排挤较弱的竞争对手。

78. Egnal，"Economic Development of the Thirteen Colonies，"214-215.

79. Entry for 4 March 1768，收录于：Cunningham，*Letters and Diary of John Rowe*，153–154。

80. "Boston Non-importation Agreement（1 August 1768），"收录于：Jensen，*American Colonial Documents to 1776*，724–725。

81. [John Dickinson]，*To the Merchants, and Traders, of the City of Philadelphia, Gentlemen, the Worthy and Patriotic Writer of the Farmer's Letters* (Philadelphia, 1768), LCP.

82. 3号海关，42卷；Tiedemann，"Interconnected Communities，"19。参见：McCusker and Menard，*Economy of British America*，73-76，讨论了贸易赤字不准确的问题。海关数据仅代表进出英格兰和威尔士的贸易，不包括"隐形贸易"——例如未记录的国际收支、商业服务、保险、船舶销售和货运费用。此外，海关使用的英镑估值并没有反映殖民地货币价值的变化。尽管如此，现有的海关数据仍显示出明显的贸易不平衡现象。

83. *Pennsylvania Gazette*, February 2, 1769; Oaks，"Philadelphia Merchants and the Origins of American Independence，"414.

84. R. L. Brunhouse，"The Effect of the Townshend Act in Pennsylvania，"*PMHB* 54 (1930): 365; *Pennsylvania Gazette*, February 2, February 16, and April 13, 1769.

85. Thomas Doerflinger，"Philadelphia Merchants and the Logic of Moderation, 1760–1775，"*WMQ* 40, no. 2 (April 1983): 219; R. A. Ryerson，"Political

Mobilization and the American Revolution: The Resistance Movement in Philadelphia, 1765 to 1776," *WMQ* 31 (October 1974): 577.

86. Thomas Clifford to Walter Franklin, 11 March 1769, Thomas and John Clifford Letterbook, 1767–1773, Clifford Family Papers, 1722–1832, HSP。

87. "Letter from a Committee of Merchants in Philadelphia to the Committee of Merchants in London, 1769," *PMHB* 27(1903)：85.

88. Richard Waln to Harford & Powell, 18 April 1769, Richard Waln Letterbook, 1766–1794, box 1, Richard Waln Papers, HSP；William Strahan to David Hall, 11 January 1770, William Strahan Letters, 1751–1776, HSP。

89. "Annapolis（in Maryland）June 22, 1769。We, the Subscribers, His Majesty's Loyal and Dutiful Subjects, the Merchants, Traders, Freeholders, Mechanics,"宣传材料, p. 1, EAIE 11158。

90. 弗吉尼亚代表大会，市民议会，威廉斯堡，1769年5月18日（星期四）；之后又开了一次会议，根据临时立法会决议，让前一天任命的委员会做了上述报告，p. 1, EAIE 11513。

91. Woody Holton, *Forced Founders*: *Indians, Debtors, Slaves, and the Making of the American Revolution in Virginia* (Chapel Hill: University of North Carolina Press, 1999), 90–91.

92. 反进口决议签字表，28 October 1767。

93. John E. Crowley, *This Sheba, Self*: *The Conceptualization of Economic Life in Eighteenth–Century America* (Baltimore: Johns Hopkins University Press, 1974), 126; T. H. Breen, *The Marketplace of Revolution*: *How Consumer Politics Shaped American Independence* (New York: Oxford University Press, 2004), xv–xvi.

94. *Pennsylvania Journal and Weekly Advertiser*, December 10, 1767.

95. *Pennsylvania Journal and Weekly Advertiser*, December 3, 1767。还在以下刊物出版：*Boston Post–Boy*, November 16, 1767；*New York Gazette*, November 26, 1767。

96. "Providence, December 19," *Pennsylvania Gazette*, January 14, 1768.

97. "At a Town Meeting of the Freeholders & Other Inhabitants of the Town of Watertown Regularly Assembled January ye 18 1768," Misc. Correspondence, U.S. Revolution Collection, 1754–1928, box 1, folder 3, 1754–1773, AAS.

98. *The Female Patriot, No. I, Addressed to the Tea-Drinking Ladies of New-York* (New York, May 10, 1770), LCP.

99. Catherine La Courreye Blecki and Karin A. Wulf等编著，*Milcah Martha Moore's Book*：*A Commonplace Book from Revolutionary America*（University Park：Penn State University Press，1997），172–173。

100. Francis S. Drake编著，*Tea Leaves*：*Being a Collection of Letters and Documents Relating to the Shipment of Tea to the American Colonies in the Year 1773，by the East India Company*（Boston，1884），ix。

101. 3号海关，31–42卷；Oaks，"Philadelphia Merchants and the Origins of American Independence，"418；Labaree，*Boston Tea Party*，32。

102. 例如，参见："The Dying Speech of the Effigy of a Wretched Importer, which was exalted upon a Gibbet, and afterwards committed to the Flames, at New-York，May 10，1770，"小册子，LCP。

103. Samuel Coates，Ciphering and Invoice Books，1724–1758，内封页；Thomas Wharton Ledger，1752–1756；Mifflin and Massey Ledger，vol. 1，1760–1763，and vol. 2，1763–1766，Business Accounts；John Chevalier Daybook，1760–1766；Charles Wharton Cashbook，1765–1771，Wharton Family Papers；William Clarkson and George Morrison Ledger，1767–1779，Commercial Records，Simon Gratz Collection，all at HSP。

104. Smith，"Material Lives of Laboring Philadelphians，"188；Shammas，*Pre-industrial Consumer*，65，183，184.

105. John Tudor Account Book，1762–1771，vol. 1，John Tudor Papers，1732–1793，MHS。

106. Stephen to Samuel Salisbury，15 February 1768 and 4 March 1768，box 1，folder 3，business letters for 1767 and 1768，Salisbury Family Papers，AAS。

107. "Invoice of Sundries received from Boston，Oct. 1767，"Samuel and Stephen Salisbury，Invoice Book，1767–1781，Folio vol. 5，Salisbury Family Papers。

108. Samuel to Stephen Salisbury，4 August 1769，box 2，folder 1，1769，Salisbury Family Papers。

109. Samuel to Stephen Salisbury，30 October 1769，同前。

110. Michelle L. Craig（McDonald）, "Grounds for Debate? The Place of the Caribbean Provisions Trade in Philadelphia's Prerevolutionary Economy," *PMHB* 128, no. 2（April 2004）: 150–153, 作者指出了费城和英属西印度群岛之间供应贸易持久顺畅的重要性，以及加勒比地区咖啡贸易的出现，这帮助宾夕法尼亚商人在1774年之前坚持抵制伦敦商品。

111. Samuel Coates, Merchants Journal, 1760–1776, Business Accounts, Am.986, HSP。参见William Clarkson and George Morrison Ledger, 1767–1779, Commercial Papers, Simon Gratz Collection, HSP，可查询类似的销售模式。

112. William West Wastebook, 1769–1771, Q-39, West Family Business Records, 1769–1804, HSP。

113. "Tea Dr Account," Folio 3, 68, and 199, Levi Hollingsworth Account Book, 1768–1775, vol. 535, Hollingsworth Family Papers, HSP。例如，在1768年10月1日到1769年3月29日，霍林斯沃思收到了来自不同渠道超过6300磅的茶叶。1769年末，霍林斯沃思手头还有6332.5磅茶叶，价值超过1461英镑。1770年秋天，他手头有6854英镑的茶叶，价值1566英镑。

114. John Kidd to Rawlinson & Davison, 28 January 1757, JKL。根据乔治·斯宾塞议员的保守估计，每箱茶叶约300磅，在18世纪50年代早期，每年至少有12000磅茶叶被走私到宾夕法尼亚。Thomas, *Townshend Duties Crisis*, 28; Klooster, "Inter-Imperial Smuggling in the Americas," 170, 174–175。McCusker and Menard, *Economy of British America*, 77, 作者认为，走私可能并不像18世纪同时代的人认为的那样普遍。

115. Thomas Hutchinson to Thomas Palmer & Co., 27 August 1767, Thomas Hutchinson Letterbooks, 誊抄本, vol. 25, 156, MHS; Shammas, *Pre-Industrial Consumer*, 83; *James Walvin, Fruits of Empire: Exotic Produce and British Taste, 1660–1800*（New York: New York University Press, 1997）, 18; Mui and Mui, "Smuggling and the British Tea Trade before 1784," 44–73; W. A. Cole, "Trends in Eighteenth-Century Smuggling," 收录于: *The Growth of English Overseas Trade in the Seventeenth and Eighteenth Centuries*, 编者: W. E. Minchinton（London: Methuen, 1969）, 121–143。

116. Charles Wharton Cashbook, 1765–1771, Wharton Family Papers,

1679–1834, HSP；Charles Wharton to Benjamin and Amos Underhill, New York, 8 September, 16 December and 28 December 1768, Charles Wharton Letterbook, 1766–1771, box 2, Sarah Smith Collection, HSP；entry for 5 September 1770, Levi Hollingsworth Account Book, 1768–1775, vol. 535, Hollingsworth Family Papers, HSP；Charles Wharton Cashbook, 1765–1771, and Charles Wharton Cashbook, 1771–1780, Wharton Family Papers, 1679–1834, HSP。

117. Charles Wharton to Cornelius Sebring, New York, 11 May 1771, Charles Wharton Letterbook, 1766–1771, box 2, Sarah Smith Collection, HSP。

118. Tyler, *Smugglers and Patriots*, 122–27.

119. Stephen to Samuel Salisbury, 3 January 1770, box 2, folder 2, 1770, Salisbury Family Papers。

120. "An Account of what Tea has been Imported into Boston Since the Year 1768, Distinguishing Each Year and the Vessel & Owners in which it was Imported," Great Britain Customs Papers, Great Britain Commissioner of Customs in America, 1765– 1774, MHS.

121. Thomas Hutchinson to Thomas Pownall, 29 January 1769, Hutchinson Letterbooks, vol. 26, 714–715。

122. Thomas Hutchinson to Lord Hillsborough, 25 August 1771, 同前, vol. 27, 361。哈钦森估计，整个北美殖民地每年消耗约19200箱的武夷茶（Thomas Hutchinson to Lord Hillsborough, 10 September 1771, 同前, 375–376）。虽然他的两个儿子伊莱亚斯和小托马斯对外代表其家族企业开展业务，尽管老托马斯在试图淡化自己参与家族投资茶叶事务的同时，仍然控制着其家族企业商业通信往来。哈钦森隐瞒自己的商业活动，使其不受审查，理由有很多。1769年10月，在反进口运动的鼎盛时期，他指示新英格兰主要茶叶出口商威廉·帕尔默对他的订单和他们之间的商业关系保密（Thomas Hutchinson to William Palmer, 5 October 1769, 同前, vol. 26, 826）。

123. John & Jonathan Amory to Messrs. Bruce, Wheeler, & Higginson, 5 December 1769, John & Jonathan Amory Letters, vols. 141–144, Amory Family Papers, MHS。

124. Entry for 1769, [John Boylston] Ledger, 1735–1795, vol. 58, Boylston Family Papers, MHS。

125. "NEW YORK, May 21," *Pennsylvania Gazette*, May 24, 1770。

126. Richard Waln to Elijah Brown, 26 May 1770, Waln Letterbook。1770年11月，当北美殖民地商人放弃不进口协议后，沃恩立刻明确要求在废除茶叶税和正式发布新关税之间的这段不确定时期尽快装运他的订单，也许能躲过本地爱国者在呼吁继续抵制茶叶期间的审查（Richard Waln to Harford & Powell, 14 November 1770, Waln Letterbook）。

127. Circular Letter from New York Merchants······ to Committee of Merchants in New Haven, 12 July 1769, Miscellaneous Bound Letters, 1766–1769, MHS。

128. Advertisement, New York, June 12, 1770; *Whereas an act was passed last session of Parliament, for repealing the act imposing a duty on paper, paint and glass*, 小册子, LCP。

129. James & Drinker to unknown, 26 May 1770, 收录于："Effects of the 'Non-Importation Agreement' in Philadelphia, 1769–1770," *PMHB* 14, no. 1（1890）：44–45。

130. *To the Freeholders, Merchants, Tradesmen, and Farmers, of the City and County of Philadelphia*（Philadelphia, 26 September 1770）, 小册子, LCP。

131. Philadelphus, *To the Public*（Philadelphia, 3 October 1770）, 小册子, LCP。

132. "Philadelphia, July 19," *Pennsylvania Gazette*, July 19, 1770.

133. Pennsylvanian, *To the Inhabitants of the City and County of Philadelphia, July 14, 1770*, 小册子, LCP。

134. Clement Biddle to David Crawford, 7 August 1770, Clement Biddle Letterbook, 1769–1770, vol. 1, HSP。

135. Samuel Coates [Jr.], to Will Logan, 26 September 1770, Samuel Coates Letterbook, 1763–1781, Coates and Reynell Collection, HSP；雷勒尔娶了老塞缪尔的妹妹玛丽·科茨，并在1748年塞缪尔去世时成了他孩子的监护人。如需对科茨和雷勒尔家族的信息寻找HSP摘要和资源信息，可查询：http:// hsp.org/sites/default/files/legacy_files/migrated/findingaid0140coatesreynell.pdf。在1769年9月的一次聚会中，约翰·雷

勒尔遭到警告，不要参与商业政治之后，他和其他几个贵格会成员虽然没有正式辞职，但退出了商人协会。参见：Oaks，"Philadelphia Merchants and the Origins of Independence，"418，and Doerflinger，*Vigorous Spirit of Enterprise*，191–192，esp. n87。

136. *Pennsylvania Gazette*，September 20 and September 27，1770；*Philadelphia，July 12*，1770。*The Inhabitants of the City of New-York*（Philadelphia，1770），小册子，LCP；Oaks，"Philadelphia Merchants and the Origins of American Independence，"421；Doerflinger，"Philadelphia Merchants and the Logic of Moderation，"220–222。

137. "Oct. 17, 1769, Merchants agreement, Boston, Nov. 20," *Pennsylvania Gazette*, December 7, 1769; Schlesinger, *Colonial Merchants and the American Revolution*, 122.

138. "Oct. 17，1769，Merchants agreement，Boston，Nov. 20。"亦见：John & Jonathan Amory to Samuel Eliot，21 October 1769，Amory Letters，vols. 141–144。

139. "At a Meeting of the Merchants & Traders，at Faneuil-Hall，on the 23d January 1770，"宣传资料，Boston，AAS。

140. Tyler, *Smugglers and Patriots*, 140, 163–69; Labaree, *Boston Tea Party*, 49.

141. Thomas Pownall, March 5th, 1770, "Mr. Sr. I did endeavour to move this house, to come to . . . taking off duties, payable in America," [Boston?, 1770?], p. 3, EAIE 42157.

142. Thomas Hutchinson to Thomas Whately，3 October 1770，Hutchinson Letterbooks，vol. 27，18–19；Thomas Hutchinson to Francis Bernard，18 February 1770，同前，965。《汤森法案》废止后，波士顿又开始进口和销售英国东印度公司的茶叶。1770年进口48070磅茶叶，1771年进口86946磅茶叶。

第四章　全球视角下的北美茶叶危机

1. H. V. Bowen，"Perceptions from the Periphery：Colonial American Views of Britain's Asiatic Empire，1756–1783，"收录于：*Negotiated Empires：*

Centers and Peripheries in the Americas, *1500－1820*，编者：Christine Daniels and Michael Kennedy（New York：Routledge，2002），295–296；Emma Rothschild，"Global Commerce and the Question of Sovereignty in the Eighteenth-Century Provinces，" *Modern Intellectual History* 1，no. 1（2004）：4–5。

2. Arthur Schlesinger，"The Uprising against the East India Company," *Political Science Quarterly* 32（1917）：71–75；Bowen，"Perceptions from the Periphery," 292–94；Philip J. Stern，*The Company–State*: *Corporate Sovereignty and the Early Modern Foundations of the British Empire in India* (Oxford: Oxford University Press, 2011), 12–15.

3. Edmund Burke，"Speech on American Taxation，April 19，1774，" 收录于：*The Works of the Right Honourable Edmund Burke*（London，1792），1：519。

4. John Bruce，*Annals of the Honorable East–India Company* (London, 1810), 2:674; *An Enquiry into the Rights of the East–India Company of Making War and Peace* (London, 1772), 4–5.

5. Sudipta Sen, *Empire of Free Trade*: *The East India Company and the Making of the Colonial Marketplace* (Philadelphia: University of Pennsylvania Press, 1998), 62–63, 75–88; John Keay, *The Honourable Company*: *A History of the English East India Company* (New York: HarperCollins, 2010), 222–237.

6. *The Conduct of the East–India Company, with Respect to their Wars, etc.* (London, 1767), 35.

7. Keay, *Honourable Company*, 310–319.

8. *Conduct of the East–India Company*, 27, 46–47; Paul Langford, *A Polite and Commercial People*: *England, 1727－1783* (Oxford: Clarendon Press, 1989), 353–354; K. N. Chaudhuri, *The Trading World of Asia and the English East India Company, 1660－1760*(Cambridge: Cambridge University Press, 1978), 20; Stern, *Company–State*, 185–186; P. J. Marshall, *The Making and Unmaking of Empires*: *Britain, India, and America, c. 1750－1783* (New York: Oxford University Press, 2005), 122.

9. Marshall, *Making and Unmaking of Empires*, 129.

10. Earl H. Pritchard, *Anglo-Chinese Relations during the Seventeenth and Eighteenth Centuries*（New York：Octagon Books，1970），附录XIX："East India Company's Tea Trade，"出版地不详。

11. Tan Chung，"The Britain-China-India Trade Triangle（1771–1840），" *Indian Economic Social History Review* 11（1974）：413；H. V. Bowen, *The Business of Empire：The East India Company and Imperial Britain，1756 - 1833*（Cambridge：Cambridge University Press，2008），223–224。据威廉·斯特拉汉的说法，英国东印度公司是在其军队的帮助下获取收入的："此外，在欧洲市场如此供大欲求的情况下，很难将这些收入用于投资（因为它们不能以货币形式汇出），也很难将它们的商品转换成货币。"（书信：William Strahan to David Hall，13 February 1768，William Strahan Letters，1751–1776，HSP）。

12. Chung，"Britain-China-India Trade Triangle，" 417；Bowen, *Business of Empire*, 223–225.

13. H. B. Morse, *The Chronicles of the East India Company Trading to China，1635 - 1834，Volume V*（1929），再版收录于：*Britain and the China Trade，1635 - 1842*，编者：Patrick Tuck（London：Routledge，2000），5：100，134。"两"是中国历史上对纯银的重量计量单位，不过，在英国东印度公司的账簿上，将1两白银等值换算成6先令8便士的货币（Chaudhuri, *Trading World of Asia*，176）。

14. Morse, *Chronicles of the East India Company Trading to China*, 5:86, 93, 100–101.

15. 同前，5：80，109。

16. 同前，5：89—90。

17. 同前，5：116。1771年，"公行"解散，打开了广州市场的竞争局面。英国东印度公司利用了这一变动的优势，迫使中国商人打折出售茶叶，从而进一步加重了他们的债务（Weng Eang Cheong, *The Hong Merchants of Canton：Chinese Merchants in Sino-Western Trade* [Surrey，UK：Curzon Press，1997]，109–111）。

18. Morse, *Chronicles of the East India Company Trading to China*, 5:136.

19. 同前，5：144。亦见：Bowen, *Business of Empire*，226。

20. Morse, *Chronicles of the East India Company Trading to China*, 5:144–145.

21. 同前，5：146。

22. Nancy F. Koehn, *The Power of Commerce: Economy and Governance in the First British Empire* (Ithaca, NY: Cornell University Press, 1994), 104.

23. Proceedings in the House of Commons，May 1767，收录于：*English Historical Documents*，*1714 - 1783*，编者：D. B. Horn and Mary Ransome（New York：Oxford University Press，1957），804–805；Peter D. G. Thomas，*The Townshend Duties Crisis：The Second Phase of the American Revolution*，*1767 - 1773*（Oxford：Oxford University Press，1987），26–28；Koehn，*Power of Commerce*，98，143。

24. Proceedings in the House of Lords upon the Dividend Bill，26 June 1767，收录于：Horn and Ransome，*English Historical Documents*，1714–1783，806–807。

25. Langford，*Polite and Commercial People*，372–373；Arthur Maier Schlesinger，*The Colonial Merchants and the American Revolution*，*1763 - 1776*（1918；重印本，New York：Beard Books，1939），94；Elija H. Gould，*The Persistence of Empire：British Political Culture in the Age of the American Revolution*（Chapel Hill：University of North Carolina Press，2000），141–142。

26. Bowen, *Business of Empire*, 35.

27. H. V. Bowen，"The 'Little Parliament': The General Court of the East India Company, 1750–1784," *Historical Journal* 34, no. 4 (December 1991): 865.

28. 原文引述自：Emma Rothschild，"Global Commerce and the Question of Sovereignty in the Eighteenth-Century Provinces，" *Modern Intellectual History* 1，no. 1（2004）：8；Langford，*Polite and Commercial People*，534；Benjamin L. Carp，*Defiance of the Patriots：The Boston Tea Party and the Making of America*（New Haven，CT：Yale University Press，2010），14。

29. Bowen，"Little Parliament," 861.

30. P. J. Marshall, *Problems of Empire: Britain and India, 1757 - 1813* (London: Allen & Unwin, 1968), 145–146.

31. 原文引述自：Philip Lawson and Jim Phillips，"'Our Execrable Banditti': Perceptions of Nabobs in Mid-Eighteenth Century Britain，" *Albion* 16，no.

3（1984）：238。

32. *An Infallible remedy for the high prices of provisions*。*Together with a scheme for laying open the trade to the East–Indies*（London，1768），24，26。亦见：*Enquiry into the Rights of the East–India Company*，v。

33. William Bolts，*Considerations on Indian Affairs*；*Particularly Respecting the Present State of Bengal*（London，1772），iv–v。18世纪60年代末70年代初的其他许多小册子都主张取消英国东印度公司的贸易垄断权，将自由贸易扩展到所有英国臣民。参见：*An Attempt to Pay off the National Debt*，*by Abolishing the East–India Company of Merchants*；*and All Other Monopolies*。*With Other Interesting Measures*（London，1767），viii–ix，19，26–27；and Emma Rothschild，"The Atlantic Worlds of David Hume，"收录于：*Soundings in Atlantic History*：*Latent Structures and Intellectual Currents*，*1500 - 1830*，编者：Bernard Bailyn and Patricia L. Denault（Cambridge，MA：Harvard University Press，2009），408，414–415，419。

34. *Town and Country Magazine*，1771，原文引述自：Tillman W. Nechtman，"Nabobs Revisited：A Cultural History of Imperialism and the Indian Question in Late- Eighteenth-Century Britain，"*History Compass* 4，no. 4（2006）：646。参见：Tillman W. Nechtman，*Nabobs*：*Empire and Identity in Eighteenth–Century Britain*（Cambridge：Cambridge University Press，2010），书中更深入地讨论了作为英国的政治隐喻和记忆工具的超级富豪（Nabob），以及全球交互的关系如何改变了英国。

35. Marshall，*Problems of Empire*，147–148；Langford，*Polite and Commercial People*，533–534；Lawson and Phillips，"Our Execrable Banditti，" 225，230.

36. William Strahan to David Hall，13 February 1768，Strahan Letters；*A Letter to the Right Honourable Lord North*，*on the Present Proceedings Concerning the East–India Company*（London，1773），12。

37. *The Minutes of the Select Committee Appointed by the Honourable House of Commons, to Enquire into the Nature, State, and Condition of the East India Company*（London, 1772），10, 18.

38. 同前，6-7；Marshall，*Making and Unmaking of Empires*，131。

39. "Speech by Lord Clive in the House of Commons in Defence of his Conduct and that of the Company's Servants in Bengal, 30 March 1772," 收录于: Horn and Ransome, *English Historical Documents*, 1714–1783, 809, 811。

40. East India Company, *The Present State of the English East-India Company's Affairs* (London, [1772]), 1–29.

41. *Report from the Committee of Proprietors, Appointed on the 1st of December, 1772, by the General Court of the United East-India Company, to Enquire into the Present State and Condition of the Company's Affairs* (London, 1773), 5, 9, 14, 17; Koehn, *Power of Commerce*, 136.

42. Carp, *Defiance of the Patriots*, 13; Bowen, *Business of Empire*, 58–66.

43. East India Company, *Present State of the English East-India Company's Affairs*, 34–36; *Report from the Committee of Proprietors*, 18–23; Marshall, *Making and Unmaking of Empires*, 214–216.

44. Benjamin Franklin to Thomas Cushing, 5 January 1773, Papers of Benjamin Franklin, 赞助方: American Philosophical Society and Yale University, 电子版, http://franklinpapers.org/franklin（查阅日期：2014年10月3日）。

45. Lord North's Regulating Act, 1773, 收录于: Horn and Ransome, *English Historical Documents*, 1714–1783, 812。

46. Langford, *Polite and Commercial People*, 532–533; Bowen, *Business of Empire*, 70–72; Carp, *Defiance of the Patriots*, 15; W. M. Elofson, "The Rockingham Whigs in Transition: The East India Company Issue, 1772–1773," *English Historical Review* 104, no. 413 (October 1989): 953; H. V. Bowen, *Elites, Enterprise, and the Making of the British Overseas Empire* (London: Macmillan, 1996), 184; Koehn, *Power of Commerce*, 215; Marshall, *Problems of Empire*, 111–116.

47. East India Company, *Present State of the English East-India Company's Affairs*, 46–47.

48. William Palmer of London to the Directors of the East India Company, 19 May 1773, 收录于: *Tea Leaves: Being a Collection of Letters and Documents Relating to the Shipment of Tea to the American Colonies in the Year 1773, by the East India Tea Company*, 编者: Francis S. Drake

（Boston, 1884）, 189; Schlesinger, *Colonial Merchants and the American Revolution*, 262。

49. East India Company, *Present State of the English East–India Company's Affairs*, 49.

50. Morse, *Chronicles of the East India Company Trading to China*, 5:177–178; Benjamin Woods Labaree, *The Boston Tea Party* (New York: Oxford University Press, 1961), 75.

51. Great Britain, *An Act to Allow a Drawback of the Duties of Customs on the Exportation of Tea to any of His Majesty's Colonies or Plantations in America; to Increase the Deposit on Bohea Tea to be Sold at the India Company's sales; and to Impower the Commissioners of the Treasury to Grant Licences to the East India Company* (London, 1773), 897, 900, 善本, LCP; *Attempt to Pay off the National Debt*, 20–29; *Infallible Remedy for the High Prices of Provisions*, 18–27。

52. Great Britain, *Act to Allow a Drawback of the Duties of Customs on the Exportation of Tea*, 902.

53. Schlesinger, *Colonial Merchants and the American Revolution*, 263.

54. Barrow, *Trade and Empire*, 249; Labaree, *Boston Tea Party*, 73.

55. William Palmer of London to Directors of EIC, 19 May 1773, 收录于：Drake, *Tea Leaves*, 190–191; Labaree, *Boston Tea Party*, 73–74。

56. Gilbert Barclay（费城商人）to Court of Directors, EIC, 26 May 1773, 收录于：Drake, *Tea Leaves*, 200。

57. Labaree, *Boston Tea Party*, 74.

58. Samuel Wharton, "Observations upon the Consumption of Teas in North America, 1773," 备忘录和查询部分, *PMHB* 25, no. 1（1901）: 140–141。

59. Benjamin Franklin to Thomas Cushing, 12 September 1773, Papers of Benjamin Franklin。

60. Drake, *Tea Leaves*, 206.

61. 回忆录：Memorial of Gilbert Barclay（在费城经商16年）to the Court of Directors of the East India Company, 26 May 1773, 收录于：Drake, *Tea Leaves*, 200。

62. Wharton, "Observations upon the Consumption of Teas," 140-141.

63. James & Drinker to William Henry, 17 July 1773, James & Drinker Letterbook, 1772–1786, Henry Drinker Business Papers, 1756–1869, HSP。

64. James & Drinker to Pigou & Booth, London, 27 August 1773, 同前。

65. 由塞缪尔·艾尔斯船长指挥的费城茶叶商船波利号装载了568个大茶叶箱子和130个小箱子（Drake, *Tea Leaves*, 256）。为其他商人销售茶叶通常收取的提成是2.5%。

66. Drake, *Tea Leaves*, 250–252；EIC Instructions, 1 October 1773, Philadelphia Tea Shipment Papers, 1769–1773, HSP；Labaree, *Boston Tea Party*, 75–79。

67. Drake, *Tea Leaves*, 218–219；273；Elofson, "Rockingham Whigs in Transition," 963；Langford, *Polite and Commercial People*, 372；Pigou & Booth to James & Drinker, 8 October 1773, PTPC。

68. *Massachusetts Spy*, October 14, 1773, 原文引述自：Schlesinger, "Uprising against the East India Company," 69。

69. Pennsylvania, *To the Tradesmen, Mechanics, etc. of the Province of Pennsylvania*, Dec. 4, 1773, 小册子, HSP。

70. HAMPDEN, *The Alarm. Number III*（New York, 1773）, EAIE 12801。北美反抗英国压迫的激进分子和他们的英国支持者利用早期斯图亚特王朝（詹姆斯一世和查理一世）的统治和"特权的邪恶"来批判议会向北美征税的要求。参见：Eric Nelson, "Patriot Royalism：The Stuart Monarchy in American Political Thought, 1769–1775," *WMQ* 68, no. 4（October 2011）：542–543；Carp, *Defiance of the Patriots*, 21。

71. Labaree, *Boston Tea Party*, 90.

72. 同前，78。

73. Pigou & Booth to James & Drinker, 10 November 1773, PTPC。

74. Mechanic, *To the Tradesmen, Mechanics, etc.*（Philadelphia, 1773）, 宣传资料, HSP。还有另一个印刷版本：Pennsylvania, *To the Tradesmen, Mechanics, etc. of the Province of Pennsylvania, Dec. 4, 1773*。

75. Frank M. Etting, *The Philadelphia Tea Party of 1773: A Chapter from the History of the Old State House* (Philadelphia, 187?), 4–5, 6.

76. *To the Inhabitants of Pennsylvania*, 13 October 1773, 宣传资料, LCP。

77. James & Drinker to Pigou & Booth, 26 October 1773, PTPC。

78. Notes from the Committee Appointed to Wait on the gentlemen commissioners, 17 October 1773 and 19 October 1772, 手稿和文档, 1765–1775, 与宾夕法尼亚州殖民地反进口决议有关的资料, APS。

79. 回复: James & Drinker, 22 October 1773, 手稿和文档, 1765–1775, 与宾夕法尼亚州殖民地反进口决议有关的资料, APS。

80. Benjamin Booth to James & Drinker, 4, October 1773, PTPC。

81. Thomas to Samuel Wharton, 日期不详, 收录于: "Selections from the Letter-Books of Thomas Wharton, of Philadelphia, 1773–1783, " *PMHB* 33, no. 3 (1909), 319; Cathy Matson, *Merchants and Empire: Trading in Colonial New York* (Baltimore: Johns Hopkins University Press, 1998), 305–306。

82. Pigou & Booth to James & Drinker, 13 October 1773, PTPC。

83. Benjamin Booth to James & Drinker, 4 October 1773, PTPC。

84. Pigou & Booth to James & Drinker, 18 October 1773, PTPC。

85. Pigou & Booth to James & Drinker, 25 October 1773, PTPC。

86. Pigou & Booth to James & Drinker, 24 October 1773, PTPC。

87. Philadelphia, "A Card, " 2 December 1773, 手稿和文档, 1765–1775, 与宾夕法尼亚州殖民地反进口决议有关的资料, APS。

88. Thomas to Samuel Wharton, 30 November 1773, 收录于: "Selections from the Letter-books of Thomas Wharton, " 320。

89. Thomas Wharton to Thomas Walpole, 24 December 1773, 收录于: "Selections from the Letter-books of Thomas Wharton, " 321–322。

90. Thomas Wharton to Thomas Walpole, 27 December 1773, "Notes and Queries, Account of the Arrival and Departure of the Tea-Ship at Philadelphia in 1773, " *PMHB* 14 (1890): 79。

91. Samuel Ayres testament, 27 December 1773, Philadelphia Tea Shipment Papers, 1769–1773, HSP; Drake, *Tea Leaves*, 256。

92. James & Drinker to Thomas and Elisha Hutchinson 等, 17 December 1773, PTPC。

93. Sons of Liberty of New York, *The Association of the Sons of Liberty of New–*

York，29 November 1773，宣传资料，New-York Historical Society。

94. Pigou & Booth to James & Drinker，31 December 1773，PTPC。

95. Benjamin Booth to James & Drinker，11 March 1774，PTPC。

96. Thomas H. Peck to Messrs Lane Son & Fraser，14 October and 26 October 1773，Thomas H. Peck Letterbook，1763–1776，MHS。

97. Entries for 2 November and 3 November 1773，收录于：*Letters and Diary of John Rowe*，*Boston Merchant*，*1759‐1762*，*1764‐1779*，编者：Anne Rowe Cunningham（1903；再版，New York：Arno，1969），252–253；entry for 3 November 1773，收录于："Diary for 1773 to the End of 1774 of Mr. Thomas Newell，" 收录于：*Proceedings of the Massachusetts Historical Society*，1876–1877，vol. XV（Boston，1878），343。

98. *The Votes and Proceedings of the Freeholders and other Inhabitants of the Town of Boston, in Town meeting Assembled, According to Law, the 5th and 18th days of November, 1773* (Boston, 1773), p. 3, EAIE 12692.

99. 同前，5。

100. 同前，6–7。

101. Thomas Hutchinson to Lord Dartmouth（殖民地事务大臣），15 November 1773，Thomas Hutchinson Letterbooks，vol. 27，誊抄本，1073–1074，MHS。

102. Entry for 18 November 1773，收录于：Cunningham，*Letters and Diary of John Rowe*，254。关于本杰明·克拉克开枪事件，参见书信：Samuel Cooper to Benjamin Franklin，17 December 1773，Papers of Benjamin Franklin。

103. *Votes and Proceedings of the Freeholders*，15；entry for 18 November 1773，收录于："Diary for 1773 to the End of 1774 of Mr. Thomas Newell，" 344。

104. Entry for 29 November 1773，收录于："Diary for 1773 to the End of 1774 of Mr. Thomas Newell，" 345；Cunningham，*Letters and Diary of John Rowe*，256；Boston Tea Party Meeting Minutes，29 November 1773，MHS；L. F. S. Upton，"Proceedings of Ye Body Respecting the Tea，" *WMQ* 22, no. 2（April 1965）：288。

105. Boston Tea Party Meeting Minutes, 30 November 1773, MHS.

106. Upton，"Proceeding of Ye Body Respecting the Tea," 290.

107. Thomas Hutchinson to William Tryon，1 December 1773，Hutchinson

Letterbooks，vol. 27，1085–1086。

108. Entry for 8 December 1773，收录于：Cunningham，*Letters and Diary of John Rowe*，257。

109. 原文引述自：Upton，"Proceeding of Ye Body Respecting the Tea，"294。

110. 同前，296。

111. 书信：Thomas Hutchinson to Lord Dartmouth，20 December 1773，Hutchinson Letterbooks，vol. 27，1132；Boston Tea Party Meeting Minutes，16 December 1773，MHS。

112. Entry for 16 December 1773，收录于：Cunningham，*Letters and Diary of John Rowe*，257–258；entry for 16 December 1773，"Diary for 1773 to the End of 1774 of Mr. Thomas Newell，"346。

113. Entry for 19 December 1773，Diary，1732–1793（影印本），John Tudor Papers，1732–1793，MHS；Thomas Hutchinson to Lord Dartmouth，17 December 1773，Hutchinson Letterbooks，vol. 27，1119。

114. Samuel to Stephen Salisbury，17 December 1773，box 2，folder 5，1773，Salisbury Family Papers，AAS。

115. 原文引述自：Phyllis Whitman Hunter，*Purchasing Identity in the Atlantic World：Massachusetts Merchants，1670‒1780*（Ithaca，NY：Cornell University Press，2001），147，Labaree，*Boston Tea Party*，145。

116. Labaree，*Boston Tea Party*，143；Carp，*Defiance of the Patriots*，122–124，295–296，书中对"种族、奴隶制和印第安人的伪装"做了很好的文献解释，特别对美国白人"扮演印第安人"的嗜好进行了剖析。

117. *Massachusetts Gazette*，December 23，1773，收录于：Drake，*Tea Leaves*，lxviii；*Connecticut Courant*，December 28，1773。

118. *Boston Evening-Post, December 20, 1773；Caroline Frank, Objectifying China,Imagining America: Chinese Commodities in Early America* (Chicago: University of Chicago Press, 2011), 24.

119. B. B.（Benjamin Bussey）Thatcher，*Traits of the Tea Party：Being a Memoir of George R. T. Hewes，one of the Last Survivors；with a History of that Transaction；Reminiscences of the Massacre，and the Siege，and Other Stories of Old Times*（New York，1835），180；Alfred F. Young，

"George Robert Twelves Hewes（1742–1840）: A Boston Shoemaker and the Memory of the American Revolution," *WMQ* 38, no. 4（October 1981）: 590–592; and Carp, *Defiance of the Patriots*, 第7章: "Resolute Men（Dressed as Mohawks）。"

120. Thatcher, *Traits of the Tea Party*, 181.

121. Michael H. Fisher, "Asians in Britain: Negotiations of Identity through Self-Representation," 收录于: *A New Imperial History: Culture, Identity and Modernity in Britain and the Empire, 1660‑1840*, 编者: Kathleen Wilson（Cambridge: Cambridge University Press, 2004）, 94–95; Rozina Visram, *Asians in Britain: 400 Years of History*（London: Pluto Press, 2002）, 15–16。

122. Pennsylvania, *To the Tradesmen, Mechanics, etc*, 还有另一个印刷版本: *Mechanic, To the Tradesmen, Mechanics, etc.*。

123. Stern, *Company–State*, 204–206.

124. John Dickinson, *The Political Writings of the Late John Dickinson, Esq.* (Wilmington, DE, 1814), 1:48–50.

125. "Rusticus" [John Dickinson], *A Letter from the Country, to a Gentleman in Philadelphia*（[Philadelphia?], 1773）, 宣传资料, LCP。

126. Adam Smith, *The Wealth of Nations*, D. D. Raphael导言（1910; 重印本, New York: Knopf, 1991）, 573–574。

127. "Rusticus," *Letter from the Country*。亦见: Thomas Pownall, *The Right, Interest, and Duty, of Government, As Concerned in the Affairs of the East Indies*（London, 1773）, 其中涉及前任马萨诸塞总督对英国东印度公司的批评。与今天的"公民联盟"授予公司作为个人的权利类似, 潘诺认为, 英国东印度公司的特许状"也是如此, 虽然赋予了公司权力, 但和殖民地居民以及移民所赋予的权利是一样的。不管是谁, 如果逐字逐句地比较这两个特许状, 就会发现这种亘古不变的相似性贯穿了特许状的全文" [原文引述自: Philip J. Stern, "British Asia and British Atlantic: Comparisons and Connections," *WMQ* 63, no. 4（October 2006）: 702]。

128. "Extract from Edmund Burke's Speech on American Taxation, 19 April 1774,"

收录于：Horn and Ransome, *English Historical Documents*，*1714 - 1783*，758。参见：Langford, *Polite and Commercial People*，537–538。

129. Edmund Burke, "Speech on American Taxation, April 19,1774" 1:521.

130. Peter S. Onuf and Cathy D. Matson, *A Union of Interests*: *Political and Economic Thought in Revolutionary America* (Lawrence: University of Kansas Press, 1990), 24.

第五章　茶叶在美国独立战争时期重新回到美国

1. Thomas Short, *Discourses on Tea*, *Sugar*, *Milk*, *Made-wines*, *Spirits*, *Tunch*, *Tobacco*, *etc*: *With Plain and Useful Rules for Gouty People*（London，1750），59；S. A. D. Tissot, *Three Essays*: *First*, *on the Disorders of People of Fashion*（Dublin，1772），68，58–59，83。该书的早期版本分别出现于1769年、1771年，均在费城出版。

2. *Boston Evening-Post*, October 25, 1773.

3. "Postscript to the Pennsylvania Gazette, No. 2375," *Pennsylvania Gazette*, June 29, 1774.

4. Lexington Resolves, 13 December 1773, Lexington（Mass.）Local Records, 1765–1784, folio vol. 1, 28–33, AAS；*Portsmouth Resolves Respecting Tea*, 16 December 1773, Portsmouth, New Hampshire, 宣传资料，Boston Public Library。

5. Draft Report, 13 December 1773, Lexington（Mass.）Local Records, 1765–1784, folio vol. 1, 31, 32–33, AAS。亦见决议书：Lincoln [MA] Resolution, 27 December 1773, U.S. Revolution Collection, 1754–1928, box 1, folder 3, 1754–1773, Watertown [MA] Resolutions, 3 January 1774, box 1, folder 4, 1774, U.S. Revolution Collection, 1754–1928, AAS。

6. John Russell Bartlett编著，*Records of the Colony of Rhode Island and Providence Plantations in New England*，*vol. VII*：*1770 - 1776*（Providence, RI，1862），2：273。接下来的一个月，罗得岛布里斯托尔召开会议，用同样的表述传达了对茶叶和英国东印度公司的谴责；罗得岛的里士满、新肖勒姆、坎伯兰和巴林顿都以"公共安全"为首要考量，立即决定抵制茶

叶（同前，2：274，277）。

7. "Postscript to the *Pennsylvania Gazette*," 24 December 1773，收录于：Frank M. Etting, *The Philadelphia Tea Party of 1773: A Chapter from the History of the Old State House*（Philadelphia, 187?），出版地不详。

8. Entry for 31 December 1773，收录于：*Letters and Diary of John Rowe, Boston Merchant, 1759-1762, 1764-1779*，编者：Anne Rowe Cunningham（1903；重印本，New York: Arno, 1969），259；entry for 1 January 1774，收录于："Diary for 1773 to the End of 1774 of Mr. Thomas Newell,"收录于：*Proceedings of the Massachusetts Historical Society, 1876-1877*, vol. XV（Boston, 1878），347；B. B.（Benjamin Bussey）Thatcher, *Traits of the Tea Party: Being a Memoir of George R. T. Hewes, One of the Last Survivors; with a History of That Transaction; Reminiscences of the Massacre, and the Siege, and Other Stories of Old Times*（New York, 1835），189。

9. Joseph M. Beatty, "Letters of the Four Beatty Brothers of the Continental Army, 1774–1794," *PMHB* 44, no. 3 (July 1920): 196.

10. Cyrus Baldwin to the Committee of Correspondence, 25 January 1774, Miscellaneous Bound Letters, 1774–1775, 58, MHS。

11. David Stoddard Greenough to John Greenough, 4 January 1774, John Greenough Papers, 1766–1820, MHS。参见：Benjamin Woods Labaree, *The Boston Tea Party*（New York: Oxford University Press, 1961），150–151。

12. John Greenough to Thomas Greenough, 1 March 1774; Naaman Holbrook to John Greenough, 16 April 1774，均收录于：John Greenough Papers, 1766–1820, MHS。

13. John Greenough to Messrs Richard Clarke & Sons, 26 March 1774，收录于：同前。

14. John Greenough to Thomas Greenough, 22 March 1774；会议记录：Eastham town meeting March 1774，均收录于：同前。格里诺拒绝面对委员会，设法在1774年6月找回茶叶并且"尽管他们怀有恶意，仍然卖了出去，但也遭到一些派别人士的强烈反对"（John Greenough to Richard Clarke Esq & Sons, 2 June 1774, Miscellaneous Bound Letters, 1774–1775, MHS）。

15. T. H. Breen, *American Insurgents, American Patriots: The Revolution of the People* (New York: Hill & Wang, 2010), 76ff.

16. *New-York Journal*, April 28, 1773.

17. Benjamin Booth to James & Drinker, 25 April 1774，PTPC；entry for 2 May 1774，收录于："Diary for 1773 to the End of 1774 of Mr. Thomas Newell," 351；entry for 30 April 1774，收录于：Cunningham, *Letters and Diary of John Rowe*，269。

18. *At a Meeting of the Committees*, Annapolis, 22 June 1774，宣传资料，HSP；"Annapolis, October 20," *Pennsylvania Gazette*, October 26, 1774；*Boston Evening Post*, July 25, 1774；*The Brig Peggy Stewart*, Annapolis, 20 October 1774，小册子，LCP；*The Brig Peggy Stewart*, Annapolis, 18 October 1774，小册子，LCP。安纳波利斯有一群人威胁说要给船主安东尼·斯图尔特涂柏油、粘羽毛，因为他为了让货物靠岸入库，不顾朋友的劝告付了茶叶税。安纳波利斯联盟委员会一致投票禁止茶叶进入港口，他们认为"如果茶叶是出于船主自愿的行为被销毁，并且做出了适当的让步，就不该作进一步要求"（*Pennsylvania Gazette*, October 26, 1774；John Galloway to Thomas Ringgold, 20 October and 25 October 1774, "Account of the Destruction of the Brig 'Peggy Stewart,' at Annapolis, 1774," *PMHB* 15, no. 25 [1901]：250–251, 253–254）。

19. John Adams, 6 October 1774，辩论记录，收录于：*Letters of Members of the Continental Congress*，编者：Edmund Cody Burnett（Washington, DC: Carnegie Institution of Washington, 1921），1：64。

20. "The Association of the First Continental Congress（20 October 1774），"收录于：*American Colonial Documents to 1776*, English Historical Documents no. 9，编者：Merrill Jensen（London：Eyre & Spottiswoode, 1964），813, 814；Staughton Lynd and David Waldstreicher, "Free Trade, Sovereignty, and Slavery: Toward an Economic Interpretation of American Independence," *WMQ* 68, no. 4（October 2011）：620–621。

21. "The Association of the First Continental Congress（20 October 1774），"收录于：Jensen, *American Colonial Documents to 1776*, 815。

22. Thursday, 20 October 1774, the Association, passed 5 September 1774,

JCC，1：79。

23. Entry for 21 October 1774, *The Journals of each Provincial Congress of Massachusetts in 1774 and 1775, and the Committee of Safety, with an Appendix* （Boston，1838），25；Jonathan Amory to Harrison & Ausley，17 December 1774，John and Jonathan Amory Letters，vols. 141–144，Amory Family Papers，MHS。

24. Entry for 21 October 1774, *Journals of Each Provincial Congress of Massachusetts*，26。

25. Nathan Baldwin to Stephen Salisbury，5 November 1774，box 3，folder 2，1774，August through December，Samuel to Stephen Salisbury，13 May 1774，box 3，folder 1，1774，January through July，Salisbury Family Papers，AAS。

26. Jonathan Amory to Harrison and Ausley，17 December 1774，John and Jonathan Amory Letters，vols. 141–144，Amory Family Papers，MHS。

27. Samuel to Stephen Salibury，28 September 1774，box 3，folder 2，1774，August through December，Samuel to Stephen Salisbury，13 June 1774，box 3，folder 1，1774，January through July，Salisbury Family Papers，AAS。

28. William Barrell to Messrs Hayley & Hopkins，30 June 1774，William Barrell Letterbook，1771–1776，MHS；John W. Tyler, *Smugglers and Patriots: Boston Merchants and the Advent of the American Revolution*（Boston：Northeastern University Press，1986），212–213；William Barrell to Messrs Hayley and Hopkins，5 December 1774，William Barrell Letterbook，1771–1776，MHS。

29. 年度进出口汇总数据，3号海关，第45、46、47卷。

30. Entry for 15 February 1775, *Journals of Each Provincial Congress of Massachusetts*，101–102。

31. 年度进出口汇总数据，3号海关，第47、48卷。Robert F. Oaks，"Philadelphia Merchants and the Origins of American Independence，" *Proceedings of the American Philosophical Society* 121（December 1977）：431，作者指出，美国出口总额"从1775年的2457062英镑下降到1776年的185816英镑"。亦见：Thomas M. Doerflinger, *A Vigorous Spirit of Enterprise: Merchants and Economic Development in Revolutionary Philadelphia*（Chapel

Hill：University of North Carolina Press，1986），195；Michelle L. Craig（McDonald），"Grounds for Debate? The Place of the Caribbean Provisions Trade in Philadelphia's Prerevolutionary Economy，" *PMHB* 128，no. 2（April 2004）：172–177；Cathy Matson，*Merchants and Empire：Trading in Colonial New York*（Baltimore：Johns Hopkins University Press，1998），308。

32. Samuel Wharton，"Observations upon the Consumption of Teas in North America，1773，"记录和查询部分，*PMHB* 25，no. 1（1901）：139–140。进口数字证实了他（塞缪尔·沃顿）的猜测。在七年战争之后的几年里，从英国进口的茶叶急剧增加，在1768年达到了顶峰（参见表5-1）。

33. Entries for 1771 and 1772，Great Britain Customs Papers，Great Britain Commissioner of Customs in America，1765–1774，MHS；Customs 3，reels 44–47。

34. Charles Wharton Cashbook，1765–1771，Charles Wharton Cash Book，1771–1780，Wharton Family Papers，1679–1834，HSP。参见：Matson，*Merchants and Empire*，306–311，讨论了纽约商人关于反进口和反出口的内部争论，也有走私者和非走私者之间的争论。

35. Charles Wharton to Messrs TenEyck & Seaman 2 May 1771，Charles Wharton to Cornelius Sebring，11 May 1771，Charles Wharton Letterbook，1766–1771，Sarah Smith Collection，box 2，HSP。

36. Sales of Tea on Account of John Vanderbilt Dr to Sundry Accounts，12 May 1774；Sales of Tea on account of Cornelius and John Sebring Dr to Sundry Accounts，13 May 1774；Sales of Tea on Account of TenEyck & Seaman Dr to Sundry Accounts，14 May 1774，Charles Wharton Cash Book，1771–1780，Wharton Family Papers，1679–1834，HSP。

37. William Smith to Mercer & Ramsay，18 December 1773，William Smith Letterbook，1771–1775，HSP。亦见书信：William Smith to Mercer & Ramsay，14 December and 16 December 1773，同前。

38. William Smith to Joseph and Robert Totten，Samuel Burling，15 January 1774，William Smith Letterbook，1771–1775，HSP。

39. Matson，*Merchants and Empire*，306–307。

40. 原文引述自：Lynd and Waldstreicher，"Free Trade，Sovereignty，and Slavery，"621。

41. 原文引述自：同前，626。亦见：Jack Rakove，"Got Nexus？"*WMQ* 68，no. 4（October 2011）：638。

42. Friday 13 October 1775，*JCC*，3：294；"Memorial to the Pennsylvania Assembly by Freeholders of Northumberland and Northampton Cos.，"收录于：*Pennsylvania Archives*，1st ser.，编者：Samuel Hazard（Philadelphia，1853），4：669–678，660，661；Richard Smith Diary，13 December 1775，收录于：Burnett，*Letters of Members of the Continental Congress*，1：275。

43. Tuesday, 13 February 1776，*JCC*，4:133.

44. Saturday，6 April 1776，*JCC*，4：258。参见：Lynd and Waldstreicher，"Free Trade，Sovereignty，and Slavery，"610，628–629；Drew R. McCoy，*The Elusive Republic：Political Economy in Jeffersonian America*（Chapel Hill：University of North Carolina Press，1980），90。John Tyler，*Smugglers and Patriots*，23，书中暗示，由于英国议会在1776年关闭了对北美贸易的英国港口，"大陆会议别无选择，只能向世界开放美国的商业……自由贸易终于来了，与其说是一个有意识计划的结果，倒不如说几乎是北美殖民地商人无意中闯出来的局面。如果没有乔治·格伦维尔在18世纪60年代初复兴的正统重商主义，波士顿商人可能永远不会意识到，他们在英国之外有多少真正的利益"。我并不认为这是"无意中闯出来的"自由贸易，我认为北美商人从18世纪40年代开始以走私的形式利用自由贸易时，就很清楚自己在"英国之外"的利益了。

45. Saturday, 6 April 1776，*JCC*，4:259.

46. Saturday, 13 April 1776，*JCC* 4:277–278.

47. Oliver Wolcott to Mrs. Wolcott，10 April 1776，收录于：Burnett，*Letters of Members of the Continental Congress*，1：418。

48. Lynd and Waldstreicher，"Free Trade, Sovereignty, and Slavery,"622.

49. Tuesday, 30 April 1776，*JCC*，4:320.

50. "Draft Letter to the Delegates of This Colony at the Continental Congress on the Subject of Tea，"28 July 1775，收录于：*Journals of the Provincial Congress，Provincial Convention，Committee of Safety and Council of Safety*

of the State of New-York: 1775 - 1776 - 1777（Albany，NY，1842），
1：92；"A Letter from the Delegates of This Colony at Continental Congress
to the Committee of Safety，"20 September 1775，收录于：同前，1：
155；Paul A. Gilje，*Free Trade and Sailors' Rights in the War of 1812*
（Cambridge：Cambridge University Press，2013），32–33。

51. Entry for 14 June 1776，收录于：*Journal of the Provincial Congress of New-York*，1：494。

52. Entry for 2 August 1776，收录于：同前，1：552。

53. Resolution，Committee of Safety，17 October 1776，收录于：同前，1：682。

54. Isaac Sears to His Excellency George Washington，2 May 1776，收录于：同前，2：144–145。

55. Entry for 4 June 1776，收录于：同前，1：473，475。

56. *A Sermon on Tea* (Lancaster, PA, 1774), p. 4, EAIE 13606.

57. 同前，6–7；参见：T. H. Breen，*The Marketplace of Revolution：How Consumer Politics Shaped American Independence*（New York：Oxford University Press，2004），306ff。

58. Minutes of the Provincial Congress of North Carolina，27 August 1774，收录于：*The Colonial and State Records of North Carolina*，编者：William Saunders（Raleigh，NC，1886），9：1046，http://docsouth.unc.edu/csr/index.html/document/csr09-0303（查阅日期：2011年9月28日）；Erin Michaela Sweeney，"The Patriotic Ladies of Edenton，North Carolina：The Layers of Gray in a Black-and-White Print，"*Journal of the American Historical Print Collectors Society* 23，no. 2（Autumn 1998）：21。

59. Eliza Farmer to "Jackey，"17 February 1775，Eliza Farmer Letterbook，1774–1776，HSP。

60. Catherine La Courreye Blecki and Karin A. Wulf等编著，*Milcah Martha Moore's Book：A Commonplace Book from Revolutionary America*（University Park：Penn State University Press，1997），246，247–250，299。

61. Barbara Clark Smith，"Food Rioters and the American Revolution，"*WMQ* 51，no. 1（January 1994）：7–8。亦见：Bernard Mason，"Entrepreneurial Activity in New York during the American Revolution，"*Business History*

Review 40, no. 2 (Summer 1966): 197–198, and *Constitutional Gazette*, August 24, 1776。

62. Entry for 26 August 1776, 收录于: *Journal of the Provincial Congress of New-York*, 1: 590。

63. Smith, "Food Rioters and the American Revolution," 24.

64. James H. Kip, New-Windsor, 14 July 1777, and Jacob Culyer to John Jay, 17 July 1777, 收录于: *Journals of the Provincial Congress of New-York*, 2: 506, 508。

65. Entry for 22 July 1777, 收录于: 同前, 1: 1010。

66. Smith, "Food Rioters and the American Revolution, " 35–36。亦见: E. P. Thompson, "The Moral Economy of the English Crowd in the Eighteenth Century, " *Past & Present*, 50 (February 1971): 76–136; Ruth Bogin, "Petitioning and the New Moral Economy of Post-Revolutionary America, " *WMQ* 45, no. 3 (July 1988): 391–425; John Bohstedt, "The Moral Economy and the Discipline of Historical Context, " *Journal of Social History* 26, no. 2 (Winter 1992): 265–284; Margaret Ellen Newell, *From Dependency to Independence: Economic Revolution in Colonial New England* (Ithaca, NY: Cornell University Press, 1998), 238–239。

67. *Massachusetts Spy*, July 5, 1776.

68. Entry for 19 November 1776, 收录于: *The Public Records of the State of Connecticut . . . with the Journal of the Council of Safety*, 编制: Charles J. Hoadly (Hartford, CT, 1894), 63。

69. *Providence Gazette*, June 22, 1776.

70. *Pennsylvania Evening Post*, June 22, 1776.

71. Gary Nash, *The Unknown American Revolution: The Unruly Birth of Democracy and the Struggle to Create America* (New York: Penguin, 2005), 232–238。

72. Jonathan R. Dull, *A Diplomatic History of the American Revolution* (New Haven, CT: Yale University Press, 1987), 55, 80, 94; Robert G. Parkinson, "War and the Imperative of Union," *WMQ* 68, no. 4 (October 2011): 633–634.

73. Enclosure, The Secret Committee to Silas Deane, 1 March 1776, 收录于: Burnett, *Letters of Members of the Continental Congress*, 1: 373, 372 n2。

74. Estienne de Cathalan to Willing and Morris, from Marseilles, 24 January 1776, Robert Morris Papers, 1756–1782, HSP。圣多明各岛在法国也称为 "Santo Domingo"。

75. Gerard W. Beekman to William Beekman, Morris County, 8 July 1778, Gerard W. Beekman to William Beekman, Morris County, 10 November 1778, 收录于: *The Beekman Mercantile Papers, 1746‑1799*, 编者: Philip L. White (New York: New-York Historical Society, 1956), 3: 1304, 1316。

76. Gerard W. Beekman to William Beekman, Morris County, 18 March 1779, 收录于: 同前, 3: 1322。

77. Gerard W. Beekman to William Beekman, Morris County, 19 October 1779, Gerard W. Beekman to William Beekman, 22 December 1779, 收录于: 同前, 3: 1344, 1349。亦见: Gerard W. Beekman to William Beekman, Morris County, 22 November 1779, 收录于: 同前, 3: 1345。

78. Gerard W. Beekman to William Beekman, Morris County, 24 July 1780, 收录于: 同前, 3: 1368。

79. Jonathan Williams Jr., Nantes, to Benjamin Franklin, 9 March 1779, Papers of Benjamin Franklin,赞助方: the American Philosophical Society and Yale University, 电子版, http://franklinpapers.org/franklin (查阅日期: 2014年10月3日)。

80. Benjamin Franklin to Jonathan Williams Jr., 16 March 1779, 同前; US State Dept., *The Revolutionary Diplomatic Correspondence of the United States*, 编者: Francis Wharton (Washington, DC, 1889), 3: 84。

81. Benjamin Franklin to Josiah Quincy Sr., 22 April 1779, Papers of Benjamin Franklin。

82. McCoy, *Elusive Republic*, 49, 59。富兰克林在税收和茶叶的问题上从来都是语焉不详。参见Benjamin Franklin to Richard Jackson, 11 February 1764, Franklin to Samuel Cooper, 30 December 1770, Papers of Benjamin Franklin.

83. Benjamin Franklin to Duchesse de Deux-Ponts（Mme. De Forbach），26 June 1779，Papers of Benjamin Franklin；Passy，Benjamin Franklin to William Carmichael，17 June 1780，in US State Dept.，*Revolutionary Diplomatic Correspondence*，3：799。

84. Benjamin Franklin to Samuel Cooper，27 October 1779，收录于：US State Department，*Revolutionary Diplomatic Correspondence*，3：395。亦见书信：Franklin to John Jay，4 October 1779，收录于：同前，3：362，363，365。

85. John Adams to Comte de Vergennes，22 June 1780，收录于：同前，3：813-814。

86. Entries for 10 July 1780 and 8 July 1780，收录于：*Minutes of the Supreme Executive Council of Pennsylvania*（Harrisburg，PA，1853），12：415–416。

87. 朗姆酒、茶和糖是宾夕法尼亚军队经常征用的物品。参见：*Minutes of the Supreme Executive Council of Pennsylvania*，vols. 10–12。

88. David Ramsay，*An Oration on the Advantages of American Independence* (Charleston, SC, 1778), 2.

89. 同前，8。亦见：Breen，*Marketplace of Revolution*，330–331；Gilje，*Free Trade and Sailors' Rights*，36–37；Cathy D. Matson and Peter S. Onuf，*A Union of Interests：Political and Economic Thought in Revolutionary America*（Lawrence：University of Kansas Press，1990），31。

90. Entry for 18 December 1780，*JCC*，18：1162-1163。

第六章　中国的茶叶和美国的商业独立

1. James Campbell，*An Oration in Commemoration of the Independence of the United States of North-America*（Philadelphia，1787），14；Drew R. McCoy，*The Elusive Republic：Political Economy in Jeffersonian America*（Chapel Hill：University of North Carolina Press，1980），86–87；Paul A. Gilje，*Free Trade and Sailors' Rights in the War of 1812*（Cambridge：Cambridge University Press，2013），第1章。

2. Campbell，*Oration in Commemoration of Independence*，15.

3. [Tench Coxe]，*An Enquiring into the Principles on Which a Commercial System for*

the United States of America Should be Founded ([Philadelphia], 1787), 44.

4. Gilje, *Free Trade and Sailors' Rights*, 11, 16, 36; Thomas M. Doerflinger, *A Vigorous Spirit of Enterprise：Merchants and Economic Development in Revolutionary Philadelphia*（Chapel Hill：University of North Carolina Press，1986），283–286。参见：Eliga A. Gould, *Among the Powers of the Earth：The American Revolution and the Making of a New World Empire*（Cambridge，MA：Harvard University Press，2012）。

5. [Coxe], *Commercial System for the United States*, 17, 45–46.

6. Cathy D. Matson and Peter S. Onuf, *A Union of Interests: Political and Economic Thought in Revolutionary America* (Lawrence: University of Kansas Press, 1990), 28.

7. Gilje, *Free Trade and Sailors' Rights*, 19–31; John E. Crowley, *The Privileges of Independence：Neomercantilism and the American Revolution*（Baltimore：Johns Hopkins University Press，1993），第4、第5章；McCoy, *Elusive Republic*，第3章。

8. Doerflinger, *Vigorous Spirit of Enterprise*, 243, 246, 262.

9. Terry Bouton, *Taming Democracy："The People，" the Founders, and the Troubled Ending of the American Revolution*（New York：Oxford University Press，2007），67ff。参见：Woody Holton, *Unruly Americans and the Origins of the Constitution*（New York：Hill & Wang，2008），第1章提到在1787年之前，弗吉尼亚州、南卡罗来纳和纽约州也发生了类似的债务和经济危机。

10. Cathy Matson, "Accounting for War and Revolution：Philadelphia Merchants and Commercial Risk，1774–1811，"收录于：*The Self-Perception of Early Modern Capitalists*，编者：Margaret Jacobs（New York：Palgrave Macmillan，2008），184–185；Holton, *Unruly Americans*, 28；Linda K. Salvucci, "Atlantic Intersections：Early American Commerce and the Rise of the Spanish West Indies（Cuba），" *Business History Review* 79, no. 4（Winter 2005）：784–785。

11. Margaret Ellen Newell, *From Dependency to Independence：Economic Revolution in Colonial New England*（Ithaca，NY：Cornell University

Press, 1998）, 300–303; Jonathan Chu, *Stumbling towards the Constitution: The Economic Consequences of Freedom in the Atlantic World*（New York: Palgrave Macmillan, 2012）, 18; John W. Tyler, "Persistence and Change within the Boston Business Community, 1775–1790, "收录于: *Entrepreneurs: The Boston Business Community, 1700‑1850*, 编者: Conrad Edick Wright and Katheryn P. Viens（Boston: Massachusetts Historical Society, 1997）, 101–109。

12. Crowley, *Privileges of Independence*, 74; McCoy, *Elusive Republic*, 91, 93.

13. Extracts from London papers, "London, Aug. 11, "*Massachusetts Spy; or, Worcester Gazette*, October 28, 1784。与英属西印度群岛的贸易限制，以及"我国罕见的货币大量稀缺"，让纽约商人詹姆斯·比克曼忧心忡忡（James Beekman to John Relph, London, 29 November 1785, 收录于: *The Beekman Mercantile Papers, 1746‑1799*, 编者: Philip L. White [New York: New-York Historical Society, 1956], 3: 1000）。

14. "London, June 10, " *The Pennsylvania Evening Herald and the American Monitor*, August 10, 1785.

15. David & John Barclay to Richard Waln, 9 November 1782, Richard Waln Foreign Correspondence, London, 1763–1784, box 2, Richard Waln Papers, HSP。

16. Harford & Powell to Richard Waln, 15 November 1782, 同前; Linzy A. Brekke, "The 'Scourge of Fashion': Political Economy and the Politics of Consumption in the Early Republic, " *EAS 3*, no. 1（Spring 2005）: 124。

17. James Beekman to George Clifford and Co., Amsterdam, 15 August 1780, 收录于: White, *Beekman Mercantile Papers*, 3: 986。

18. *South-Carolina Gazette and General Advertiser*, April 6–8, 1784.

19. Salvucci, "Atlantic Intersections," 786–787; Linda K. Salvucci, "Merchants and Diplomats: Philadelphia's Early Trade with Cuba," *Pennsylvania Legacies* 3, no. 2 (November 2003): 8.

20. *Continental Journal*, August 19, 1784; *American Mercury*, November 22, 1784.

21. *Salem Gazette*, March 1, 1785.

22. *Essex Journal*, December 8, 1784; Doerflinger, *Vigorous Spirit of Enterprise*,

217; Chu, *Stumbling towards the Constitution*, 10; *JCC*, 26: 269–270; Crowley, *Privileges of Independence*, 74; McCoy, *Elusive Republic*, 91, 93.

23. Jonathan Amory to John Amory, 1 December 1781 and 16 July 1782, John & Jonathan Amory Letters, vols. 141–144, Amory Family Papers, MHS。

24. Crowley, *Privileges of Independence*, 82; Chu, *Stumbling towards the Constitution*, 9.

25. John Adams to John Jay, 11 November 1785, US Secretary of Foreign Affairs, *Diplomatic Correspondence of the United States of America, from the Signing of the Definitive Treaty of Peace*（Washington, DC, 1837）, 2：533–534。

26. *New York Packet and American Advertiser*, February 23, 1784.

27. "Letters of Some Members of the Old Congress," *PMHB* 29, no. 2 (1905): 204; Dael A. Norwood, "Trading in Liberty: The Politics of the American China Trade, c. 1784–1862" (PhD diss., Princeton University, 2012), 34–36.

28. Tyler, "Persistence and Change within the Boston Business Community," 118.

29. *Pennsylvania Evening Post*, November 10, 1783；*Boston Gazette*, December 22, 1783。亦见：Philip Chadwick Foster Smith, *The Empress of China*（Philadelphia：Philadelphia Maritime Museum, 1984）, 24。

30. Robert E. Peabody, *The Log of the Grand Turks* (Boston: Houghton Mifflin, 1926), 10–11, 47, 50.

31. Foster Smith, *Empress of China*, 60–61; Norwood, "Trading in Liberty," 45.

32. *Pennsylvania Evening Herald and the American Monitor*, May 18, 1785.

33. Paul E. Fontenoy, "Ginseng, Otter Skins, and Sandalwood：The Conundrum of the China Trade, " *Northern Mariner* 7, no. 1（1997）：4；Rhys Richards, "Introduction：United States Trade with China, 1784–1814, " *American Neptune* 54, 增刊（1994）：9。亦见：Susan S. Bean, *Yankee India：American Commercial and Cultural Encounters with India in the Age of Sail, 1784 - 1860*（Salem, MA：Peabody Essex Museum, 2008）, 33, and Chu, S*tumbling towards the Constitution*, 31–32。

34. "New-York, December 6,2" *Connecticut Courant*, January 9, 1786.

35. 例如, 参见：*Vermont Gazette*, July 10, 1783, and *Massachusetts Gazette*, October 7, 1783。费城商人詹姆斯·C.费舍尔接受了"烟草、蜂蜡、亚

麻籽、人参和蛇根草作为报酬的部分或全部"（*Independent Gazetteer*, October 25，1783）。

36. "Notes and Queries，" *PMHB* 9，no. 4（1885）：485。水獭皮、海豹皮和西洋参推动了美国对华贸易在18世纪90年代的发展。与人们普遍认为的相反，尽管英国和美国商人在18世纪晚期会携带鸦片进行贸易，但鸦片直到19世纪才成为一种用于交换的商品。

37. "Extract of a Letter from a Swedish Supercargo at Canton," *Essex Journal*, February 15, 1786; "European Intelligence. London, November 5," *Cumberland Gazette*, February 12, 1789.

38. Fontenoy， "Ginseng, Otter Skins, and Sandalwood，" 5。Chu, *Stumbling towards the Constitution*，20，书中推测，北美人参有助于"在经济困难时期自给自足的中国贸易"资本化。然而，在广州，现金显然是王道。

39. Mr. Thomas Randall，New York，to Joseph Barrel，24 August 1787，Ship *Columbia* Papers，1787–1817，MHS。

40. Robert Gray to Joseph Barrell & Company，17 December 1789，Capt. Gray of The Washington，at Canton，to Capt. Kendrick，in Macao，1 November 1789，Ship *Columbia* Papers，1787–1817，MHS。虽然格雷（Gray）自称是"华盛顿号"的船长，但他和肯德里克在太平洋西北地区互换了船只，所以他是驾驶"哥伦比亚号"抵达的。

41. Shaw & Randall to Joseph Barrell，from Canton，18 December 1789，Richard Howe and Robert Gray，in Canton，to Joseph Barrell，18 January 1790，同前。

42. Capt. Kendrick，in Macao，to Gray and Howe in Canton，27 January 1790，同前。

43. Robert Gray，in Canton，to John Kendrick，Macao，29 January 1790，Shaw & Randall to Joseph Barrell，7 February 1790，同前。其他美国商人也面临着类似的情况。比如，托马斯·汉德赛德·珀金斯在伊莱亚斯·哈斯克特·德比（Elias Hasket Derby）的"阿斯特雷亚号"船上的经历（William Chalmers，Macao，to Thomas Handasyd Perkins in Canton，25 September 1789，box 1，folder 2，Thomas Handaysd Perkins Papers，1789–1892，box 1，Thomas H. Perkins，1789–1805，P334，reel 1，MHS）。

44. "Notes and Queries," *PMHB* 9, no. 4 (1885): 485.

45. Richards, "Introduction: United States Trade with China," 6.

46. Alejandra Irigoin, "The End of a Silver Era: The Consequences of the Breakdown of the Spanish Peso Standard in China and the United States, 1780s–1850s," *Journal of World History* 20, no. 2 (June 2009): 211, 215–216, 225–226; Hosea Ballou Morse, *The Chronicles of the East India Company, Trading to China, 1635 – 1834* (Taipei: Ch'eng-wen, 1966), 2:125, 154, 166.

47. 发货单: "Owners of the Ship Columbia, [借方] to Shaw & Randall, Canton, 7 February 1790, Ship Columbia Papers, 1787–1817, MHS。

48. Samuel W. Woodhouse, "The Voyage of the *Empress of China*," *PMHB* 63, no. 1 (January 1939): 25; Samuel Shaw, *The Journals of Major Samuel Shaw: The First American Consul at Canton* (Boston, 1847), 231; James R. Gibson, *Otter Skins, Boston Ships, and China Goods: The Maritime Fur Trade of the Northwest Coast, 1785 – 1841* (Seattle: University of Washington Press, 1992), 313.

49. Woodhouse, "Voyage of the *Empress of China*," 30。清朝的进口数字是按"担（picul）"为单位计算的，一担相当于133.3磅。参见：Shaw, *Journals of Major Samuel Shaw*, 217–218, 书中探讨了利润。

50. Peabody, *Log of the Grand Turks*, 91.

51. Instructions from Joseph Barrell, 12 December 1787, Ship *Columbia* Papers, 1787–1817, MHS。

52. James Duncan Phillips, *Salem and the Indies: The Story of the Great Commercial Era of the City* (Boston: Houghton Mifflin, 1947), 56.

53. Richards, "Introduction: United States Trade with China," 7.

54. David S. Greenough Papers, 1631–1859, vols. 20–31, box 36, Ms. N-1335, MHS。这本细致入微的家庭支出账簿一直记录到1826年，显示了喝茶的稳步增长。

55. Samuel Salisbury to Stephen Salisbury, 11 October 1785, box 5, folder 2, 1785, June–December, Salisbury Family Papers, AAS。

56. Joseph Peirce, trade card（Boston, 1789）, AAS。

57. Advertisements from Matthias Keely, James Smith, Junr., and Wharton & Lewis, *Pennsylvania Packet and Daily Advertiser*, August 13, 1789。

58. *Salem Gazette*, March 22, 1791.

59. *Baltimore Evening Post*, July 19, 1793; Carl Robert Keyes, "Early American Advertising: Marketing and Consumer Culture in Eighteenth-Century Philadelphia" (PhD diss., Johns Hopkins University, 2007), 143, 157ff.

60. James Hardie，*The Philadelphia Directory and Register*（Philadelphia，1793），出版地不祥，AAS。

61. William Redwood，Waste Book，1775–1797，Amb.7256，vol. 3，William Redwood Papers，HSP。

62. 例如，参见：同前。到1791年，武夷茶从雷德伍德的记录中消失了。就连约瑟夫·亨西（Joseph Henszey）为宾夕法尼亚医院购买的也是小种茶，而非武夷茶（entry for 14 July 1791,同前）。

63. Edmund Hogan, *The Prospect of Philadelphia, and Check on the Next Directory* (Philadelphia, 1795), 27, 32.

64. James Robinson，*Robinson's Philadelphia Register and City Directory，for 1799*（Philadelphia，1799）。*New Trade Directory for Philadelphia*（Philadelphia，1799），190，书中列出了5名全职茶叶经销商：约翰·巴恩斯、汉娜·贝克、伊顿S. 公司、托马斯·纳撒尼尔和伊丽莎白·怀特塞德。到19世纪初，大量妇女参与了费城的茶叶贸易。她们至少占据了商户名录中列出的贸易商名单的一半。纽约市将"茶水工"这一职业单独列了出来，该职业指的是那些获得执照，可以从城市里的水泵所有者和经营者那里卖水的人，这表明了为喝茶消费提供饮用水的重要性（William Duncan，*The New-York Directory，and Register，for the year 1791* [New York，1791] and for subsequent years）。

65. Entries for 26 August 1781，15 November 1781，and 5 December 1781，Samuel Salisbury and Stephen Salisbury，General Merchandise Daybook，Worcester，MA，1771–1782，Folio vol. 7，Salisbury Family Papers，AAS。

66. John Hinckley to Stephen Salisbury，from Leicester，18 October 1786，box 5，folder 3，1786，同前。

67. *Vermont Gazette*, September 29, 1788.

68. Mr. Briant Morton Dr，26 December 1783，John Quinby Account Book，1782–1792，folio vol. 2，AAS。亦见：Stephen Jones Dr，17 December

1793，John Quinby Account Book，1783–1794，folio vol. 3，AAS；
Andrew Walker，Account Book，1782–1785，Kennebunk，Maine，Walker
Family Account Books，1782–1845，Octavo Volume，AAS。

69. 在纽约郊区，詹姆斯·比克曼的顾客在战后时期订购了新商品；据此猜
测商品分销情况有所改善，顾客不再依赖小商小贩了。例如，参见书
信：Peter Roggers，Kingston，to James Beekman，1 October 1785，收录
于：White，*Beekman Mercantile Papers*，3：1293。Ann Smart Martin，
Buying into the World of Goods：Early Consumers in Backcountry Virginia
（Baltimore：Johns Hopkins University Press，2008），提到早在18世纪70
年代就有类似的扩张进入美国南方农村。

70. "Upon the Use of Tea," *Freeman's Journal; or, the North–American
Intelligencer*, February 18, 1784.

71. 原文引述自：Holton，*Unruly Americans*，48。虽然韦伯斯特最为人所
知的是他在美国语言方面广泛而有争议的工作，但他也支持1787年的新
宪法，希望一个强大的国家政府能缓和普通民众的腐败和鲁莽行为（同
前，233–234）。参见：Tim Cassedy，"'A Dictionary Which We Do
Not Want'：Defining America against Noah Webster, 1783–1810, " *WMQ*
71, no. 2（April 2014）：229–254；McCoy，*Elusive Republic*，96–99；
Cary Carson，"The Consumer Revolution in Colonial British America：
Why Demand?"收录于：*Of Consuming Interests：The Style of Life in the
Eighteenth Century*，编者：Carson，Ronald Hoffman，and Peter J. Albert
（Charlottesville：University Press of Virginia，1994），514–520。

72. Holton，*Unruly Americans*，46–54。18世纪80年代中期，并非所有人都愿
意接受美国的紧缩政策。阿比盖尔·亚当斯（Abigail Adams）就向她的
丈夫抱怨说，节俭也要适度，否则一个人就会显得寒酸，不适合与人交
往（McCoy，*Elusive Republic*，94–104，124–125）。

73. James Beekman to John Relph，London，29 November 1785，收录于：
White，*Beekman Mercantile Papers*，3：1000。

74. *The Commercial Conduct of the United States of America Considered, and the
True Interest Thereof, Attempted to be Shewn by a Citizen of New–York* (New
York, 1786), 16.

75. 同前，5–6。亦见：Crowley, *Privileges of Independence*，106，他将重新掀起的奢侈品争论与要求加强国家商业监管的需求上升联系起来；随着詹姆斯·麦迪逊对州政府越来越没有信心，他成了贸易保护制度的支持者。

76. Holton, *Unruly Americans*，65，他把战争征用的数额定为300万美元，但后来他又把美元改成了英镑（300万英镑）。

77. Entry for 16 December 1782, *JCC*, 23:799; Matson and Onuf, *Union of Interests*, 41–42; Holton, *Unruly Americans*, 67–71.

78. Entry for 29 April 1783，*JCC*，24：286–287。

79. Gilje, *Free Trade and Sailors' Rights*, 41.

80. "An Act, Laying Duties of Impost and Excise, on Certain Goods, Wares and Merchandize therein Described," 宣传资料（Boston，1783），p. 8, EAIE 44399; "For the Information of Importers, Retailers, and Others。Articles of Impost and Excise Extracted from the Two Laws of the Commonwealth of Massachusetts," 宣传资料（Boston，1787），EAIE 45102。马萨诸塞州对茶叶征税也是在1785年开始的；例如，参见：*Independent Chronicle and the Universal Advertiser*，August 4，1785。

81. Georgia, *An Act to Revise and Amend an Act for Regulating the Trade, Laying Duties upon all Wares, Goods, Liquors, Merchandise, and Negroes Imported into this State* (Savannah, GA, 1786), pp. 1–2, EAIE 44897.

82. Entry for 15 September 1789，收录于：*Records of the State of Rhode Island and Providence Plantations in New England*，编者：John Russell Bartlett（Providence, RI, 1865），10：341。

83. *Commercial Conduct of the United States of America Considered*, 3.

84. John Adams to John Jay, US Secretary of Foreign Affairs, 11 November 1785, *Diplomatic Correspondence of the United States of America*，2：533–534。

85. "New-York, December 6,2" *Connecticut Courant*, January 9, 1786.

86. Holton, *Unruly Americans*, 136–37; Max M. Edling, *A Revolution in Favor of Government: Origins of the US Constitution and the Making of the American State* (Oxford: Oxford University Press, 2003), 164ff; Gilje, *Free Trade and Sailors' Rights*, 41–42; Gibson, *Otter Skins*, 37.

87. Joseph Gales，编制，*The Debates and Proceedings in the Congress of the*

United States（Washington，DC，1834），1：107。

88. Norwood，"Trading in Liberty，" 63–64，66；Edgar S. Maclay编著，*Journal of William Maclay，United States Senator from Pennsylvania，1789 – 1791*（New York，1890），60–61；Matson and Onuf，*Union of Interests*，46。

89. McLay，*Journal of William Maclay*，44–47.

90. "A Summary View of the Proceedings of Congress," *New-York Weekly Museum*, no. 50, April 25, 1789.

91. "A Brief Examination of Lord Sheffield's Observations on the Commerce of the United States of America，" *The City Gazette, or Daily Advertiser*, May 16，1791。这篇被美国许多报纸转载的文章还指出，"截至1790年10月1日前，这一年进入我们海关的茶叶的价值为277.4万美元，大约是我们进口额的七分之一。"

92. 原文引述自：Norwood，"Trading in Liberty，"74。

93. Alexander Hamilton，"Trade with India and China: Communicated to the House of Representatives, February 10, 1791," *American State Papers, Finance*, vol. 1, 1st Cong., 3rd sess., no. 25.

94. Norwood，"Trading in Liberty，"75–77；Tea Act，3 March 1791，1st Congress，3rd Sess.，Statutes at Large，收录于：*The Public Statutes at Large of the United States of America*，编者：Richard Peters（Boston，1845）1：219–220。

结论　消费者的需求

1. John H. Coatsworth，"American Trade with European Colonies in the Caribbean and South America, 1790–1812," *WMQ* 24, no. 2 (April 1967): 248–252; James Fichter, *So Great a Profit*: *How the East Indies Trade Transformed Anglo–American Capitalism* (Cambridge, MA: Harvard University Press, 2010), 122–123.

2. Instructions to Magee，21 June 1798，Thomas Handaysd Perkins Papers，1789–1892, vol. 36, J. & T. H. Perkins Extracts from Letterbook, 1786–1838, P334, reel 6, MHS。

3. Thomas B. Cary, *Memoir of Thomas Handasyd Perkins; Containing Extracts from His Diaries and Letters* (Boston, 1856), 207–208.

4. Thomas Handaysd Perkins to E. Bumstead & Co. in Canton, 24 February 1804, Perkins Extracts from Letterbook。

5. Frederick William Paine, Descriptions of Penang, Canton, and Isle of France (Mauritius), Trade Records, 1804–1805, box 9, folder 3, Paine Family Papers, 1721–1918, AAS; Instructions to Capt. Charles Cabot in Calcutta, January 1804, Perkins Extracts from Letterbook。

6. Jacques Downs, "American Merchants and the China Opium Trade, 1800–1840," *Business History Review* 42, no. 4 (Winter, 1968): 421 n12, 422; William Reid to Willings & Francis, 9 January 1805, box 1, Willings & Francis Records, 1698–1855, HSP。

7. William Reid to Willings & Francis, 9 November 1805, "Quadraplicate" 副本, William Read to Willings & Francis, 27 November 1805, 均收录于: folder 3, box 1, Willings & Francis Records; Downs, "American Merchants," 423; Tan Chung, "The Britain-China-India Trade Triangle (1771–1840)," *Indian Economic and Social History Review* 11, no. 4 (October 1974): 411–431; China; *As it Was and As it Is。With a Glance at the Tea and Opium Trades* (New York, 1846), 54。

8. Thomas H Perkins to Ephraim Bumstead, 10 July 1804, Perkins Extracts from Letterbook。

9. 原文引述自: Jacques M. Downs, *The Golden Ghetto: The American Commercial Community at Canton and the Shaping of American China Policy, 1784 - 1844* (Bethlehem, PA: Lehigh University Press, 1997), 98; William Reid to Willings & Francis, 附录, 27 November 1805, box 1, Willings & Francis Records; Fichter, *So Great a Profit*, 91。

10. William Read "List of Return Cargo for the Ship Bingham," box 1, series 1, Willings & Francis Records。

11. William B. Bradford Jr. 批发和零售杂货商, 商业宣传卡片 (Boston, [between 1810 and 1820]), and Andrew Brimmer, 商业宣传卡片 (Boston, [1799]), AAS; Carl Robert Keyes, "A Revolution in Advertising: 'Buy

American' Campaigns in the Late Eighteenth Century，"收录于：*We Are What We Sell*：*How Advertising Shapes American Life, and Always Has*，vol. 1：*Creating Advertising Culture*：*Beginnings to the 1930s*，编者：Danielle Coombs and Bob Batchelor（New York：Praeger，2014），2。

12. [Tench Coxe], *An Enquiring into the Principles on which a Commercial System for the United States of America Should be Founded* ([Philadelphia], 1787), 44.

13. Thomas Handasyd Perkins to Messrs Rochquette Elsivien & Bieddamaker，Rotterdam，2 May 1797，Perkins Extracts from Letterbook。

14. Nicholas Webrouck and Franc Prevost，Antwerp，to George Washington Biddle，18 July 1804，folder 13，box 14，Other Family Members，George Washington Biddle，1800–1805，Biddle Family Papers，1683–1954，HSP。乔治·比德尔没有带着吉拉德的货物返回欧洲，他考虑到私下贸易的优势，决定留在广州。他的父亲克莱门特对乔治违抗吉拉德的指示感到震惊。事实上，吉拉德在1806年起诉比德尔违反合同，指控他在"没有检查"茶叶的情况下，与广州的商人达成了灾难性的协议（George Washington Biddle to Stephen Girard，26 December 1804，folder 13，质询：Interrogatories submitted by Stephen Girard，Court of Common Pleas of Philadelphia County，September Term 1806，均收录于：box 14，Biddle Family Papers）。参见：Matson，"Accounting for War and Revolution，"196。

15. 书信：Willings & Francis to Messrs. Hope & Co.，10 April 1806，folder 5，box 1，series 1，Willings & Francis Records。

16. Fichter, *So Great a Profit*, 88ff.

17. Willings & Francis to William Reid，14 April 1806 and 10 March 1807，folder 5，box 1，series 1，Willings & Francis Records。

18. Willings & Francis to William Reid，10 March 1807，同前。

19. *Memorial of the Merchants of the City of Philadelphia, Engaged in the China Trade, on the Subject of a Regulation of the Duty on Tea* (Washington, DC, 1828), 6, 3, 5.

20. 原文引述自：Ficher, *So Great a Profit*, 91。

文献来源

一手资料来源

这项研究起始于众多账册上那些奇怪的记录条目；这些记录可能在告诉我们很多关于商业和消费者活动背后的信息。商人的收据、账簿和往来信件对我的研究提供了非常宝贵的指引。我认为在18世纪早期，茶叶的供应先于需求；鉴于这种考虑，这些资料在市场驱动因素如何以及何时发生变化的呈现和佐证方面，就显得尤为重要。来自新英格兰、纽约和费城的这些记录数据的数量和质量同样为我的研究所涉及的地理方位提供了向导。那些商人的记录，例如：保存在宾夕法尼亚历史学会的塞缪尔·鲍威尔书信集、科茨和雷勒尔文件集、约翰·基德书信集、查尔斯·威林书信集、托马斯·里奇记录集、亨利·德林克商业文件集、理查德·沃恩文档集、沃顿家族文档、霍林斯沃思家族文档；马萨诸塞州历史学会的收藏，包括本杰明·格林的账簿、博伊尔斯顿家族文档、阿莫里家族文档、汉考克家族文档、托马斯·哈钦森书信集、博伊尔斯顿家族文档、约翰·都铎文件集；还有美国古文物学会的索尔兹伯里家族文档。这些文档提供了大量关于茶叶销售规模逐渐上升、以茶叶换取劳务以及茶叶跨越了阶级边界和在北美殖民地各港口城市广泛买卖的信息。同时，这些记录也说明了北美（美国）商人和英国商人之间的关系。

另一个了解茶叶生产、供应、购买和分销的重要文献来源是《英国东印度公司档案集》，这是大英图书馆提供的缩微胶片。相比于何西阿·巴鲁·莫尔斯的《英国东印度公司编年史，对华贸易，1635—1834年》（中国台北：成文出版社，1966年），《英国东印度公司档案集》更为完整地描述了18世纪英国东印度公司中国理事会的工作策略、公司货监和广州商人之间的谈判，以及随后在中国开展业务的公司代理之间和内部的冲突。

此外，在英国公共记录办公室（PRO）的英国海关和税收署1696—1780年进出口账簿数据（3号海关）（同样是微缩胶片）一直是我研究茶叶在整个英国进口、出口和分销的数据基础。历史学家经常使用各种各样的茶叶进口来源，产生的类似数据往往难以比较；因为进口数据并不总是与茶叶零售数据相对应，更不用说与喝茶消费情况对应了。例如，3号海关的年度进口数据通常比K.N.乔杜里在《亚洲的贸易世界和英国东印度公司，1660—1760年》（剑桥：剑桥大学出版社，1978年）中的"英国东印度公司总账数据"的数据量更大，使用效果也很好。3号海关可能囊括了英国东印度公司所有合法的茶叶进口数据，包括公司进口的茶叶、代理商进口的茶叶（他们一般获准开展小规模的"私人贸易"作为他们薪资的一部分），或者其他通过中间商购买的茶叶。另一方面，"英国东印度公司总账数据"往往会包括以前在年度拍卖中出售的茶叶库存。

为了进一步质疑资料的数据，梅可锵和洛娜·H.梅在《再论〈18世纪走私的趋势〉》（美国《经济史评论》第28期，no. 1，1975年2月，第37页）一文中警告说，威廉·米尔本这个最完整的茶叶销售数据来源（也是最常被使用的数据），在某些年份"非常不准确"，尽管没有低估茶叶的价值，但低估了茶叶的销量（这个数据来自：威廉·米尔本的《东方商业：包含印度、中国和日本主要地区的地理描述》，伦敦，1813年）。尽管有人质疑路易·德米尼数字的准确性，但他的表格是为数不多能提供多个国家比较的数据来源之一：路易·德米尼，《中国与西方：18世纪的广州贸易，1719—1833年》（巴黎：高等研究实验学院，1964年）。当然，我们几乎不可能计算得出在18世纪到底有多少茶叶被走私到英国和北美殖民地，这让我们越发难以估算茶叶零售和消费的情况。若想对英国公共记录办公室的数据有一个很好的总体了解，可参见：G.N.克拉克的《英国商业统计指南》（伦敦：皇家历史学会办公室，1938年）；约翰·J.库斯科、拉塞尔·R.梅纳德的《英属美洲殖民地的经济，1607—1789年》（1985年出版；重印本，教堂山：北卡罗来纳大学出版社，1991年）。

二手资料来源

虽然这本书涉及一些对美国早期经济和消费文化感兴趣的人所熟悉的主题，但以下这些主题和学术研究是最具有针对性的。大卫·阿米蒂奇《大西洋历史的三个概念》，收录于《英属大西洋世界，1500—1800年》，编者：大卫·阿米蒂奇、迈克尔·J.布拉迪克（纽约：帕尔格雷夫麦克米伦出版社，2002年），这篇论文是世界公认的研究大西洋世界贸易原则的鼻祖，也率先提供了一种将视角局限在茶叶贸易和消费行为的研究范式。大卫·汉考克的著作则对商品、贸易和消费在大西洋环境中的运作方式有了更实际的认识；例如其著作：《葡萄酒的海洋：马德拉群岛与美洲贸易和品味的兴起》（康涅狄格州纽黑文：耶鲁大学出版社，2009年）。其他文献则更清晰地揭示了在英国殖民地、亚洲和全球市场之间的关系，例如：安德烈·贡德·弗兰克的《白银资本：重视经济全球化的东方》（伯克利：加州大学出版社，1998年）、安娜·尼尔的《英国发现文学与全球贸易的兴起》（纽约：帕尔格雷夫麦克米伦出版社，2002年），以及彭慕兰的《大分流：中国、欧洲与现代世界经济的形成》（新泽西州普林斯顿：普林斯顿大学出版社，2000年）。

提到这类手稿的更早版本，就会涉及T.H.布林，我把他称为美国早期消费文化中的弗雷德里克·杰克逊·特纳（Frederick

Jackson Turner）①，因为他的所有追随者都觉得有必要质疑、包括或排除他的主张。布林在以挑衅性的方式将消费政治作为一个概念提出时，却发现我们对北美在18世纪60年代和70年代的共识远远超出了合理范围。他对说明性的文献和出版材料的使用为其他历史学家提供了极好的指导；然而，布林并没有对档案资料（如商人记录）进行系统的分析，实际上，这些资料可以更好地解释"普通男女"的消费者行为，正是这些人一直"与渴望销售的店主不断地协商市场预期"（《革命市场：消费者政治如何塑造美国独立》，纽约：牛津大学出版社，2004年，第127页）。另一篇著作也推动了美国早期消费文化的初始研究领域的形成：卡里·卡森，《英属殖民地的消费者革命：为什么有需求？》，收录于《消费兴趣：18世纪的生活方式》，编者：卡里·卡森、罗纳德·霍夫曼、彼得·J. 阿尔伯特，夏洛茨维尔：弗吉尼亚大学出版社，1994年。

最近的一些研究把美国早期的消费行为和消费政治引向了新的方向。一些著作对性别以及女性在消费文化中的复杂角色进行

---

① 弗雷德里克·杰克逊·特纳（1861—1932），19世纪末20世纪初美国历史学家。他于1893年发表《边疆在美国历史上的重要性》一文，奠定其在美国史学界的地位，该理论被称为"边疆理论"，对美国的史学研究产生重大影响，并由此形成一个颇具影响、并在美国史学界占据统治地位40年之久的"边疆学派"。——译者注

了深入探讨，研究了时尚消费在政治和社会上的变革，例如：伊丽莎白·科瓦列斯基–华莱士的《消费主题：18世纪的妇女，购物和商业》（纽约：哥伦比亚大学出版社，1997年）、艾伦·哈蒂根-奥康纳的《购买的羁绊：革命美国的妇女与商业》（费城：费城大学出版社，2009年），还有林兹·A.布雷克的论文《〈时尚的祸害〉：共和早期的政治经济与消费政治》[《早期美国研究：跨学科期刊》第3期，no. 1（2005年春季刊）]和凯特·豪尔曼的《18世纪美国的时尚政治》（教堂山：北卡罗来纳大学出版社，2011年）。18世纪的美国消费者行为与新商品可获得的程度，以及关于消费在社会中地位的争论密切相关。马克辛·伯格的论文《奢侈品，奢侈品行业和工业增长的根源》，以及众多相关文章中，均审视了与亚洲奢侈品的全球贸易有关的奢侈品辩论。卡罗琳·弗兰克的《客观化中国，主观化美国：美国早期的中国商品》（芝加哥：芝加哥大学出版社，2011年）一书展示了北美殖民者如何比我们想象中更早地将异域的亚洲商品纳入他们的家庭用品清单，甚至揭示出北美的航海家们在17世纪90年代就参与到了东印度群岛的私掠船航海探险中。

　　消费者行为并不是凭空出现的，当某个地区进入新兴的全球市场，就会出现推动当地经济发展的新商品。针对英国东印度公司在英国中作用的学术研究数量很多。K.N.乔杜里的经典作品，诸如《亚洲的贸易世界和英国东印度公司，1660—1760年》

（剑桥：剑桥大学出版社，1978年）就是一个好的开始，还有菲利普·J.斯特恩的《公司国家：公司主权和英国在印度的早期现代基金会》（牛津：牛津大学出版社，2011年），则详述了英国东印度公司这家机构的历史，并将其作为英国在亚洲争夺势力范围所扮演的角色进行考量。然而，历史学家最近也采取了更深入的比较方法，特别会并列不同的殖民地区加以比较。例如，参见P.J.马歇尔的《帝国的建立与灭亡：英国、印度和美国，约1750—1783年》（纽约：牛津大学出版社，2005年）和H.V.鲍温的《帝国的生意：英国东印度公司和英国，1756—1833年》（剑桥：剑桥大学出版社，2008年）；以及伊丽莎白·曼克的众多文章，诸如《谈判帝国：英国及其海外边缘，约1550—1780年》，收录于：《谈判帝国：美洲的中心和外围，1500—1820年》，编者：克里斯汀·丹尼尔斯、迈克尔·肯尼迪（纽约：劳特利奇出版社，2002年）。H.V.鲍温、伊丽莎白·曼克、约翰·G.里德合编的《大不列颠的海洋帝国：大西洋和印度洋世界，约1550—1850年》（1550—1850）（剑桥：剑桥大学出版社，2012年）一书，将众多研究汇集到一起，开始挑战英美早期历史中大西洋世界观的主导地位。

值得一提的是18世纪后期美国独立战争之后美国对华贸易扩张的最后一批文献。经典著作诸如德鲁·R.麦考伊的《难以捉摸的共和国：杰斐逊主义美国的政治经济学》（教堂山：北卡罗来纳大学出版社，1980年）、凯茜·马特森和彼得·S.奥努夫的《利益联盟：革命美国的政治和经济思想》（劳伦斯：堪萨斯大学出版社，1990年），以及约翰·E.克劳利的《令人舒适的发明：近代英国和美国早期的感受与设计》（巴尔的摩：约翰斯·霍普金斯大学出版社，2001年），虽然这些书对于理解美国独立战争后的美国政治经济仍然很重要，但更近期的学术将新独立的美国的商业利益与亚洲贸易联系起来。例如参见：詹姆斯·费希特的《如此巨大的利润：东印度贸易如何改变了英美资本主义》（马萨诸塞州剑桥市：哈佛大学出版社，2010年）、乔纳森·朱的《奔向宪法：大西洋世界自由的经济后果》（纽约：帕尔格雷夫麦克米伦出版社，2012年）、达尔·A.诺伍德的《自由贸易：美中贸易的政治，约1784—1862年》（博士论文集，普林斯顿大学，2012年），以及乔纳森·埃科特的《销售帝国：成就了英国和美国的印度，1600—1830年》（教堂山：北卡罗来纳大学出版社，2016年）。对自由贸易的定义以及自由贸易在19世纪初美国商业生活中的地位研究特别有帮助的文献是：保罗·A.吉列的《1812年战争中的自由贸易和水手权利》（剑桥：剑桥大学出版社，2013年）。

致　谢

　　本书能够问世，离不开众多个人和组织的帮助。2002年，本书仍处在模糊的构思阶段，费城图书馆的美国早期经济与社会研究项目（PEAES）表示愿意为这一新颖的话题冒险一试。由衷感谢PEAES项目总监凯茜·马特森和宾夕法尼亚州历史学会（Historical Society of Pennsylvania），为本书的早期研究提供了难得的支持。LCP的诸多工作人员，特别是康妮·金和吉姆·格林为我提供了指导，协助查询各类来源模糊的资料，还为我介绍了一位很好的脊椎按摩师。凯茜·马特森（我要再次感谢）和PEAES、麦克尼尔美国早期研究中心（McNeil Center for Early American Studies）这两家机构的同事均为我提供了宝贵的建议，极尽同志之谊。我还要感谢米歇尔·克雷格·麦克唐纳、史蒂芬·米姆、卡尔·罗伯特·凯斯、凯瑟琳·杜瓦尔，以及所有参加2003年PEAES/MCEAS春季研讨会的同僚。我永远忘不了米歇尔的饼干、蛋糕，以及卡萨特之家（Cassatt House）的热情好客。肖恩·X.古迪邀请我参加了范德堡大学2003年4月的环大西洋研究组，与会者简·兰德斯和丹尼尔·乌斯纳向我提供了有益的反馈，为原始文章的发表铺平了道路。

直到现在，我才深切体会到当年接受2005—2006年度马萨诸塞州历史学会（Massachusetts Historical Society，MHS）邀请，成为波士顿海洋学会成员（可能是最后一批）是多么令人欣喜的事。作为"世界上最古老的船长协会"，波士顿海洋学会成立于1754年，其中的很多早期会员都与美国独立战争后的中国贸易有联系。由衷感谢康拉德·E. 赖特、凯特·维恩斯以及MHS的工作人员，让我在波士顿期间的研究更有成效。同样，在2008—2009年，由美国古文物学会（American Antiquarian Society，AAS）学术项目总监保罗·J.埃里克森负责管理的"凯特·B. 和霍尔·J. 彼得森奖学金（Kate B. and Hall J. Peterson Fellowship）"帮助我找出了美国独立战争时期的各种信息来源。

最近，在2014年10月的PEAES会议上，很多同事和与会者都是经济史的专家，他们用各种不同寻常的方式把我再次带回到消费文化和经济领域的更大问题上。感谢赛斯·洛克曼、艾伦·哈蒂根-奥康纳、丹妮尔·斯基汉、达尔·诺伍德以及前面提到的众多人士。欧道明大学的图像部门为本书提供了大力协助，历史系的同事们也总是为我鼓气加油。感谢合作阅读小组的成员们，包括毛拉·哈米兹、艾琳·乔丹、迈克尔·卡哈特、奥斯汀·杰西尔德、凯茜·皮尔森、玛莎·达斯和海蒂·施利普哈克。

最后，衷心感谢克莱尔·卡门博士、迈克尔·丹索博士、马克·谢福思博士以及蒂娜团队无微不至的关心，虽然过程难免痛苦，但他们依然完成了最后的校对、修订。还要感谢鲍勃，他总能令我开怀大笑，让我鼓起勇气经历这一切。